国家出版基金项目
NATIONAL PUBLICATION FOUNDATION

《尚書》學文獻集成·朝鮮卷

錢宗武 主編

26

鳳凰出版社

第二十六册目録

洪範羽翼

《尚書》學文獻集成·朝鮮卷　第二十六册

洪範羽翼

禹汝楙　著
孫永選　高尚舉　整理

卷之四十

庶徵　一章

次八曰念用庶徵

蔡沈曰：『庶徵曰念，所以省驗也。』臨川吴氏曰：『七之次爲八，八《洛書》文之在左後者，雖聽命於鬼神，猶不敢自是也。必驗吾之得失於天，故以庶徵配數之八。』蔡沈曰：『徵，驗也。廡，豐茂。所驗者非一，故謂之庶徵。』

問吴斗南説如何，曰：『舊謂雨屬木，暘屬金，燠屬火，寒屬水，與五行相配，皆錯亂了。雨只屬水自分曉，息生屬得水。』

問寒如何屬金，曰：『是他引《左傳》「金寒」之證甚佳。』又曰：『貌言視聽思，皆只以次第相證。』朱子。

孔氏曰：『雨以潤物，暘以乾物，燠以長物，寒以成物，風以動物。五者各以其時，所以爲象驗。』

林氏曰：『雨與暘對，燠與寒對，風行於四者之間。』

陳大猶曰：『陰陽之氣，交則蒸而成雨，散則開而成暘。陰退陽進則成燠，陽退陰進則成寒，陰陽吹扇則成風。雨、暘、風，則遊氣之聚散飛揚者爲之，燠、寒，則二氣之循環往來者爲之。備謂皆有而不缺，叙謂應期而不亂。』

新安陳氏曰：『雨、暘、燠、寒，吴氏引證其屬水、火、木、金甚當，風之屬土獨缺，其證當如《莊子》：「風生於土囊之口及大塊。」噫！氣其名爲風，證之風爲土氣，豈不章章明矣乎！』

葵初王氏曰：『按吴斗南以雨、暘、燠、寒、風屬水、火、木、金、土序，與五行、五事相符，引諸證甚明。但風、土無所證，今以陳氏之説補，極合造化。』

八庶徵：曰雨，曰暘，曰燠，曰寒，曰風，曰時。五者來備，各以其叙，庶草蕃廡，一極備凶，一極無凶。

庶徵 一二章

曰雨

蔡沈曰：『雨屬水。』吳仁傑曰：『《易》以坎爲水，北方之卦也。』又曰：『雨以潤之，則雨爲水矣。』

《釋名》：『雨，水從雲下也。雨者，輔也，言輔時生養。』《樂記》：『天地之道，風雨不節則饑。事者，民之風雨也，事不節則無功。』

雨粟，雨金。《外記》：『倉帝創文字，文字成，天爲雨粟。』《淮南子》：『禹時雨金三日。』

洗兵雨，興師雨。《説苑》：『武王伐紂，至有戎之隧，風止而乘之以雨。散宜生諫曰：「此非妖與？」武王曰：「洗兵也。」』《抱朴子》：『出軍雨沾衣，是潤兵也，其軍有喜。』『衛大旱，卜有事於山川，不吉。甯莊子曰：「昔周饑，克殷而年豐，今邢無道，諸侯無霸，天其或者欲使衛討邢乎？」從之，師興而雨。』《左傳》。

開元之雨，大曆之雨。『開元中大旱，馮紹正於殿壁畫一素龍。俄頃有一白龍，自池中乘雲而起，風雨大作。』《明皇雜録》。大曆十年，京師旱。京兆尹黎幹作土龍祈雨，自與巫覡更舞。上命撤土龍，減膳節用，七日雨。書法：『書雨，何予誠也！』

桑林野之雨，芙蓉園之雨。大旱七年，湯禱于桑林之野，持三足鼎，六事自責曰：『政不節與？民失職與？宫室崇與？女謁盛與？苞苴行與？讒夫昌與？』言未已，大雨千里。貞觀末，房玄齡避位居第。時天旱，太宗將幸芙蓉園以觀風俗。玄齡聞之，戒其子曰：『鑾輿必當幸。』亟使掃洒，兼備饌具。有頃，太宗果先幸第，便載入宫。其夕大雨，咸以爲優賢之應。

那律遇雨之諷，守禮知雨之言。谷那律嘗從太宗出獵，途中遇雨。上問：『油衣若爲得不漏？』那律曰：『能以瓦爲之，必不漏矣。』意欲太宗不爲畋獵。太宗悦，賜帛二百段。邠王守禮，章懷太子之子也。時積陰累日，守禮曰：『欲晴。』果晴。愆陽涉旬，守禮曰：『即雨。』果澍。岐王等奏之云：『邠哥有術。』守禮曰：『臣無術也。則天時，以章懷遷謫，臣幽閉宫中十餘年，每歲歲被敕杖數頓，見瘢痕甚雨。欲雨，脊上即沉悶，欲晴即輕健，以此知之，非有術也。』涕泗沾襟，玄宗亦悶然。《舊唐書》。

大同中之雨，天寶中之雨。梁大同中，嘗驟雨，殿前往往有雜色寶珠。梁武觀之，有喜象。虞奇因上《瑞雨頌》云：『飛甘洒潤，玉散珠聯。』上既幸蜀，霖雨彌旬於棧道中，鈴聲與山相應。上悼念貴妃，因採其聲爲《雨淋鈴曲》。白樂天詩曰『夜雨聞鈴空斷腸』是也。

慶曆間之雨，永熙中之雨。慶曆間，夏旱。諫官王素乞親行禱雨，帝曰：『太史言月二日當雨。』一日欲出禱，公曰：『臣非太史，是日不雨。』帝問故，公曰：『陛下幸其當雨，以禱不誠，不誠不可動天，臣故知不雨。』帝曰：『當禱西太乙宫。』諫官故不扈從。明日，特召王公以從，月色甚熾，埃霧漲天。帝玉色不怡，至瓊林苑，回望西太乙宫，上有雲氣，如香烟以起，少時雷雨至。帝却逍遥輦，御平輦，撤蓋還宫。明日召對，帝曰：『朕自卿得雨。』《聞見録》。永熙中，上禱雨至天慶駐輦，問曰：『天久不雨，奈何？』或對天數，或對至誠，必有應。緑衣少年越次對曰：『刑政不修故也。』上頷之而行，歸復駐輦，召緑衣者問狀。對曰：『某所守臣犯贓法當配，宰相以親則不配。某所守臣犯不當死，宰相以嫌卒死之。』翌日，上爲罷宰相，天即大雨。緑衣者，寇萊公也。』《塵史》。

齊景公時之雨，漢建初年之雨。齊時大旱，乃召群臣而問曰：『天久不雨，民有飢色，以祠靈山，可乎？』晏子曰：『無益也。』『欲祠河伯，可乎？』晏子曰：『祠之無益。』景公曰：『奈何？』曰：『避宫殿暴露，與山靈、河伯共其憂，其幸而雨乎。』景公乃出野，暴露三日，天果大雨。《晏子》。子豐拜御史，建初元年，歲大旱，乃上疏曰：『臣聞爲不善而灾報，得其應也；爲善而灾至，遭時運也。陛下即位日新，視民如傷，而不幸耗旱，時運之會耳，非政教之所致也。昔成湯遭旱，因自責減御損膳而大有年，意者陛下未爲成湯之事焉。』天子從之，三日雨降。《孔叢子》。

烹桑弘羊雨，除額外税雨。武帝時，歲小旱，上令百官求雨。卜式曰：『令桑弘羊令吏坐市列，販物求利，烹弘羊，天乃雨。』南唐時，斂率尤繁，商人苦之。一日宴于北苑，烈祖謂侍臣曰：『畿甸雨，都城不雨，何也？得非獄市之間違天意耶？』申漸高乘談諧進曰：『雨懼抽税，不敢入京。』烈祖大笑，下令除一切額外税。信宿之間，膏澤告足。

文昌之雨，束晳之雨。唐段文昌帥荆南，或旱，禬解必雨；或久雨，出遊必霽。民爲語曰：『旱不苦，禱而雨；雨不愁，公出遊。』束晳，疏廣之後。太康中大旱，百姓請晳禱雨，三日大雨，民歌之。

趙瑶之雨，戴封之雨。《益都耆舊傳》：『趙瑶爲閬中令，遭旱請雨於靈星，應時大雨。』後漢戴封，字平仲，遷西華令。其年大旱，積薪坐其上以自焚，火起而大雨。

隨車之雨，決獄之雨。後漢鄭弘遷淮陰太守，行春大旱，隨車致雨。漢百里嵩，字景山，爲徐州刺史。境遭旱，嵩行部所至，甘雨輒降。東海祝其、金鄉等縣父老訴曰：『人等是公百姓，獨不先降？』乃回車赴之，雨隨車而下。宋陳戩知處州，時旱，公下車，雨沾足，人以爲『隨車之雨』。袁安爲楚相，會楚王英事互牽引，拘繫者千餘人，三年而獄不決，幽死者百餘人。天用灾旱，赤地千里。安决獄事，人人具録其事狀，本非首謀，爲王所引，應時輕遣。一句之中，延千人之命，甘雨滂沛，歲大豐稔。《先賢傳》。

唐顔真卿爲監察御史，使河隴，時五原有冤獄，久不决，天且旱。真卿辨獄而雨，郡人呼『御史雨』。

御史雨，見上。李德雨。京師久旱，李德裕拜相，即日大雨。京中喜曰：『相公乃李德雨也。』

積薪而雨，表墓而雨。范曄《後漢書》：『諒輔爲五官掾，時夏大旱。太守自祈請，輔曰：「若日中不雨，請以身塞無狀。」積薪聚火以自環，將自焚。及中時而天雲晦合，須臾澍雨。』東海孝婦，少寡無子，養姑甚謹。姑告鄰人曰：『孝婦養我勤苦，哀其無子守寡。』遂自經死。姑女告婦殺我母，吏捕孝婦，婦誣服。孝婦死郡中，枯旱三年。後太守至，祭孝婦冢，因表墓，天大雨，歲熟。

葬骸而雨，减壽之霖。東漢周暢，字伯持，爲河南尹。夏旱久，禱無雨，因收葬洛城旁客死骸骨萬餘，應時澍雨。後魏宋世良以御史使河北，還過汲郡，見城旁骸骨，移文州郡，悉令收瘞，其夜甘雨滂沱。周蘭祥爲荆州刺史，境内亢旱，見掘冢露骸，命收葬之，即日澍雨。高南爲奉新令，有『願减十年壽，乞爲三日霖』之句。朱子時守南康，聞而嘉之曰：『使吾屬皆如高令尹，吾何憂乎？』

同州之雨，灌壇之雨。後周奚達武以太保爲同州刺史，時旱，武祀華山廟，晚不得還，藉草而卧。夢一白衣執武手曰：『辛苦甚相嘉尚。』武驚覺，朝而澍雨。太公爲灌壇令，武王夢婦人當道夜哭，問之，曰：『吾是東海神女，嫁於西海神童。灌壇令當道廢我行，我行必有大風雨，而太公有德，吾不敢以暴風雨過，是毁君德。』武王明日召太公，三日三夜果有疾風暴雨從邑外過。

《移雨神》司空圖：『夏滿不雨，民前後走神所，刲羊豕而跪乞者，凡三而後得請。民大喜，且將報祀。愚獨以爲惑，何者？天以神乳育百穀，必時既豐，而後民相率以勞神之勤於事而祀焉。今始恡其施以愁疲民，是神怠天之職也。必希民之求而遂應，是神玩天之權也。既應而俾民輸怨於上，而歸惠於己，是神攘天之德也。推怨，何以爲義？利腥膻之饋，何以爲仁？怠天之事，何以爲敬？蔑是數者，何以爲神？假曰：「非吾所得顓。」然知民之情而不時請於上，是亦徒偶於位，此愚所以惑也。噫！天不可終慢，民不可久侮，竊爲神危之奈何。』

《風雨對》綱隱：『風雨雪霜，天地之所權也；山川藪澤，鬼神之所伏也。故風雨不時，則歲有饑饉；雪霜不時，則人有疾病。然後禱山川藪澤以致之，則風雨雪霜果爲鬼神所有也明矣。得非天之高，不可以自理而寄之山川；地之厚，不可以自運而憑之鬼神。苟祭祀不時，則饑饉作；報應不至，則疾病生。是鬼神用天地之權也，而風雨雪霜爲牛羊之本矣。復何歲時爲？復何人民爲？是以大道不旁出，懼其弄也；大政不問下，懼其偷也。天欲何言？』

庶徵 三章

曰休徵曰肅時雨若

朱子曰：『肅時雨若，肅是恭肅，便自有滋潤底意思，所以便説時雨順應之。』韓詩：『皇帝即祚，物無違拒，曰雨而雨。』《春秋説題辭》：『一歲三十六雨，天地之氣宣。十日小雨，十五日大雨。』《鹽鐵論》：『周公太平之時，風不鳴條，雨不破塊。旬而一雨，雨必以夜。』《論衡》：『道至天者，甘雨降。』

膏雨，爛雨。《左傳》：『小國之仰大國，如百穀之仰膏雨。』《雜志》：『同州人謂雨，沾足爲爛雨。』

勤雨，液雨。《穀梁傳》：『喜雨，憫雨，勤雨也。』《註》：『欲得雨，志勤憫。』俗諺云：

『液雨不流擇，高田不要作。』液雨亦曰藥雨，百蟲飲此雨則蟄。

興師而雨，隨車而雨。《左傳》甯莊子曰：『昔周饑，克殷而年豐。今邢無道，諸侯無霸，天其或者欲使衛討邢乎？』從之，師興而雨。《後漢》：鄭弘遷臨淮太守，行春大旱，隨車致雨。

徐州隨車之雨，處州隨車之雨。漢百里嵩，字景山，爲徐州刺史。境遭旱，嵩行部所至，甘雨輒降。宋陳戩知處州，時旱，公下車，雨沾足，人以爲『隨車雨』。

决獄雨，優賢雨。餘見『雨』門。袁安爲楚相，會楚王英事互牽引，拘繫者千餘人，三年不决，幽死百餘人。天用炎旱，赤地千里。安决獄事，一旬之中，延千人之命。甘雨滂沛，歲大豐。《先賢傳》。房玄齡避位居第，時天旱。太宗幸芙蓉園，先幸第，便載入宫。其夕大雨，咸以爲優賢之應。

御史雨，李德雨。唐顔真卿爲監察御史，使河隴。五原有寃獄，久不决，天旱。真卿卞獄而雨，郡人呼『御史雨』。京師久旱，李德裕拜相，即日大雨，京中喜曰：『相公乃李德雨也。』

瓦衣不漏，抽税不入。谷那律嘗從太宗出獵，途中遇雨。上問：『油衣若爲得不漏？』那律曰：『以瓦爲之，必不漏矣。』意欲太宗不爲田獵。太宗悦，賜帛二百段。南唐時，斂率尤繁。一日宴于北苑，烈祖謂侍臣曰：『畿甸雨，都城不雨，何也？』申漸高乘談諧進曰：『雨懼抽税，不敢入京。』烈祖大笑，下令除税。信宿之間，膏澤沾足。

『三伏適已過，驕陽化爲霖。』『上天回哀眷，朱夏雲鬱陶。』『風雷颯萬里，滂澤施蓬蒿。』『敢辭茅屋漏，已喜黍豆高。』杜甫《喜雨》：『吾舅政如此，古人誰復過。碧山晴又濕，白水雨偏多。精禱既不昧，歡娱將謂何。湯年旱頗甚，今日醉絃歌。』『南紀風濤壯，陰晴屢不分。野流行地日，江入度山雲。層閣憑雷殷，長空面水文。雨來銅柱北，應洗伏波軍。』《江閣對雨有懷行營裴二端公》：裴端曰：『討長沙之亂，故比馬援而雲，今雨必洗此兵馬也。』《春夜喜雨》：『好雨知時節，當春乃發生。隨風潛入夜，潤物細無聲。野徑雲俱黑，江船夜獨明。曉看紅濕處，花重錦官城。』《喜雨》：『南國旱無雨，今朝江出雲。入空纔漠漠，灑迴已紛紛。巢燕高飛盡，林花潤色分。晚來聲不絶，應得夜深聞。』

庶徵　四章

曰咎徵曰狂恒雨若

陳氏曰：『肅之反爲狂，堯有九年之水，數之變也。狂則蕩，故常雨若。』

劉向《五行傳》：『皇之不極，厥罰常淫。』

《玄珠》：『螺吐光，主陰雨。』

秦二年之大雨，漢元年之大雨。秦二年秋七月，大霖雨。書紀異也。始元元年，秋大雨，至于十月。書法：『七月至十月，恒雨也。』

隱公九年之大雨，中平六年之恒雨。隱公九年三月癸酉，大雨霖以雹。書始也。《傳》：『雨自三日以往爲霖。』中平六年，靈帝崩，獻帝立。自六月雨，至於九月。書法：『恒雨也。昭帝之元，嘗書七月至于十月矣，於是復見，終《綱目》連雨數月者二而已。』

周之霖雨，唐之憂雨。南北朝己卯六月霖雨，周以霖雨詔，極諫，光禄大夫樂遜言四事：『其一，比來守令代歸期促；其二，比來朝貴器服稍華；其三，選曹補擬，宜與衆共；其四，高洋據有山东。』天寶十三載，上憂雨傷稼。楊國忠取禾之善者，獻之曰：『雨雖多，不害稼也。』扶風太守房琯言所部水灾，國忠使御史推之。是歲，天下無敢言灾者。

永初元年之雨水，開寶五年之霖雨。漢安帝永初元年，以雨水策免太尉徐防、司空尹勤。三公以灾異免，自此始。書法：『書以雨水，譏也。』以大臣當天變，於翟方進見之矣，然猶諱之也。自徐防、尹勤始，而漢世以爲故常矣。開寶之五年，霖雨不止。上曰：『朕闕政也。』是語也，天地實臨之。天聖之四年，霖雨爲沴。上曰：『朕不德也。』是語也，神明實鑒之。荆州久雨，粟化爲蟲。梁州十旬雨，麥化爲蛾。永嘉中《述異記》。

景龍中霖雨，乾符中雷雨。景龍中，霖雨百餘日，乃閉坊市北門，卒無效，人歌云：『禮賢不解開東閤，燮理惟能閉北門。』時駕車者苦甚，污街中，言曰：『宰相不能調陰陽，致兹恒雨，令我污行。』會中書令楊再思過，謂之曰：『於理則然，亦卿牛劣耳。』豆盧瑑，乾符中拜相。宣制日，大風雷雨拔樹。左丞韋蟾與瑑善，往賀之。瑑言及雷雨之異，蟾曰：「此應相公爲霖作解之祥也。」瑑曰：「霖何甚耶！」及巢賊犯京，瑑遇害於張直方之第，識者以爲風雷不令之兆。』《舊唐書》。

翟虜曰：『晝見星而雨血，此吾國之妖也。』淖齒曰：『雨血者，天以告也。』見《灾異》。

漢惠帝之宜陽雨血，晉惠帝之尉氏縣。雨血。書法：『大異也。』永康元年三月，宜陽雨血。書法：『終《綱目》書雨血二。漢惠四年是年。』

元狩六年之雨水，天漢元年之雨氂。元狩六年十月，雨水無冰。書雨水始此，書無冰始此。天漢元年，雨白氂。雨，去聲，自上而下也。顔師古曰：『凡氂者，毛之强細者也。』書法：『嘗書雨雪矣，於是雨白氂，大異也。終《綱目》一而已。』

文公三年之雨，中和二年之雨。文公三年秋，雨螽于宋。《傳》：『墜而死也。』中和二年，浙西天鳴，聲如轉磨，無雲而雨。占曰：『無雲而雨，是謂天泣。』

漢之夏水，唐之秋霽。郎顗疏：『今年少陽，春旱夏水，宜務節約。』後唐同光三年六月，雨七十五日始霽。書法：『記異也。』

杜詩《秋雨嘆》：『雨中百草秋爛死，陛下决明顔色鮮。』『堂上書生空白頭，臨風三嗅馨香泣。』『闌風伏雨無休息，四海八荒同一雲。』『禾頭生耳黍穗黑，農夫田夫無消息。』『雨聲颼颼催早寒，胡雁翅濕高飛難。』『秋來未曾見白日，泥污后土何時乾？』《雨不絶》：『鳴雨既過漸細微，映空摇颺如絲飛。階前短草泥不亂，院裏長條風乍稀。舞石旋應將乳子，行雲莫自濕仙衣。眼邊江舸何怱促，未得安流逆浪歸。』『二儀積風雨，百谷漏波濤。』『吁嗟乎蒼生，稼穡不可救。』『安得誅雲師，疇能補天漏。』

『蒼生憂其魚，南畝多被水。』《山谷》。

庶徵　五章

雹

《造化權輿》：『雹者，雨之冰也。』《埤雅》：『雹，形似半珠，其珠皆三出。蓋雪六出而生花，雹三出而成實，此陰陽之辨也。』

《西京雜記》鮑敞問董仲舒曰：『雹何物也？』仲舒曰：『陰氣脅陽也。』曾子曰：『陽之專氣爲雹，陰之專氣爲霰。』

僖公廿九年秋大雨雹，昭公四年春大雨雹。胡氏曰：『雹者，戾氣也。陰脅陽、臣侵君之象。是時僖公即位日久，季氏世卿公子遂專權，政在大夫，萌於此矣。』『春王正月，大雨雹。』《左傳》。申豐曰：『聖人在上，無雹，雖有，不爲灾。今藏川池之冰，棄而不用。風不越而殺，雷不發而震。雹之爲灾，誰能禦之？』胡傳曰：『雹，戾氣也，陰脅陽、臣侵君之象。當是時，季孫宿襲位世卿，將毀中軍，專執兵權，以弱公室，故數月之間，再有大變。申豐者，季氏之孚也，不肯端言其事，故暴揚於朝，歸咎藏冰之失。夫山谷之冰，藏之也周，用之也遍，亦古者本末，備舉燮調之一事耳。謂能使四時無愆，愆陽。伏凄凄風。苦苦雨。之變，雷出不震，無灾霜雹，則亦誣矣。意者昭公，遇灾而懼，以禮爲國，行其政令，無失其民，雹之灾也，庶可禦也。』

周之大雹，漢之大雹。非子封爲附庸，是時大雹，牛馬死。胡一桂曰：『當秦始封之世，而灾異之見，殺氣若兹。履霜之象，已兆於此矣。』『漢文帝後元年，雨雹如桃李，深三尺。』《風俗通》。景帝二年秋，衡山雨雹，大者五寸，深者三尺。書法：『書雹。記灾也。』發明：『景帝即位纔三年爾，孛星雨雹，熒惑歲星之變，紛紛見於史册。至是又書長星出西方，洛陽東宫灾，未幾果有七國之亂。先儒有言：「一念之善，祥風和氣；一念之惡，妖星厲鬼。」景帝失德未形，特以忌刻小恩，而變異之應，捷如影響。』

元封三年之雨雹，地節四年之雨雹。武帝元封三年冬，雨雹大如馬頭。地節三年五月，大雨雹。宣帝。地節四年，山陽濟陰，雨雹殺人，大如鷄子，深二尺五寸。書法：『《綱目》書雹二十三，書殺人一而已。』謁者蕭望之上疏言：『善祥未臻，陰陽不和，是大臣任政，一姓專權之所致也。附枝大者賊本心，私家盛者公室危。』

漢成帝之雨雹，漢安帝之雨雹。河平二年，楚國雨雹，大如斧，飛鳥皆死。永初三年之夏，河西縣雨雹，如杯棬，或如斗，殺畜生雉兔，折樹木。延光元年，河西大雨雹如斗。安帝問其故，孔季彦曰：『此皆陰乘陽之徵。今貴臣擅權，母后黨盛，陛下宜修盛德。』

漢獻帝之雹，隋煬帝之雹。初平四年六月，寒風如冬，右扶風雹如斗殺人。煬帝南幸，冰雹忽降。既晴，上思雹，虞世基請令宫女撒珠璣于舟中，以應雹聲，抛龍腦于錦帆之上，以象霜雪。

天鳳年之雹，乾符中之雹。王莽天鳳元年，七月雨雹。崔沆、豆盧瑑同日拜相，有雹大如鷄卵，識者以爲勾軸不祥之兆。明年，京師陷，二相俱及于難。

元康三年之雨雹，紹興五月之雨雹。晋元康三年六月，弘農雨雹。惠帝。紹興十七年五月，臨安大雨雹。大學屋瓦皆碎，學官申朝廷脩，不可言雹，稱爲硬雨。《軒渠録》。有一村，人多爲不善者。夜中行人聞神過云付硬雨施行，次日雨雹，大損禾稼。

韓稜之無雹，王崇之止雹。韓稜爲下邳令，鄰縣皆雹，稜境獨無。後魏王崇至孝，風雹所經，草木摧折。至崇田，風雹便止，禾麥無損。

熙寧人頭之雹，崇山蜥蜴之雹。河州雨雹，或如人頭。次年，王師平河州，蕃戎授首。『劉居中至崇，有大蜥蜴，長三四尺，圓結如弾丸，震雷一聲，彈丸皆失。明日，人言昨午雨雹，乃知蜥蜴所爲。』《夷堅志》。

庶徵　六章

冰

《月令》：『孟冬之月，水始凍。仲冬之月，水益壯。季冬之月，水方盛。水澤腹堅，命取冰以入。』

《周禮》：『淩人掌冰，正歲十有二月令斬冰，三其淩。淩人冰室也。祭祀共冰鑒如甀，賓客共冰。大喪共夷盤冰。夏，頒冰掌事。』

《詩》：『二之日鑿冰冲冲，三之日納于凌陰。四之日其早，獻羔祭韭。』

《易傳》：『三月冰，歲不成。四月冰，天下荒。五月冰，國亡。六月冰，天下兵。』

《左・昭公四年》：『申豐曰：「古者，日在北陸而藏冰，西陸朝覿而出之。其藏冰也，深山窮谷，固陰沍寒，於是乎取之。其出之也，朝之禄位，賓食喪祭，於是乎用之。其藏之也，黑牡秬黍，以享司寒。北神。其出之也，桃弧棘矢，以除其灾。其出入也，時食肉之禄，冰皆與焉。大夫命婦，喪浴用冰。祭寒而藏之，獻羔而啓之。公始用之，先用示尊。火出而畢賦。三四月畢賦冰。自命夫命婦，至于老疾，無不受冰。山人取之，縣人傳之，輿人納之，隸人藏之。夫冰以風壯，寒冰。而以風出。春冰。其藏之也周，其用之也遍，則冬無愆陽，冬不温。夏無伏陰，夏不寒。春無凄風，寒風。秋無苦雨。淫雨。雷出不震，無灾霜雹，癘疾不降，民不夭札。今藏川池之冰，棄而不用，風不越。散越。而殺，雷不發。發舒。而震，雹之爲灾，誰能禦之？七月之卒章，藏冰之道也。」』

陰不凝陽，陰不勝陽。齊景公伐魯，得東門，無澤，問曰：『魯年穀何如？』對曰：『陰不凝陽。冰厚五寸者，寒温節也。寒温節則政平，政平則年穀熟，請禮魯以息怨。』《晏子》。《襄・廿八》：春無冰。梓愼曰：『今兹宋、鄭其饑乎？陰不勝陽也。』注：『諸侯、大夫皆執國權，君不能制，誅罰不行。周失之舒，秦失之急，故周衰無寒歲，秦亡無燠年。』

木冰，海冰。《成·十六》：『雨木冰。』劉歆以爲上陽施不下通，下陰施不上達，故雨而木爲之冰。唐永徽二年十一月，陰霧凝凍，封梅木數日不解，亦謂之樹介介兵象也。長慶二年二月，海州海水冰，南北二百里，東望無際。

天瑞，天橋。光武至滹沱河，導吏還言河水流澌。王霸白曰：『冰堅可渡。』至河冰合，各以囊盛沙布冰，上乃渡。未畢數車，[冰]而陷。光武曰：『王霸權以濟事，殆天瑞也。』慕容德正月渡黎陽津，其夕流澌冰合。旦，魏師至，冰泮。鄴令韓軌曰：『昔光武渡滹沱，冰澌自合。今大王渡黎陽，天橋自成。』

王方翼之葉河，周太祖之驛河。《唐書》：『王方翼平西域，七月次葉河，無舟，而冰一昔合，時以爲祥。』周太祖乾祐中北征至澶州，驛河冰已解。比旦冰堅，踐冰而行，謂之凌橋，日夕冰橋泮矣。

明宗之合冰，焦和之陷冰。後唐莊宗南伐，明宗與末帝相失。河冰初解，冰無舟楫，明宗泣。是夜大寒，雪深盈尺，冰有復合處，踐之以度，不旋踵而冰解。翌日，聞莊宗土山之捷。黄巾群起，青州刺史焦和恐賊乘冰渡河，多作陷冰丸投河中。賊中遂潰。

冰山，冰筯。楊氏子弟每至伏中，取大冰使匠琢成山，周圍於宴席間，各有寒色。或勸進士張彖謁國忠，見之富貴可立圖。彖曰：『君輩倚楊右相如泰山，吾以爲冰山。』遂隱居嵩山。冬至日大雪至午，雪霽寒結，檐溜皆爲冰條。妃子使侍兒敲下一條看玩，帝晚朝回，問之，曰：『所玩冰筯也。』

樓臺殿閣之狀，花卉禽獸之狀。『景福中，滄州塹中冰紋如畫，有竹木、牧丹、車馬、人物、樓臺殿閣之狀。』《五行志》。金末，河水凍成龜文，又有花卉禽獸之狀。金國時人謂之『天畫志』。

賣冰，貢冰。藍田賣冰。藍水不冰，則宣命以祭，一夕成冰。袁參上姚崇書曰：『蒯人爲商，賣冰于市。客不苦熱者，將買之。蒯人欲邀數倍之利，客怒而去，其冰亦散，故蒯人自泣而去。今君坐青雲之中，平衡天下，士皆欲附，願少圖之，無爲蒯人之事也。』《摭言》。

浴冰，造冰。郭忠恕窮，冬鑿冰而浴，其旁凌澌消釋，人皆異之。老成子學幻於尹文先，能翻校四時，夏造冰。《列子》。

庶徵　七章

露

《月令》：『露者，陰之液也。』

《大戴禮》：『陰氣勝則凝爲霜雪，陽氣勝則散爲雨露。』《五經通義》：『和氣津液凝爲露，露從地出。』《白虎通》：『甘露，美露。《神異記》：『露氣濃甘者爲甘露，一名膏露，一名天酒。』露者，美露也，降則物無不盛。』

甘露，甘露。《老子》曰：『天地相合，以降甘露，人莫之令而自均。』《瑞應圖》：『耆老得敬，則松柏受甘露。尊賢容衆，不失細微，則竹葦受甘露。』

甘露，甘露。『聖王所以順而不悖也，天降甘露，地出醴泉。』《禮記》。『何以知天上不有甘露之淵，須太平而灑之？地中不有醴泉之源，待有道而涌之耶？』《抱朴子》。『甘露時雨，不私一物。』《呂氏春秋》。

朱露，丹露，玄露，青露，黄露。

瑪瑙甕露，琉璃器露。高辛之時，丹丘之國獻瑪瑙甕，以盛甘露。甕至堯時猶存，甘露在其中，盈而不竭，謂之寶露，以頒賜群臣。至舜時，露已漸減。舜遷寶甕於衡山之上，故衡山之岳有寶露壇。舜於壇下起月館，以望夕月。東方朔《寶甕銘》：『寶雲生於露壇，祥風起於月館。望三壺如盈尺，視八鴻如縈帶。』《拾遺記》。東方朔曰：『臣嘗至東極，過吉雲之澤。』帝問：『何謂吉雲？』對曰：『其國俗，常以雲氣占吉凶。吉則滿室雲起，着於草木，皆成五色，露味極甘。』帝曰：『露可得否？』朔乃東走，至夕而返，得玄黄之露，盛以琉璃器。帝遍群臣，得露嘗者，老者皆少，疾者皆除。《洞冥記》。

漢明帝之上陵，魏德林之進表。明帝夢見先帝光烈皇后，覺悲不能寐。明旦上陵，甘露降於陵樹。帝令百官採之，帝伏御床流涕。《北史》：『甘露降宫闕，文武同賀。帝令群臣各言德績感致所由，崔昂曰：「吉凶兩門，不由符瑞，故桑雉之戒，實啓中興；小鳥孕大，未聞福感。所願雖休勿休，允答天意。」帝爲斂容。』李德林賀表云：『上玄乃顧，神物薦委。飛甘洒潤，玉散珠連。昔魏明仙掌竟無靈液，漢武金莖空望雲表。豈若神漿可挹，流味九户之前；天酒自零，凝照三階之下。臣等振鱗撫翼，空馳魚鳥之心；瘞玉編金，只待雲亭之後。』

畢國人之飲，華山童之盛。畢國人長三寸，有翼，善言語戲笑。飲丹露爲漿。丹露者，日出露汁如朱也。《洞冥記》。弘農鄧紹八月旦入華山採藥，見一童子執五綵囊，盛柏葉上露，露皆如珠滿囊。問，云：『赤松先生取以明目。』言終便失所在。今人八月旦作五明囊，取百草頭露，洗眼者是也。《齊諧記》。

汝南之汁，潁川之瑞。《汝南先賢傳》：『新蔡廳前槐樹有白露，類甘露。都尉高懿問掾屬，皆言是甘露。鄭敬曰：「明府聽政，未致甘露，但樹汁耳。」懿不悦，稱疾而去。』《後漢書》：『吴郡陸閎爲潁川太守，致鳳皇甘露之瑞。』

零陵甘露，濟南甘露。吴郡沈豐爲零陵太守，到官一年，甘露降，流被山陵，膏潤草木。山陽百里嵩爲濟南相，甘露降於郡，安帝嘉之，徵拜大鴻臚。

徐州刺史之甘露，貝州刺史之甘露。嵩又爲徐州刺史，甘露再降廳事前樹。李懸爲貝州刺史，甘露遍庭樹，邑人曰：『美政所致。』

李德饒之甘露，崔郎中之甘露。《隋書》：『性至孝，丁父憂，毁衰徒跣，甘露降其樹，白鳩巢其廬。』《魏書》：『崔鴻領郎中，以父憂解任，甘露降其廬前樹。』

漢武玉杯之承露，吴猛玉杯之承露。漢武以銅作承露盤，大十圍，高二十丈，上有仙人掌擎玉杯，取雲表之露，和玉屑飲以求仙。班固賦：『抗仙掌以承露，擢雙立之金莖。軼埃壒之混濁，鮮灝氣之清英。』『承露金莖霄漢間』，『露和玉屑金盤冷』。杜。《述異記》：『吴猛將弟子登廬山，見一老坐桂樹下，以玉杯承甘露與猛。』

庾翼甘露，杜鎬雀餳。翟鏗謂庾翼曰：『甘露降學堂柳樹，宜表賀。』翼曰：『[甘露]自古佳祥，而[顷]天下多故，何以致此？且其味尚薄，未知瑞應否。而近得一白兔，少羸小，且養之並上。』杜鎬博學有識，一日忽有甘露降布林木。鎬味之慘然不懌，曰：『此非甘露，乃雀餳也。大非佳兆，吾門衰矣！』逾年，鎬家有八喪。《天官書》：『色黄曰爵餳。』

熙寧中松上露，五代時薔薇露。熙寧中，建昌軍城北，甘露降於進士徐上交别業松上，濃厚如酒，其味甘香。上交折松枝，獻於太守張子方。野人曰：『吾嘗客華陰縣，民亦有以甘露降告縣者，縣令出按之。道人笑曰：「譬如人身精液流通，均布於六七年中。若其壽短促，則涌迸於未死之前矣。此木蓋將槁故耳。官人不信，請留我，以待明春，此松必不復榮也。」縣令如其説，果然。』

五代時，蕃使滿阿散以薔薇露十五瓶獻之。柳子厚得昌黎文，以薔薇露浣手然後讀。

李正封《靈液詩》：『霏霏靈液重，雲表無聲落。沾樹急玄蟬，洒地凄皓鶴。流塵清遠陌，飛月澄高閣。宵潤玉堂簾，曙寒金井索。佳人比珠泪，坐減紅綃薄。』

李嶠《警鶴》詩：『滴歷明花苑，葳蕤泣竹叢。玉垂丹棘上，珠湛緑荷中。夜警千年鶴，朝零七月風。願凝仙掌上，長奉未央宫。』

庶徵　八章

霜

《説文》：『霰，早霜也，皚霜之白者。又有玄霜。』

《淮南子》：『至秋三月，青女乃出，降以霜雪。』

《月令》：『季秋之月，霜始降則百工休。霜降之日，豺乃祭獸。』

《大戴禮》：『霜，陰陽之氣也，陰氣勝則凝而爲霜。』

《易·坤六·象》曰：『履霜堅冰，陰始凝也。』

《禮記》：『霜露既降，君子履之，必有凄愴之心，非其寒之謂也。』

《詩》：『白露爲霜』，『九月肅霜』，『正月繁霜，我心憂傷』。

《感精符》：『霜，殺伐之表，秋季始降。鷹隼擊，王者順天行誅，以成殺伐之威。若政令苛則夏下霜，誅伐不行則冬霜不殺草。』

《山海經》：『豐山有九鍾，霜降而自鳴。』

《古今詩話》：『白雁秋深乃來，來則霜降，謂之霜信。』

《國語》：『駟見而霜。』

《釋名》：『霜者，喪也，其氣慘毒，物皆喪也。』

鷓鴣畏霜露，有時夜飛，則以樹葉覆其背。

僖公卅三十有二月之隕霜，不殺草，李梅冬實。定公元年冬十月之隕霜，殺菽。胡安國曰：『哀公問於仲尼曰：「隕霜不殺草，何爲記之也？」曰：「此言可殺也。夫宜殺而不殺，則李梅冬實，天失其道，草木猶干犯之，而况君乎！」是故以天道言四時失其序，則其施必悖，無以統萬象矣。以君道言五刑失其用，則其權必喪，無以服萬民矣。』冬十月隕霜殺菽，穀梁子曰：『菽，舉重也。未可以殺而殺舉重，可殺而不殺舉輕，其象則刑罰不中之應也。』

永光元年三月隕霜殺桑，漢元帝九月隕霜殺稼，天下大饑。元和隕霜，天聖濃霜。元和十四年四月，淄青隕霜，殺惡草及荆棘，而不害嘉穀。天聖中，青州盛冬濃霜，屋瓦皆成百花之狀，此事五代時亦嘗有之。

慶曆中之成花，元豐末之成花。慶曆中，集禧觀渠中冰皆成花果林木。元豐末，秀州人家屋瓦上冰亦成花，每瓦一枝，正如畫家所爲，大花如牡丹、芍藥，細花如海棠、萱草。《筆談》。

燕臣之哭，唐王之疾。鄒衍事燕惠王，左右譖之，被繫於獄，仰天而哭，盛夏降喪〔一〕。李白詩：『燕臣昔慟哭，五月飛秋霜。精誠有所感，造化爲悲傷。』《唐書》：寧王憲疾，京城寒甚，凝霜封樹。憲見而嘆曰：『此所謂樹稼者也。諺曰：「樹稼達官怕」，大臣當之，吾其

〔一〕今按：『喪』，當爲『霜』。

死矣。』十一月薨。

庶徵　九章

雪

《釋名》：『雪，綏也。水下遇寒而凝，綏綏然下也。』寒甚則爲粒珠，寒淺則爲花粉。雪寒在上，故高山多雪；霜寒在下，故平地多霜。

《論衡》：『雲霧，雨之徵也。夏則爲露，冬則爲霜。温則爲雨，寒則爲雪。雨霧凍凝者，皆由地發，不從天降。』

《朝野僉載》：『正月三白，田公笑嚇嚇。西北人諺曰：「要宜麥，見三白。」』

《西京雜記》：『太平之代，雪不封條，凌弭毒害而已。』

《左傳》：『平地尺爲[大]雪。』

《爾雅》：『雨與雪雜下曰霰。』

《詩》：『雨雪雱雱。』『雨雪瀌瀌。』『北風其凉，雨雪其雱。』『北風其喈，雨雪其霏。』言北風、雨雪，以比國家危亂將至，氣象愁慘。

黄臺雨雪，三月雨雪。穆天子遊黄臺之丘，獵於苹澤，大雨雪，有凍人，作《黄竹詩》三章，以哀之曰：『皇我萬民，旦夕勿忘。』《春秋》：『隱公九年三月，癸酉大雨震電，庚辰大雨雪。』胡安國傳曰：『震電者，陽精之發。周之三月，夏之正月也，雷未可以出，電未可以見，而大震電，陽失節也。公子翬之讒兆矣，鍾巫之難萌矣。雷已出，電已見，則雪不當復降，而大雨雪，此陰氣縱也。』

賑窮雪，脱裘雪。昔衛君重裘纍茵而坐，見路有負薪而哭之者，問曰：『何故也？』對曰：『雪下衣薄，是以哭之。』於是開府金，出倉粟，以賑貧窮。齊景公時，雪三日，公衣狐白之裘。晏子入，公曰：『怪哉，雨雪三日不寒！』晏子曰：『古之賢君，飽而知人飢，温而知人寒。』公曰：『善。』乃脱裘發粟以與飢寒者。

牛目雪，馬縮雪。魏惠王死，葬有日，天大雨雪，至於牛目。群臣請弛期，太子更擇日。漢元封二年，大雪深一丈，野中鳥獸皆死，牛馬踡縮如蝟。

晋武帝。之赤雪，唐之赤雪。太康七年，河陰雨赤雪。貞元廿一年正月甲戌，雨赤雪于京師。

微行夜雪，寢室無雪。宋太祖雪夜叩趙普門，設重茵地坐，熾炭燒肉，普妻行酒，帝以嫂呼之。帝曰：『吾睡不着，一榻之外，皆他人家也，故來見卿。』遂定下江南之策。懿宗在藩邸，時嘗大雪盈尺，上寢室上輒無分寸，諸王見者無異之。

蘇武大窖之雪，韓愈藍關之雪。單于幽武大窖中，武嚙雪與旃毛並咽之，數日不死，匈奴以爲神。韓愈在朝，姪湘種頃刻花，花上有一聯云：『雲横秦嶺家何在？雪擁藍關馬不前。』後貶潮州，途中遇雪。有一人冒雪而來，乃湘也。詢其地，乃藍關也。

屠城之雪，立帳之雪。天寶初，命王天運伐勃律。勃律願歲貢，天運不許，屠其城，虜三千人還。術者言：『將軍無義，天將大風雪。』行數百里，雪花如翼，四萬人一時凍死。郭元振爲安西大都護，西突厥烏質勒款塞通和，元振就其牙帳計會軍事。元振立于帳前，與烏質勒言議。須臾雪深風凍，元振未嘗移足，烏質勒年老不勝寒苦，會罷而死。

没靴之雪，至帳之雪。唐韋斌每朝會，不敢離立笑言。會大雪，在庭者皆振裾更立，斌獨不徙足，雪甚，幾至没靴。宋种世衡嘗知環州，有羌酋牛奴訛，素崛强，未嘗出。世衡至，始來郊迎。世衡與約，明日當至帳慰勞。是夕雪深三尺，世衡冒雪而往，奴訛已寢，驚起網拜，感激心服。

訪戴雪，待友雪。王子猶居山陰，大雪，夜眠覺，開室酌酒，四望皎然。因起彷徨，咏左思《招隱》詩，忽憶戴安道。時戴在剡溪，乘船就戴，經宿方至，造門便還。人問其故，王曰：『乘興而行，興盡而返，何必見安道耶？』蕭至忠嘗與友人期於路隅，風雪凍冽，人皆奔避宇下，至忠曰：『與人期而求安，失信乎？』獨不去。

王晙誓神之雪，延陀禬神之雪。開元時，王晙將并州兵討叛虜，夜於山中忽遇風雪，晙恐失期，仰天誓曰：『晙若事君不忠，不討有罪，明靈所殛，固自當之。而士衆何辜，令其艱苦？若誠心忠烈，天鑒孔明，當止雪迴風，以濟戎事。』言訖，風迴而雪止。薛延陀大度設擊李思摩，摩走朔州。太宗詔李勣營朔州部將薛萬撤，先收執馬者，故延陀不能去。斬首數千級，獲馬萬五千，大度設亡去。會雪甚，死者十八。延陀能以術禬神致雪，冀困勣師，及是反自斃云。

卧雪，立雪。大雪丈餘，洛陽令身出按行，見民家皆除雪。出至袁安門，無有行路，謂安已死。令人除雪入户，見安僵卧，問安不出，安曰：『大雪人皆卧，不宜干人。』侯師聖云：『遊楊初見伊川，瞑目而坐，二子侍立。既覺，顧謂曰：「賢輩尚在此乎？日既晚，且休矣。」及出門，門外之雪深一尺。』

彗可事達麽，嘗夜大雪，侍立不動，遲明積雪至膝。《傳燈》。

平蔡之雪，給乏之雪。李愬入蔡，夜半至懸弧城，雪甚，城旁皆鵝鶩池，擊以亂軍聲。梁南平王偉每祈寒積雪，則遣人載樵米隨，乏絶者賦給之。《南史》。

正月之雪，三月之雪，五月之雪。元狩六年，三月大雨雪。書法：『三月雪，異也。書三月雪，大異也。』宋大明五年春正月雪。正旦雪落，太宰義恭，衣有六出，義恭奏以爲瑞，宋主悦。書法：『凡書雪，書不時也，此其書何譏好諛也。』嗣聖十八年三月雨雪，蘇味道以雪爲瑞，帥百官入賀。殿中侍御史王求禮止之，曰：『公爲宰相，不能燮理陰陽，又將灾爲瑞，誣罔視聽。若以三月雪爲瑞，即臘月爲瑞雪耶？』味道不從。既入，求禮獨不賀，進言曰：『今陽和布氣，草木發榮，雨雪爲灾，豈得誣以爲瑞？賀者皆諂諛之士也。』太后爲之罷朝。書法：『記異也。』宋蔡京等指臘月雷、三月雪皆稱瑞，表賀。漢女居東海，養姑，姑女讒之於姑，姑徑詣太守訴而殺之，五月下雪。

東郭履，王恭氅。『東郭先生衣弊履不完，行雪中，履有上無下，足盡踐地。』《史》。王恭嘗被鶴氅涉雪而行，孟昶窺見之曰：『此真神仙中人也。』

問安消雪，撤薦大雪。徐積母終，廬墓三年。雪夜伏墓，哀號問安否，雪爲之消。孝廉范逵過宿於陶侃家，時大雪，侃母湛氏撤所卧薦，自銼飼其馬。逵聞之，嘆曰：『非此母，不生此子。』

盛夏取雪，遭冬卧雪。唐高宗盛夏思雪，明崇儼坐頃取雪以進云：『往陰山取之。』魏焦先，人莫知所出，野火燒廬，露寢。遭冬雪至，袒卧不移，人以爲死，就視如故。《酉陽雜俎》：『蜀有道士，俗號爲灰袋。大雪，衣布褐，入青城山，暮投僧寄宿。』

映書雪，取書書〔一〕。梁孫康弛帖，書生季勝遊洪州西山，映雪讀書，與處士盧齊輩雪夜共飲。一人言：『雪勢如此，不可出門。』勝曰：『吾當往。』其人曰：『吾有書在星子，可爲取之乎？』勝曰：『可。』飲未散，携書至，星子距西山三百里。

掃雪迎賓，山雪命觴。巨豪王元寶，每大雪則自所居至巷口掃雪開徑，迎揖賓客飲宴，謂之暖寒會。《天寶遺事》。《唐史》：『都下大雪，中書舍人路群方於南垣茅亭，肆目山雪，鹿巾鶴敞，構火命觴，以賞佳致。』

瑞葉之雪，化銀之雪。《冷齊詩話》：『宋祥符中，王綸爲太子中允，其女年十四，爲鬼所憑，自稱燕華君，作《雪》詩曰：「何事月娥欺不在，亂飄瑞葉在人間。」問瑞葉何出，女曰：「天上有瑞木，花開六出也。」』《韓詩外傳》：『草木花皆五出，雪花獨六出。』朱文公謂：『地六爲水之成數。雪者，水結爲花，故六出。』《異人録》：『耿先生，保大中召入宫，戲之曰：「能以雪爲銀乎？」曰：「可。」取雪實之，削如銀錠，投熾炭中，食頃爲銀。』

北臺看馬，融雪玉馬。王晉之與霍辨對談，雪盈尺。王曰：『雪太深乎？』霍曰：『看北臺馬耳。』左右曰：『有兩尖在。』東坡《雪夜》詩：『試掃北臺看馬耳，未隨埋没有雙尖。』

〔一〕今按：下『書』字，當爲『雪』。

晋東嬴公騰鎮鄴，時大雪平地數尺，高尺餘，營門前數丈，雪融不積。騰掘得玉馬，表獻之。

撒鹽雪，堆麵雪。謝安雪日講論文義，公欣然曰：『白雪紛紛何所似？』兄子胡兒曰：『撒鹽空中差可擬。』兄女道藴曰：『未若柳絮因風起。』《世説》。《姑臧記》：群公對雪，尚隆之曰：『麵堆金井，誰調湯餅。』吴永素曰：『玉滿天山，難刻環佩。』唐太宗詩：『不妝空散粉，無樹獨飄花。』

雪令舉杯，雪詩寓諷。李昇欲有江南，欲諷僚屬，雪天大會，出一令曰：『借雪取名，詞理通貫。』舉杯令曰：『雪下紛紛，便是白起。』宋齊丘曰：『著履過街，必須雍齒。』徐融欲挫昇等，曰：『明朝日出，争奈蕭何？』昇大怒，是夜收融投于江。慶曆中，西師未解。晏元獻爲樞密使，大雪，置酒。永叔賦詩云：『須憐鐵甲冷徹骨，四十餘萬屯边兵。』晏曰：『韓愈赴裴度會，但云：園林窮勝事，鍾鼓樂清時。不曾如此合鬧。』《倦遊録》。

論詩小大，評詩高下。同在館中，雪夜論詩。孔平仲曰：『斜拖闕角龍千尺，澹抹墻腰月半棱。』盛次仲曰：『甚佳，惜其未大也。』乃曰：『看來天地不知夜，飛入園林總是春。』平仲乃服。東坡言：『鄭谷詩「江上晚來堪畫處，漁人披得一簑歸」，此村學中詩也。子厚詩「千山鳥飛絶，萬逕人蹤滅。孤舟簑笠翁，獨釣寒江雪」。信有格也。』韓魏公詩：『老石蓋深鹽虎陷，冷枝擎重玉龍寒』，可見公之自任。章孝標《春雪》詩：『六出花飛處處飄，粘窗拂砌上寒條。朱門到曉難盈尺，盡是三軍喜氣消。』荆公舉唐人咏雪無如退之，有如『鳥向不香花裏宿，人從無影月中歸』，若狀一時佳處。如義山『欲舞空隨曹植馬，有情應點謝莊衣。』又『已隨江令誇瓊樹，又入盧家妒玉堂。』至于少陵即不然，『霏霏向日薄，脉脉去人遥。』本朝歐公屏去白事，東坡多咏『也知不作堅牢玉，無奈能開頃刻花。』『但覺衾裯如潑水，不知庭院已堆鹽。』荆公又云：『《春雪》詩，唐人二句爲冠：「輕着凍痕銷水面，密隨和氣入和根。」又《雪晴》詩：「萬木盡如花落候，四檐鳴似雨來來。」』樊川《喜雪》：『飄來鷄樹鳳池边，漸壓瓊技凍若漣。銀闕雙高銀漢裏，玉山横列玉池前。昭陽殿下風迴急，承露盤中月態圓。上相抽毫歌帝德，一篇風雅美豐年。』謝惠連《雪賦》：『雪宫建於東國，雪山峙於西域。岐昌發咏於來思，姬滿申歌於黄竹。曹風以麻衣比色，楚謡以幽蘭儷曲。盈尺則呈瑞於豐年，袤丈則表沴於陰德。』韓《賀雪》：『實豐穰之嘉瑞，銷癘疫於新年。』『見天人之相應，知朝野之同歡。』

雲

《説文》：『雲，山氣也。』又曰：『大澤之潤氣也。』

《春秋説題》：『雲之爲言運也。雲者，雨之具也。』

《元命包》：『陰陽聚爲雲。』

『雲亘中嶺，俗謂山帶。』《廬山記》。
《禮記》：『山川出雲。』
《易》：『雲從龍。』『坎爲雲。』
《淮南子》：『山雲蒸，柱礎潤。』『山雲草莽，水雲魚鱗。』『旱雲烟火，涔雲水波。』
《史》：『雨雲曰油雲，雪雲曰同雲。』
《公羊傳》：『觸石而出，膚寸而合。不崇朝而遍雨乎天下者，惟泰山之雲耳。』註：『側手爲膚，按指爲寸。』
《論衡》：『初出爲雲，繁雲爲翳。』
史記：『韓如布，趙如牛，楚如日，宋如車，魯如馬，衛如火，周如輪，秦如美人，魏如鼠，齊如絳衣，越如龍，蜀如囷倉。』
五色雲。周保章氏以五雲之物辨吉凶水旱豐荒之祲象。註：『二分二至觀雲氣：青爲蟲，白爲喪，赤爲兵荒，黑爲水，黄爲豐。』故唐正元壬午有五色雲見長安，太史張璇曰：『在宋分後一百六十年，有聖興其地。』天成丁亥，宋祖生洛陽。拾遺崔希喬轉馮翊令，有雲如蓋，當其廳事。須臾，五色錯雜，遍于州郭。鄭垍子仁規、仁表，皆豪爽有文。表嘗以門閥文章自高曰：『天瑞有五色雲，人瑞有鄭仁表。』天聖五年，仁宗初臨軒試進士，韓琦名在第二，唱名第一甲。太史奏日下五色雲見，左右從官皆賀於殿上。《漢書》：『高祖隱于芒碭山澤間，呂后與人俱求，常得之。高祖怪問之，呂后曰：「季所居，上常有雲氣，故從往常得季。」』

太行見雲，艮岳貢雲。《唐新語》：『狄仁傑爲并州法曹，其親在河陽別業，赴任于并州。登太行，見白雲孤飛，曰：「吾親舍所居，近此雲下。」悲泣佇立久之，候雲移乃行。』《齊東野語》：『宣和中，艮岳初成令近山多造油絹囊，以水濕之，曉張於危巒絶巘之間，既而雲盡入，遂括囊以獻，名曰貢雲。每車駕所臨，則盡縱之。須臾，滃然充塞，如在千岩萬壑間。』

搴雲，候雲。東坡道中收白雲入籠，放之，作《搴雲篇》。襄陽石梁山出雲，應驗符合，鄉人候之，若白雲起定雨，黄雲則風，黑云則病。

香雲，吉雲。《拾遺記》：『員嶠山，一名環丘，有雲石駁駱如錦川，叩之則片片蓊蓊然雲出，俄而遍潤天下。西有星池，有爛石常浮于水边，其色紅質虚似肺，燒之有烟，香風數百里，烟氣升天則成香雲，遍潤則成香雨。』《洞冥記》：『東方朔過吉雲之澤，雲起五色，草木皆成五色露。帝得之，遍賜群臣。』

無心雲，無知雲。陶潛《歸去來辭》：『雲無心以出岫。』《唐書》：『建中三年冬十月庚中，朱滔、王武俊、田悦、李納，爲壇魏西祠天，各僭爲王，滔等三讓乃就位。是日，三叛軍上有雲氣，頗異。燧望笑曰：「是雲無知，乃爲賊瑞耶。」

景星出，卿雲興。百工相和而歌曰：『卿雲爛兮，禮漫漫兮，日月光華，旦復旦兮。』慶雲，五色祥雲也，王者德至山陵則卿雲興。

《楚辭》：『雲溶溶兮而在下。』

韓賦：『雲浩浩其相逶〔一〕』。

『泄雲蒙清晨』，『棧雲闌千重』，『山雲淰淰寒』。

詩云：『如峰如火復如綿，飛過微陰落檻前。大地生靈乾欲死，不成霖雨漫遮天。』蓋譏惇也。

《雲賦》荀卿：『有物於此，居則周静致下，動則綦高以巨大；圓者中規，方者中矩，大參天地，德厚堯禹；精微乎毫毛而充盈乎大宇；忽兮其極之遠也，攭音禮。兮相逐而反也，分散相逐。卬卬兮天下之咸蹇也，德厚而不損，五采備而成文；出入甚極莫知其門，天下失之則滅，得之則存。弟子不敏，此之願陳，君子設辭，請測意之。曰：此夫大而不

〔一〕今按：此句，《五百家注昌黎文集》作『雲浩浩其常浮』。

塞者與？充盈大宇而[不]窕，深。入郤穴而不逼者與？行遠疾速而不可託訊者與？依託繼續。往來惛憊而不可爲固塞者與？暴至殺傷而不億忌億度疑忌。者與？功被天下而不私置者與？託地而游宇，友風而子雨，冬日作寒，夏日作暑，廣大精神，請歸之雲。』

卿雲。《天官》：『若烟非烟，若雲非雲，郁郁紛紛，蕭索輪囷，是謂卿雲。卿雲之見，喜氣也。』《晋・天文志》：『瑞氣，一曰慶雲，亦曰景雲，太平之應也。』慶雲曰景雲，或曰卿雲。雲外赤内青，謂之矞雲。

舜時之興，唐日之見。時卿雲，百工相和而歌曰：『卿雲爛兮，禮漫漫兮，日月光華，旦復旦兮。』慶雲，五色祥雲也，王者德至山陵則卿雲興。石氏曰：『卿雲之歌，下之所以樂也。』貞觀壬午，五色雲見。見上。

大曆十四年之慶雲，景龍二年之五色雲。大曆十四年，德宗即位。澤州上之慶雲，上曰：『朕以時和年豐爲嘉祥，以進賢顯忠爲良瑞，如卿雲靈芝，珍禽奇獸，瑞草異木，何益於人？布告天下，自今有此，毋得上獻。』景龍二年，中宗宮中言皇后禕衣笥裙上有五色雲起。上令圖以示百官，侍中韋巨源請布之天下，從之。見《僞瑞》。

庶徵　一〇章

霧

《釋名》：『霧，冒也，氣蒙冒覆地物也。』

《龍魚河圖》：『山有大霧，十日已上不除者，山崩之候也。』

曾子曰：『陰陽之氣，亂則霧。』

《帝王世紀》：『凡重霧三日必大雨。雨未降，其霧不可冒行也。』

《爾雅》：『地氣發，天不應曰霧，霧謂之晦。』

《元命苞》：『陰陽怒而爲風，亂而爲霧。』

《五行志》：『霧者，百邪之氣，爲陰冒陽，本于地而行于天。』太平之世，霧不塞望。霧井，霧市。雍丘縣有祠，名曰『夏后祠』，神井能致霧。《後漢書》：『河南張楷字公超，能作五里霧，學其術者如市，故云「霧市」。關西人裴優亦作三里霧，自以爲不如楷，往從學，楷不肯見。』

王肅之冒，欒巴之行。《博物志》：『王肅、張衡、馬均俱冒霧行，一人無恙，一人病，一人死。問其故，無恙者云：「我飲酒，病者飽食，死者空腹。」』《神仙傳》：『欒巴爲尚書郎，忽正朝大霧，失巴所在。尋問之，其日還成都，親故別時，風雨晦冥。』

蚩尤亂時，大霧三日。伊尹卒年，大霧三日。蚩尤兄弟八十人，獸身人語，銅頭鐵額，不食五穀，宿沙吞石，作五虐之刑，以害黎庶。黄帝擊之，戰於涿鹿。蚩尤作百里大霧，彌三日，軍人皆惑。黄帝令風后法斗機作指南車，遂滅蚩尤。畫其形於旗上，以壓邪魅，名『蚩尤旗』。《世紀》：『沃丁八年，伊尹卒，年百有餘歲，大霧三日。』

玄豹之霧，平城之霧。《列女傳》：陶大夫荅子，化陶三年，名譽不興，家富三倍。其妻諫曰：『南山有玄豹，霧雨七日不下食者，何也？欲以澤其衣毛而成其文章，故藏以遠害。今君若此，不免後患。』期年，果以盜誅。高祖爲匈奴所圍七日，天大霧，漢使人還往，胡不覺，得免平城之難。

墳間香霧，霧中乘黿。武帝葬茂陵，芳香之氣積於墳埏之間，如大霧。《安城記》：『縣人謝廪行田，歸路雲霧中，忽遇一人乘黿而行，拜請隨去。神人曰：「汝無仙骨，不得去也。」』

道術之霧，孝感之霧。《拾遺記》：『燕昭王七年，沐胥國來朝。有道術人名尸羅，噴水爲雰霧，暗數里間。俄復吹爲疾風，雰霧皆止。』盱眙民王彭，先丁母艱，居喪至孝。元嘉之始，父又喪亡。彭兄弟二人土工未就，鄉人助彭作磚，磚事須水濟，值天旱穿井，盡力不得水，彭號窮無計。一朝天霧，霧消之後，於磚竈前自然水生。

妖賊之霧，八公之霧。《雜俎》：『桂州妖賊封盈，能爲數里霧。』淮南八公之徒中有一人，坐致風雨，立起雲霧。

四塞之霧，迷空之霧。漢王氏五侯，同日俱封，黄霧四塞。《清異録》：『呼霧迷空步障。』

庶徵　一一章

霞日旁彤雲

五色流霞謂日影。『落霞與孤鶩齊飛。』『高峰陵紫霞。』李。『醉臉輕勻襯服〔二〕霞。』坡。『仙帔疊青霞。』劉。『凌晨咀絳霞。』韓。

『紅蒸谷口霞。』『錦漾一川霞。』桃。『天紅妒曉霞。』『水愛漾春霞。』花。『桃飛水漲霞。』

〔二〕今按：『服』，《東坡全集》作『眼』。

春。『楓葉落如霞。』冬。『孤飛鶩伴霞。』『歸飛趁丹霞。』晚。『吟情對暮霞。』詩。『長是醉流霞。』酒。『丹田養素霞。』仙。『餘輝隱暮霞。』日。『紅染一林霞。』霜。『危樓倚丹霞。』望。『吹散暮天霞。』風。『哀泪落烟霞。』愁。

庶徵　一二章

雷電

《穀梁傳》：『陰陽相薄，感而爲雷，激而爲霆。』

《河圖帝紀》：『雷，天地之鼓也。』

《月令》：『仲春之月，雷乃發聲。仲秋之月，雷乃收聲。』

《爾雅》：『疾雷謂之霆。』

《公羊傳註》：『雷疾而甚者爲震，震與霆皆謂之霹靂。』

《易・震卦》：『震：亨。震來虩虩，笑言啞啞，震驚百里，不喪匕鬯。』《彖》曰：『震，亨。震來虩虩，恐致福也。笑言啞啞，後有則也。震驚百里，驚遠而懼邇也。出可以守宗廟社稷，以爲祭主也。』《象》曰：『洊雷，震。君子以恐懼修省。』初九：『震來虩虩，後笑言啞啞，吉。』《象》曰：『震來虩虩，恐致福也。笑言啞啞，後有則也。』六二：『震來厲，億喪貝，躋于九陵，勿逐，七日得。』《象》曰：『震來厲，乘剛也。』六三：『震蘇蘇，震行無眚。』《象》曰：『震蘇蘇，位不當也。』九四：『震遂泥。』《象》曰：『震遂泥，未光也。』六五：『震往來，厲，億無喪有事。』《象》曰：『震往來厲，危行也。其事在中，大「無喪」也。』上六：『震索索，視矍矍，征凶。震不于其躬于其鄰，無咎。婚媾有言。』《象》曰：『震索索，中未得也。雖凶無咎，畏鄰戒也。』

天地解而雷雨作，雷雨作而百果草木皆甲拆。動萬物者，莫疾於雷。鼓之以雷霆。雷風相薄。

《詩》：『殷其雷，在南山之陽。』『殷其雷，在南山之側。』『殷其雷，在南山之下。』『如霆如雷』，『虺虺其雷』，『爗爗震電，不寧不令。』

《易傳》：『當雷不雷，陽德弱也。』

《洪範五行傳》：『雷於天地爲長子，以其首長，萬物爲出入也。』

雷二月出地，百八十日，雷出則萬物出；八月入地，百八十日，雷入則萬物入。入則除害，出則興利，人君之象也。

《莊子》：『陰陽錯行，天地大駭，於是有雷有電。』

柳文：『春夏之有雷霆也，或發而震，破巨石，裂大木而殘之，草木豈有非常之罪哉？彼豈有懲於物也？』

《河圖》：『玉虎晨鳴，雷聲。』

董子：『太平之時，雷不驚人，號令啓發而已矣；電不眩目，宣示光耀而已矣。』

《埤雅》：『陰陽暴格，分争激射，有火生焉。其光爲電，其聲爲雷。鐵石相擊則生火，燒石投井則起雷。又况天地大炉之所薄動，真火之所激射乎。』

《五經通義》：『電謂之雷光。』

《莊子》：『陰氣伏於黄泉，陽氣上通於天，陰陽分争故爲電。』

《淮南子》：『電激氣也，雷以爲鞭策。』

《公孫子》：『擊雷無停光。』

《公羊傳》：『有聲曰雷，無聲曰電。』

吴武陵曰：『雷砰電射，天怒也，不能終朝。』

爲暴雷之震，震夷伯之廟。殷武乙出獵，爲暴雷震死。《左》：『雷震夷伯之廟，罪之也，於是展氏有隱慝焉。』

憲陵之震，方食之震。後漢建和中，雷震憲陵寢宫。是時，梁冀用事。先主與曹公語，會雷大震，方食失匕箸，曰：『一震之威乃至此。』

聞雷鳴，喚阿香。《論衡》：『子路感雷霆而生，尚剛勇，死於衛。孔子每聞雷鳴，中心惻然。』『義興人姓周，永和中出都，日暮，道边見新草屋，有一女子寄宿，有小兒喚：「阿香，官人喚汝推車。」女子辭去，忽驟雷雨。明朝視宿處，乃一新冢。』《搜神記》。

迅雷必變，雷雨不迷。孔子敬天之怒，舜典誠智不亂。

謝仙火，狀如彘。大中祥符間，岳州玉真觀爲天火所焚，惟留一柱有『謝仙火』三字，倒書而刻之。何仙姑者曰：『謝仙者，雷部中鬼。夫婦皆長三尺，其色如玉，掌行火於世。』後於道藏中檢之，實有『謝仙』字。雷州春夏多雷，秋日則伏地中，其狀如彘，人取而食之。《國史補》。

雷鼓，雷車。『圖雷之狀，纍纍如連鼓形，又圖一人若力士，謂之雷公。使之左手引連鼓，右手椎之，原之虛妄之象。』《論衡》。柳公權元和末止建州山寺，夜半見數人運斤造雷車，如畫圖者。《西陽雜俎》。

雷斧，雷神。世人有得雷斧、雷楔者，凡雷斧多以銅鐵爲之，雷楔乃石耳，似斧而無孔。《筆談》。楊道和夏於田中，值雷雨，至桑下。霹靂下擊，以鋤格肱，色如丹，目如鏡，毛長三尺，狀如六畜，頭似獼猴。《搜神記》。

雷火，雷起。内侍李舜舉家曾爲暴雷所震，其堂之西屋雷火自堂間出，赫然出檐，金石皆鑠，而草木無一毁者。』《筆談》。邵子謂程子曰：『子知雷起處乎？』曰：『起於起處。』

蔡順之泣，竺彌之泣。蔡順母平生畏雷，自亡後，每有雷震，順輒環冢泣曰：『順在此。』王裒母畏雷，及終，每大雷，裒繞墓曰：『裒在此。』《荆州記》：『湖陽樊重母畏雷，爲石室避之。』凌雲臺東南有白石室，名爲避雷室。

倚柱遭震而無變，倚柱遭震而自若。夏侯玄字太初，倚柱作書，衣服焦，然神色無變，書亦如故。諸葛誕亦倚柱遭震而自若。

劉曜迅雷震樹而自若，滕放疾雷震枕而自若。

雷破高禖石，雷震惠州女。晋元康七年，雷破城南高禖石。高禖石，中宫求子祠也。元和元年六月，惠州倡女震死於市，脅下有朱字云：『李林甫毒虐弄權，帝命震死。』《龍城録》。

背上朱書，背上粉書。欽宗北狩至澶州，雷擊一男子，背上朱書：『賊臣章惇。』《南爐録》。長慶中，有人雷震而死，背上粉書云：『市中有小斗。』《芝田録》。

雷電取書，大震折屋。上元中，台州道士王遠知善《易》，知人生死禍福，作《易》十五卷。一日雷雨，暝霧中一老人叱曰：『所泄禁書何在？上帝令吾攝六丁雷電，取將文書。』

吴柴再用爲光州，一日大震雷，家人伏匿。再用當户坐不動，俄見四人舁〔一〕再用坐敗床出庭中，大震屋折，有龍出。』《九國志》。

裹薦福碑，擊姦黨碑。范文正守饒州，有書生甚貧，時盛行歐陽率更書，薦福寺碑墨本直千錢。爲具紙墨，打千本，使售于京師。紙墨已具，一夕雷擊碎其碑，語曰：『有客打碑求薦福，無人騎鶴上揚州。』東坡作《窮措大》詩：『一夕雷擊姦黨碑。』宣和殿所立元祐姦黨碑，一夕大風雨，爲震雷擊碎。《步里客談》。

《賀慶雲表》：韓愈。當在瑞雲下，元和十五年六月十六日。『五采五色，光華不可遍觀。非煙非雲，容狀詎能詳述。抱日增丽，浮空不收。既變化而無窮，亦卷舒而莫定。』斯爲上瑞，實应太平。謹按沈約《宋書》云：『慶雲五色者，太平之应。』又據《孝經援神契》曰：『王者德至山陵則慶雲出。』故黄帝因之以記事，虞舜由之而作歌。

〔一〕今按：『舁』，《四庫全書》本《十國春秋》作『舁』，是。

庶徵　一三章

曰暘

蔡沈曰：『暘屬火』。吴仁傑曰：『《易》曰：「以晅之，則暘爲火矣。」』

《易》：『明出地上，晋。君子以自昭明德。』『相見乎離，離也者明也。萬物皆相見，南方之卦也。聖人南面而聽天下，嚮明而治，蓋取諸此也。』『離爲日晋，晝也。』

《堯典》：『分命羲仲，宅嵎夷，曰暘谷。寅賓出日，平秩東作。日中，星鳥，以殷仲春。厥民析，鳥獸孳尾。』

《易》：『明兩作，離。大人以繼明照於四方。』

庶徵　一四章

曰休徵　曰乂時暘若

朱子曰：『乂時暘若，乂是整治，便自有開明底意思，所以便説時暘順應之。』

韩詩：『皇帝即祚，物無違拒，曰暘而暘。』

庶徵　一五章

曰咎徵　恒暘若

陳氏曰：『乂之反爲僭，政不治則僭差也。僭則亢，故常暘若。湯有七年之旱，數之變也。』

曰僭　常暘若

君行僭差，則常暘順之。旱之言悍也，暘驕蹇所至也。

《春秋繁露》：『水干上〔一〕則大旱。』

《周禮》：『國大旱，則率巫而舞雩。』

《左傳》：『龍見而雩。』

〔一〕今按：『水干上』，《四庫全書》本《春秋繁露》作『火干土』，是。

也。

《穀梁傳》：『雩者，爲旱求也。』

《五行傳》：『旱所謂常暘，而謂旱者，以爲灾也。旱之爲言乾也，萬物傷，而乾不得水也。君持亢陽之節，暴虐於下，興師旅，動衆勞民，以起城邑，臣下悲怨而心不從。故陽氣盛而失度，旱灾[应]也。』

術人有書，目曰旱有三：『曰天旱、國旱、人旱。曷爲天旱？蹇陽肆凶，下土祗慎，雖六七歲，黎人不饑。曷爲國旱？君道熾灾，德涸仁枯，貪風暴氣，蒸爲時癘。曷爲人旱？邦毁其政，吏賊其行，千里人心，燥不爲陰。』

烹弘羊，天乃雨。武帝時旱，卜式云云。封則天旱，意乾封乎？元封元年，上以旱爲憂。公孫卿曰：『黄帝時，封則天旱。』上乃下詔曰：『天旱，意乾封乎？』

自十有二月不雨至于八月，自六月不雨至于八月。《穀梁傳》：『歷時而總書，不憂雨也。不憂雨者，無志乎民者也。文公以練祭則緩於作主，以宗廟則太室屋壞，以賦政則四不視朔，以邦交則三不會盟，其無志乎民亦審矣。故自十有二月不雨至于秋七月而書，自正月不雨至于秋七月而書，以著其慢也。』

齊之大旱，秦之不雨。齊大旱，景公曰：『如之何？』孔子曰：『凶年[则乘驽马]，力役不興，馳道不修，祈以幣玉，祭祀不懸，祀以下牲，此賢君自貶，以救民之禮也。』《孔子家語》。

秦自六月不雨，至于八月。書法：『恒暘也。』

惠帝五年夏大旱，文帝六年夏大旱。江夏水少，谿父〔一〕斷絶。文帝後元六年，夏大旱，蝗。詔弛利省費，以振民。令諸侯無入貢，弛山澤減諸服御。損郎吏員，發倉庾以賑民，民得賣爵。

景帝三年夏旱，平帝二年大旱。景帝三年夏旱，禁酒酤。禁酒，古也行之，旱宜矣。平帝元始二年大旱，蝗。莽白太后衣繒損膳，莽亦損食，出錢給民。

和帝九年之旱，安帝二年之旱。永元九年六月旱，蝗。除田租及山澤税。書法：『嘉恤民也。』永初二年夏旱，太后親録囚徒。書法：『書親録囚徒何？嘉恤旱也。』

順帝陽嘉三年之旱，桓帝延熹元年之雩。五月旱，上露坐德陽殿東廂請雨，問消變之術。對曰：『臣聞陰陽閉隔則二氣否塞，風雨不時水旱成灾。陛下内積怨女，外有曠夫，自枯旱以來，未聞改過之效，徒勞至尊。暴露風塵，誠無益也。宜雅信革政，崇道變惑，出後宫不御之女，除太宫重膳之費，慎官人，去貪佞。』延熹元年，大雩。《月令》：『仲夏之月，大雩祭。』註：雩，吁嗟求雨之祭也。

〔一〕今按：『谿父』，當爲『谿谷』。

建興八年之不雨，永嘉三年之大旱，書法：『自秦初，書六月不雨，至于八月丙寅。其後，有書四月至于七月者矣，獻帝率不過三四月耳，於是而書十月至于三月，是半年也。後此，又有正月不雨至于十月者，又甚矣哉。』西秦。晋懷帝永嘉三年，夏大旱，江漢河洛可涉。

秦永興二年之大旱，宋元嘉七年之不雨。秦王堅減膳撤樂，后妃以下悉去綢紈，開山澤之利，息兵養民，旱不爲灾。宋元嘉七年九月，西秦自正月不雨至于是月。書法：『去年地震，野草皆反，於是恒暘凡九閲月，秦之亡兆也。』

太和十五年之不雨，二十年之久旱。魏太和十五年，自正月不雨至于四月。有司請祈百神。帝曰：『成湯遭旱，以至誠致雨。不在由禱山川，惟當責躬以待天譴。』廿年，魏主以久旱，不食三日，是夕大雨。

開皇之旱，貞觀之旱。開皇十五年以歲旱，東巡祀天于泰山，謝愆咎也。貞觀元年，山東旱，詔所在賑恤蠲其租賦。書法：『書，美恤民也。太宗之世，書旱二：是年，十三年；書饑一：二年。必書恤旱之政焉，可謂有志于民矣。《綱目》書旱五十八，大旱三十八，不雨六。書饑二十九，大饑二十六。而書救灾之政者，只十有三，太宗居其三焉。』

太宗之赦天下，太宗之謂王珪。二年，關内旱饑，赦天下，民多賣子。詔出，御府金帛贖以還之。發明：『《春秋・僖公二年》冬書不雨，三年春書不雨，夏書不雨，每時而書不雨者，君子謂其有志於民也。文公書：自十二月不雨至于秋七月，又書自正月不雨至于秋七月，歷三時而總書不雨者，君子謂其無志於民也。太宗是時，君德清明，勤恤民隱，每有饑旱，輒書于册。去夏，嘗詔山東賑恤蠲租，今又降赦令，其愛民之心，可謂切矣。』太宗謂王珪曰：『開皇中旱，隋文帝不許賑給，而令百姓就食山東。比至末年，天下儲積，可供五十年。煬帝恃之，卒亡天下。但使倉庾之積，足以備凶年，其餘何用哉？』

咸亨元年之旱，貞元元年之旱。咸亨元年，閏九月，皇后以旱請避位，不許。發明：『君治陽，后治陰，理也。天以旱告，此人君之事爾。后何預而請避位哉？且其久位中閫，避將何之？直書于册，不惟見武氏愚弄其夫之罪，亦以見昏君甘受其侮之惡。』德宗貞元元年大旱，灞滻將渴，長安井皆無水，度支奏中外經費纔支七旬。詔浮費冗食，皆罷之。

元和四年之旱。太和八年之旱。元和四年閏正月，上以久旱，欲降德音。李絳、白居易言：『欲令實惠及人，無如減租稅，出宫人。諸道横斂，以充進奉。南方多掠良人，賣爲奴婢。皆宜禁絶。』上悉從之，制下而雨。書法：『以旱故也，備書予之。』文宗太和八年，詔求致雨之方。司馬門。員外郎李中敏表曰：『仍歲大旱，直以宋申錫之寃濫，鄭注之奸邪。今[致雨之方莫若]斬注而雪申錫，天必雨矣。』不從，中敏謝病歸東都。五年，上與申錫謀誅宫官。鄭注使人誣告申錫，謀立漳王。貶漳王爲縣公，申錫爲司馬。

唐大中元年宣宗之二月旱，後唐同光三年莊宗。之大旱。上以旱故，減膳撤樂，出宫女，縱鷹隼，止營繕，命盧商疏理京城繫囚。大理卿馬植奏曰：『官典犯贜及故殺人，[平日]大赦所不免。今因疏理而原之，使貪夫無所懲畏，死者銜冤無告，恐非所以消旱灾，致和氣也。』詔從之，以植爲刑部侍郎。同光三年大旱，初五臺僧誠惠自言[能]降服天龍，命風召雨。唐主親率后妃拜之，誠惠安坐不起，群臣莫敢不拜，獨郭崇韜不拜。会大旱，迎至洛陽，使祈雨。數旬不雨，誠惠逃去而死。

端拱之旱，上則減常膳，走群望，甚至欲築臺以自焚，何切也！慶曆之旱，上則蔬食引咎，精心密禱，甚至冠帶露立而不辭，何誠也！林駉。

鱗山多蛇，華山有蛇。鱗山多鳴蛇，其狀如蛇，四翼，音如磬，見則大旱。泰華山有蛇，名曰費遺，六足，四翼，見則天下大旱。《山經》。

遇旱而貯，欲旱則生。建陽縣山中産白蟹，遇歲旱，以盆貯之即雨。師曠曰：『歲欲旱，旱草先生。』旱草者，蒺莉也。《師曠占》。

吾欲暴尪而奚若，吾欲暴巫而奚若。《檀弓》：歲旱，穆公召縣子而問然，曰：『天久不雨，吾欲暴尪而奚若？』曰：『天則不雨，而暴人之疾子，虐，無乃不可與。』『然則吾欲暴巫而奚若？』曰：『天則不雨，而望之愚婦人，於以求之，毋乃已疏乎？』『徙市則奚若？』曰：

『天子崩，巷市七日。諸侯薨，巷市三日。爲之徙市，不若可乎？』尫者，瘠病之人，其面上向。暴之者，冀天哀之而雨。巫能接神，暴之者，冀神憫之而雨。

陳氏曰：『先王之於旱也，内則責諸己，外則求諸神。責諸己，則有成湯之事，宣王之行。責諸己者，本也。求諸神，則巫以女巫，舞以皇舞，祭以雩，禮以牲璧。求諸神，則以爲文而已。穆公不能責諸己，又不知求諸神，而欲暴巫與尫，豈不惑哉！』

庶徵 一六章

曰燠

蔡沈曰：《小明》之詩首章云：『我征徂西，二月初吉。』夫以二月爲燠。則三章云：『昔我往矣，日月方燠。』燠之爲春，爲木明矣。

《揚子》：或問：『处秦之世，抱周之書，益乎？』曰：『舉世寒，貂狐不亦燠乎？』或曰：『炎之以火，沃之以湯，燠亦燠矣。』曰：『燠哉！燠哉！時亦有寒之者矣。』註：何用周書？刑法可治，一時暫從，[而]中心不服。非其時而望之，[非其道而行之]，亦不可以至矣。用秦之治(法)以求治，猶冬而望生，春而望穫，之燕而南，適楚而北。

服絺綌之凉者，不若〔一〕盛夏之鬱燠。王褒頌。

豈曰無衣六兮，不如子之衣安且燠兮。

周失之舒，秦失之急，故周衰無寒歲，秦亡無燠年。《五行志》。

歐陽偕法，炎風偕爆。

暑

《説文》：『㖻，濕暑也。』

夏至，陰陽之会，而北方物動於下，南方物動於上，故至日後爲熱。《春秋繁露》。

貞觀六年如九成宫，貞觀廿一年爲翠微宫。六年三月如九成宫。上幸九成宫避暑。監察御史馬周疏曰：『大安宫在城西，制度卑小，而車駕獨爲避暑之行。是太上皇留暑中，而陛下居凉处也，温凈之禮，臣竊有所未安者。』書法：『書譏遠也。不惟温凈之多缺，而厚親薄己之義，亦顛倒矣。』貞觀廿一年，上得風疾，苦京師盛暑，命修終南山太和廢宫爲翠微宫。

清暑樓，王仲都。後唐同光三年，作清暑樓，盧崇韜諫，遣中使語之曰：『朕昔在河上，親當矢石，猶無此暑。今居深宫之中而暑不可度，奈何？』對曰：『陛下倘不忘艱難之時，

〔一〕今按：此句，《昭明文選》王褒《聖主得賢臣頌》作『苦』。

則暑氣自消矣。』宦者曰：『崇韜之第，無異皇居，宜其不知至尊之熱也。』唐主卒命王允平營樓。樓役萬人，所費巨萬。崇韜諫曰：『今河南水旱，軍食不充，願且息役，以俟豐年。』不聽。元帝被病，廣求方士。王仲都夏暑日，使曝坐，環以十炉火，不言熱，而身汗不出。王公大熱，申王執冷。王公大熱，以腹熨石局。申王有肉疾，腹垂至骭。玄宗詔南方取冷蛇賜之。蛇長數尺，色白，不螫人。執之冷如冰。

以瓜鎮心，以帶賜訓。鄭灼，字茂照，嘗讀書時，大熱，以瓜鎮心，欲凉之也。李訓講《周易》，頗叶上意。時方盛夏，文宗命取冰玉腰帶[及]辟暑犀如意，以賜訓曰：『如意足以與卿爲談柄也。』

罽賓國之身熱，天毒國之皆乾，壽麻國之大暑。歷大小頭痛之山，赤土身熱之坂。天毒國，夏草木皆乾死，民善没水以避。壽麻之國，爰有大暑，不可以往。

庶徵　一七章

曰休徵　曰哲時燠若

朱子曰：『哲時燠若，哲是昭融，便自有和暖底意思，所以便説時燠順應之。』

《孟子》：『曾子曰：不可。秋陽以暴之。』

朱子曰：『秋日燥烈，言暴之乾也。言夫子道德明著，光輝潔白。』《賢臣頌》曰：『服絺綌之凉者，不若盛夏之鬱燠。』

庶徵　一八章

曰咎徵　曰豫恒燠若

陳氏曰：『哲之反，則猶豫不明，故爲豫。豫則解緩，故常燠若。周末無寒歲，秦亡無燠年，理之常也。』

王莽元年之冬雷，齊緯四年之暍死。王莽元年，冬雷桐華。《北史》齊後主緯武平四年六月壬子幸南苑，從官暍死者六十人。

天保八年之三月熱，天寶元年之無冰。後齊天保八年，三月大熱，人或暍死。劉向《五行傳》曰：『視不明，用近習，賢者不進，不肖不退，百職廢壞，庶事不从，其過在政教舒緩。』天寶元年，冬無冰。先儒以爲陰失節也。又曰：『知罪不誅，共罰燠。夏則暑殺人，冬則物華實。當寒反燠象，宜刑而賞之也。』

長慶二年之荑如正月，廣明元年之暖如仲春。長慶二年冬，小雪不冰凍，草木萌荑如正月。廣明元年十一月，暖如仲春。

天聖五年之大暑，嘉祐六年之無冰。天聖五年，夏秋大暑，毒氣中人。占者曰：『此《洪範》所謂恒燠也。』

治平四年冬無冰雪，元豐八年冬無冰雪。

元祐元年冬無冰雪，四年冬無冰雪，五年冬無冰雪。

紹興五年之大燠，乾道三年之無冰。紹興五年夏，大燠四十餘日，草木焦枯，山石可灼人，死者甚衆。乾道三年，無雪無冰。

乾道五年之無雪無冰。乾道六年之無雪無冰。

慶元六年之冬燠，無雪。開禧六年之冬燠，有雷。慶元六年冬燠，無雪，桃李華，蟄蟲不藏。管子曰：『臣乘君威，則陰侵陽，盛冬不冰。』開禧六年冬燠，無冰，有雷，昆蟲不蟄。

八年夏之大燠，十三年冬之無冰。八年，夏五月大燠，草木枯槁，百川皆涸，行都斛水百錢，江淮杯水數十錢，暍死者甚衆。十三年，冬無冰，臘無雪，越歲春暴燠，土燥川涸。

《僖公》廿三年之霜不殺，襄公廿八年之春無冰。僖公廿三年十二月隕霜，不殺草，李梅實。杜預註：『書時失也。周十一月，今九月，霜當微而重，重而不能殺草，所以爲灾。』

襄公廿八年，春無冰。梓愼曰：『今玆宋鄭其饑乎？陰不勝陽也。』杜預註：『書時失也。』註：『周失之舒，故周襄無寒歲。』

桓公十四年正月無冰，成公元年二月無冰。

《公羊傳》：『何以書？記異也。』何休註：『今之正月，夏之十一月，法當堅冰，無冰者温也。此夫人淫泆，陰而陽行之所致。』

《穀梁傳》：『恒燠也。』范甯註：『皆君不明去就，政治舒緩之所致。』

《五行傳》：『視之不明，是謂不哲。厥咎舒，厥罰常燠。』

徐邈云：『無冰者，常陽之異。此夫人淫泆，陰爲陽行之所致。』

劉向曰：『豫恒燠若。此政事舒緩，紀綱縱異，善惡不明，賞罰不行之象。』

汪氏曰：『此年正月，書無冰。成元年二月，書無冰。襄廿八年，書春無冰。則知因陽盛氣燠，而隨時以記之。』

成公元年二月無冰。

胡氏曰：『寒極而無冰者，常燠也。按《洪範傳》曰：「豫常燠若。」此政事舒緩，紀綱縱弛之象。成公幼弱，政在三家，公室不張，其象已見。故當涸陰冱寒，而常燠應之。古者，日在北陸而藏冰，獻羔而啓，朝之禄位，賓食喪祭，冰皆與焉，此亦調燮愆伏之一事也。今既寒而燠，遂廢淩人之職，然策書所載，皆經邦大訓。人有微而不登其姓名，事有小而不記其本末，雨雹冰雪，何以悉書？天人一理也，萬物一氣也，觀於陰陽寒暑之變，以察其消息盈虚，此制治於未亂，慎於微之意也。每慎於微，然後王事備矣。』

庶徵　一九章

曰寒

《釋名》：『寒，捍也。』

《説文》：『霸，寒也。』

蔡沈曰：『《漢志》引狐突金寒之言。』顔師古謂：『金行在西，故謂之寒。則寒之爲秋，爲金明矣。』

《國語》：『火見而清風戒寒。』

《月令》：『寒氣總至，人力不堪，其皆入室。』

《太玄經》：『極寒生熱，極熱生寒，信道致詘，詘道致信。』

《周書》：『清明之日，桐不華，則歲有大寒。』

《吕氏春秋》：『冬之德寒，寒生不信，其地不成剛。其地不成剛，則凍閉不開。天地之大，四時之化，而猶不能以不信成物，況人乎？』

楚人之寒，齊民之凍。《左》：『師人多寒，王楚莊。巡三軍，撫而勉之，皆如挾纊。』《尸子》：雨雪，披裘當户。曰：『我猶寒，彼百姓賓客甚矣。』乃使巡國中賑之，國人大熱。悦。楚莊。齊景歲寒築臺，延晏子飲酒樂。晏子歌曰：『庶民之凍，我若之何？奉上靡弊，我若之何？』公曰：『子爲大臺之役夫，寡人將罷。』

齊景公之寒，衛靈公之寒。齊景時，雨雪三日。公曰：『天下不寒，何也？』晏子曰：『賢君飽知人飢，温知人寒。』公出衣发粟與飢民者。《吕氏春秋》：衛靈公天寒鑿池。宛春曰：『天寒恐傷民。』公曰：『寒哉？』春曰：『君則不寒，民則寒矣。』公罷役。

漢之大寒，周之乞寒。漢祖十一年，擊韓王信，士卒墮指者十二三，將士手足皸瘃。周大象元年十二月，周初作乞寒胡戲，一曰潑寒胡戲。書法：『書作乞寒胡戲，至唐中宗猶有觀潑寒胡戲之書，則奇淫之溺人甚矣。』

中宗之觀潑寒，景公之問天寒。元年十一月，上御樓觀潑寒胡戲。清元尉吕元泰疏曰：『謀時寒若，何必裸身揮手鼓舞衢路以索之哉！』疏奏不納。書法：『凡書觀，譏也。觀戲，甚矣。』景公爲履飾以金玉。問曰：『天寒乎？』晏子曰：『古之制，衣服冬輕而暖，夏重而清，金玉之履，是重而寒也。』《晏子》。

却寒設簾，大寒吐火。同昌公中堂中設却寒簾，葛仙翁大寒吐火，須臾滿室。鰩魚辟寒，磎鼠却寒。東南海中有祖洲，中有鰩魚，長八尺，食之辟寒。《神異經》。北方有磎鼠，在冰下土中，其毛八尺，可以爲褥却寒。同。

仲都之載駟馬，戎夷之謂弟子。王仲都盛寒日，載以駟馬，車于昆明池上，環冰而走，御者厚衣狐裘，甚寒，而仲都無變色。戎夷違齊如魯，天大寒，而後與門弟子宿於郭外，謂弟子曰：『子與我衣，我活。我與子衣，子活。我國士也，爲天下惜死。子不肖人也，不足愛也。子與我子之衣。』弟子曰：『夫不肖人，又惡能與國士衣哉。』戎夷嘆曰：『道不濟夫！』解衣與弟子，夜守而死。

庶徵　二一〇章

曰休徵　曰謀時寒若

朱子曰：『謀時寒若，謀是藏密，便自有寒結底意思。所以便説時寒順應之。』曰謀時寒若，謂乘冰襲之。呂元恭疏曰：『謀時寒若何，必裸身揮手鼓舞衢路。』見上。

慕容皝討其弟仁，司馬高詡曰：『前此海未嘗凍，自仁反以來，凍者三矣。天其或者欲使吾乘冰以襲之也。』

庶徵　二一章

曰咎徵　曰急恒寒若

陳氏曰：『謀之，反則不深，密而急躁，急則縮栗，故常寒若。秦亡無燠年，理之常也。』秦四月之大寒，漢三月之夏寒。書法：『四月大寒，異也。至有凍死，甚異矣。終《綱目》，書大寒二，四月大寒一而已。是年，梁乙未年。』漢永光元年，三月隕霜殺霜〔一〕，夏寒日青。

建始四年四月雨雪，天鳳元年四月隕霜。召直言極諫之士詣白虎殿對策。谷永知鳳方見柄用，陰欲自託，乃曰：『骨肉大臣，小心畏忌，歸咎無辜，重失天心。』書法：『四月雨雪，甚大異也。白虎之對，惜無能指及王鳳者，則是召也，亦文具而已。』莽天鳳四年，四月

〔一〕今按：『霜』，《漢書》作『桑』。

隕霜，殺草木。書法：『武帝之世書四月隕霜殺草木矣，於是復見，而加重焉。』

郎顗之疏，襄楷之疏。『立春以後，陰寒失節，宜采納良臣，以助聖化。』桓帝延熹九年，襄楷疏曰：『前冬大寒，竹柏傷枯，臣聞於師曰：柏傷竹枯，不出三年，天子當之。』

梁天監十四年之大寒，唐儀鳳三年之雨雪。淮泗皆冰。書法：『秦書大寒矣，記異也。此十二月爾，大寒恒也，則其書何？於是築堰，士卒死者什有七八，則其爲害也大矣！故特書之。』儀鳳三年五月幸九成宫，山中雨寒，從兵有凍死者。胡氏曰：『高宗可謂舒遲解緩之君，在咎徵，宜得常燠。今乃盛夏而寒，此武氏好殺氣之先至者也。惟見微者知之，而人君不悟也。』

周考王六年六月秦雨雪，漢文帝四年六月大雨雪。

《易傳》曰：『夏雨雪，戒臣爲亂。』後二年，淮南王長謀反。

景帝中元六年三月雪，武帝元鼎二年三月雪。六月，匈奴入上郡，戰死者二千餘人。

三月雪，平地五尺。

元鼎三年四月雨雪，元光四年四月隕霜。三月水冰，四月雨雪，關東十餘郡，人相食。

元光四年，四月隕霜，殺草木。《易傳》曰：『興兵妄誅，兹謂亡法，厥以大霜，夏殺五穀，冬殺麥。誅不原情，兹謂不仁。其霜，夏先大雷風，冬先雨。隕霜有芒角。賢聖遭害，其霜附木不下地。佞人依刑，玆謂私賊，其霜在草根土隙間。不嚴教。而誅，玆謂虐，其霜反在草下。』

永光元年三月隕霜，四年二月雨雪。雨雪隕霜殺桑，時石顯用事，天下大饑。四年二月雨雪，燕多死。陽朔四年，四月雨雪，燕雀多死。二月大雪，八月大寒。王莽時，二月大雪，深者一丈，竹柏皆枯。八月大寒，百官人馬凍死。

三月雪殺桑麥，七月隕霜殺稼。晋惠帝時。晋安帝義熙五年，三月雪深數尺。梁武帝普通三年，三月大雪，平地三尺。唐久視元年，三月大雪。神龍元年，三月暴寒，大雪且冰。天復三年，浙西大雪，平地三尺餘，其氣如烟，其味苦。淳化三年，三月花木皆死。四年，二月大雪，民多凍死。天禧元年，十二月京師大雪，人多凍死，路有僵尸。二年正月，永州大雪，六晝夜方止，江魚凍死。

靖康元年，冬大雪。或雪未下時陰雲中，雪絲長數寸墮地。二年，大雪大寒，冰如鏡，行者不能定立。是月乙卯，車駕在青城，大雪數尺，人多死。

建炎二年，六月久陰，霖雨而寒。淳熙十六年，四月戊子，天水縣大雨雪，京房謂：『害正不誅，兹謂養賊。』後連誅叛將。

紹興十三年，三月雪。二十八年，三月雪。

紹熙元年，三月留寒，至立夏不退。二年，正月大雪，夏冰厚尺餘。

《左·成公》：『十有六年，春，王正月，雨木冰。』胡氏曰：『雨木冰者，雨而木冰也。』何休曰：『木者少陽，幼君大臣之象。冰者，凝陰兵之類也。冰脅木者，君臣相執於兵之徵。未幾而有沙隨苕兵之事。天人之際休咎之應，焉可誣也！而欲盡廢《五行傳》，亦過矣！』

《樂記》：『天地之道，寒暑不時則疾，教者民之寒暑也，教不時則傷世。』

《苦寒行》杜詩：『去年白帝雪在山，今年白帝雪在地。凍埋蛟龍南浦縮，寒刮肌膚北風利。三足之烏足恐折，羲和迭送將安歸。』

又：『南紀巫廬二山。瘴不絕，太古以來無尺雪。蠻夷長老怨苦寒，崑崙天關凍應折。玄猿口噤不能嘯，白鵠翅垂亂流血，安得春泥補地裂。』

『霜威衣帶斷，指直不得結。』

《潘安真詩話》：余以『霜威能折綿，風力欲冰酒』之句問山谷。山谷曰：『勁氣方凝酒，清威正折綿。庾肩吾詩也。』余讀阮籍歌曰：『陽和微弱陰氣竭，海凍不流綿絮折。』折綿之事，始於阮籍。《漁隱》。

庶徵　二三章

曰風

風動蟲生，故蟲八日而化。

鄭氏曰：『風蟲之風，爲吹噓之風，假借也。』

風，天地之使也，大塊之噫氣也，王者之聲教也。

陳氏曰：『風之屬土，獨缺其證。當如《莊子》「風生於土囊之口」及「大塊噫氣，其名爲風」證之。風之爲土氣，豈不章章明矣乎。』

《埤雅》：『天地之氣，噫而成風。』

《爾雅》：『四時和爲通正，謂之景風。』『南風曰凱風，東風曰谷風，北風曰涼，西風曰泰。暴風從上下曰頹，從下上曰飈，亦曰扶搖。迴風曰飄，日出而風曰暴。陰而風曰曀，風而雨土曰霾。』『春晴日出而風曰光風，秋冬餘風曰緒風。吹萬物有聲曰籟，終日風謂之終風。』

《風俗通》：『猛風曰颲，涼風曰䬍，微風曰飈，小風曰颼。』

《風俗通》：『飛廉，風伯也。風師，箕星也。』

《莊子》：『大塊噫氣，其名爲風，作則萬竅怒號。』『風一西一東，孰嘘吸是，孰披拂是。』

『予蓬蓬然起於南海，入於北海，折大木飛大屋者，惟我能也。』

東明庶，南景，東南清明，西南涼，西閶闔，西北不周，北廣莫，東北條。此八風也。

《風賦》：楚襄王遊於蘭臺之宮，宋玉、景差侍，有風颯然而至。王乃披襟而當之曰：『快哉此風！寡人所與庶人共者耶？』宋玉對曰：『此獨大王之風耳，庶人安得而共之？』王曰：『夫風者，天地之氣，溥暢而至，不擇貴賤高下而加焉。今子獨以爲寡人之風，豈有說乎？』宋玉對曰：『臣聞於師，枳句來巢，空穴來風，其所託者然，則風氣殊焉。』王曰：『夫風，始安生哉？』宋玉對曰：『夫風生於地，起於青蘋之末，侵淫溪谷，盛怒於土囊之口；緣於太山之阿，舞於松柏之下。飄忽淜滂，激揚熛怒，耾耾雷聲，迴穴錯迕，蹶石伐木，梢殺林莽。至其將衰也，被麗披離，衝孔動楗。眴渙粲爛，離散轉移。故其清涼雄風，則飄舉升降，乘凌高城，入於深宮。邸華葉而振氣，徘徊於桂椒之間，翱翔於激水之上，將擊芙蓉之精。獵蕙草，離秦衡，概新夷，被荑楊，迴穴衝陵，蕭條衆芳。然後倘佯中庭，北上玉堂，躋于羅帷，經于洞房，乃得爲大王之風也。故其風中人狀，直憯悽惏慄，清涼增欷。清清泠泠，愈病析醒，發明耳目，寧體便人。此所謂大王之雄風也。』王曰：『善哉論事！夫庶人之風，豈可聞乎？』宋玉對曰：『夫庶人之風，塕然起於窮巷之間，堀堁揚塵，勃鬱煩冤，衝孔襲門，動沙堁，吹死灰，駭溷濁，揚腐餘，邪薄甕牖，至於室廬。故其風中人狀，直憞溷鬱邑，毆温致濕，中心慘怛，生病造熱，中脣爲胗，得目爲蔑，啖齰嗽獲，死生不卒。此所謂庶人之雌風也。』

《周禮》：『保章氏，以十有二風察天地之和，命乖别之妖祥。』

少女風，嬰兒風。《管公明[傳]》：『大旱，有問何當雨。言：今夜當大雨，樹上已有少女微風。』《易》：『巽爲風，爲長女。』《兵書》：『風從震來，名嬰兒風。』

花信風，舶趠風。始梅花，終楝花，二十四翻花信。吴中梅雨既過，颯然清風彌旬，謂之舶趠風。

黄雀風，五兩風，六鷁風。《風土記》：『五月風發，六月乃止，俗號黄雀風。』《淮南子》：『若綄之候風也。』註：綄候風，扇也。楚人謂之五兩，以鷄羽爲之。』《左》：『六鷁退飛，過宋都』，風也。杜詩：『倚風遺鶂路。』

巽二，封十八。蕭至忠爲晋州刺史，欲獵，黄冠曰：『若令巽二起風，滕六降雪，即蕭使君不出矣。』未明，風雪大作。《幽怪録》。崔元微月夜見女伴，二月一日立幡。東風括地，折木飛花。花中繁花不動。崔乃悟女伴即衆花之精，封家十八姨乃風神也。

占風鐸，候風竿。唐岐王於竹林内懸碎玉片，每夜聞相觸之聲，即知有風，號占風鐸。《開元遺事》。五王宫中各立長竿，挂五色旌於竿頭候之。四垂綴以金鈴，有聲即往視旌之所向，可知四方風候。同。

羊角風，石尤風。熙寧九年，恩州武城縣有旋風自東南來，望之插天如羊角，大木盡拔。《筆談》。石氏女，嫁爲尤郎婦，尤爲商遠行。妻病臨亡，曰：『吾恨不能阻其行江湖，吾當作大風，爲天下婦人阻之。』自後，商旅廢船值打頭逆風，則曰石尤風也。《江湖紀聞》。唐詩曰『無將故人酒，不及石尤風』。是也。

鄭公風，關羽風。鄭弘射山南，有白鶴嘗爲仙人取箭。弘得一遺箭，有人來覓，弘還之。人問弘何所欲。『嘗患若耶溪載薪爲難，願朝南風、暮北風。』至今爲然，號鄭公風。宋之問詩：『歸舟何慮遠，日暮有樵風。』孫權與關羽戰，羽乞降。趙達曰：『彼有走氣，言降詐也。雖走，必不脱。』午時有風觸幃，達曰：『羽至矣。』果獲羽。《建康録》。

風母，風門。似猿打殺，得風還活。南海有風生獸，似豹青色。以鐵椎鍛其頭乃死，張其口向風，須臾而起。黄竹山西北一處，常肅肅有風，名曰風門。

艮山風井，恒山風井。艮山縣山上有風穴，名曰風井。夏風出，冬風入。恒山風井，口如瓮，春分後出，秋分後入。

銅烏遇風而動，石燕遇風則飛。長安宫南靈臺上有相風銅烏，遇千里風乃動。零陵山有石燕，遇風則飛，止則還爲石。駱賓王啓曰『金波離畢，零陵之石自飛』是也。

颶風，勝風。颶風，具四方之風也。一曰懼風，言怖懼也。《雜俎》：［山人］包超，明皇令隨哥舒翰西征，每陣常得勝風。

四面風，祛塵風。崑崙山有四面風者，東西南北一時俱起也。又有祛塵之風，若衣服塵污者，風至吹之衣則淨如浣濯。

龍山大穴之風，崆峒洞穴之風。

高沙雲出而風，海彭鯨起而風。朝鮮慶尚道清道郡南二里有鰲山，東有一谷，名曰高沙洞。天將風雨，先期而鳴。雲入洞内則雨，雲出洞外則風。扶南西海，有山千里，有石名海彭鯨，闊可百里，震響如雷，則鯨便起而風也。

舉手止風，書符止風。葛玄行遇神廟，乘車不下，須臾大風逐玄，埃塵漲天。玄大怒曰：『小邪敢爾！』舉手指風，風便止。《神仙傳》。吴真君嘗遇大風，書符置座上，有青鳥銜去，風即止。《續仙傳》。

飛車，砲車。奇肱國人能爲飛車，從國遠行。舟人占雲若砲車，起急避之，乃大風候也。

舞雩之風，庭院之風。曾點曰：『風乎舞雩，咏而歸。陶弘景愛松風，庭院皆松，每聞之，欣然而樂。《史》。

列子禦風，滿奮畏風。列子禦風而行，旬有五日而返。《莊子》。滿奮畏風，在武帝坐，北窗作琉璃屏，實密似疏。奮有寒色，曰：『臣猶吴牛，見月而喘。』

黄帝之夢風，武王之遇風。《帝王世紀》：黄帝夢大風，吹天下之塵垢皆去。寤而嘆曰：『風爲號令執政者也，垢去，土后在也。天下豈有姓風名后者哉。』得風后於海隅，登以爲相。《説苑》：武王伐紂，至有戎之隧，大風折旆。散宜生諫曰：『此非妖與？』武王曰：『天落兵也。』

厨中之脯，柏上之鵲。《世紀》：堯時，厨中自生肉脯，其薄如箑，動則風生，使食物寒而不具臭，名曰脯箑。孝武坐未央前殿，東方朔屈指獨語。上問之，對曰：『柏上有鵲，東向而鳴。』『何以知之？』曰：『風從東來，鵲尾長，傍風則順，背風則蹶。必順風而立，是以知也。』本傳。

庶徵　一二三章

曰休徵　曰聖時風若

朱子曰：『聖時風若，聖是通明，便自有爽快底意思，所以便説時風順應之。』南風之時，風動之化。舜歌南風之詩，而天下治。其詩曰：『南風之薰兮，可以解吾民之愠兮；南風之時兮，可以阜吾民之財兮。』石氏曰：『南風之詩，上之所以樂也。』《書》帝曰：『四方風動，惟乃之休。』祥風之起，風不鳴條。道至天者，祥風起。《論衡》：『太平之世，五日一風，風不鳴條。』上。

風或清明，離地二三丈。風或清明，不及二三尺。《風俗通》：『風或清明，來久長不摇樹本枝葉，離地二三丈者，此有龍德在于下。風或清明，不及二三尺者，此君子之風也。』芒山之役，小人風來。《北史》：齊神武時，芒山之役，風從西來，入營。李業興曰：『小人風來，當大勝。』神武曰：『若勝，以爾爲本州刺史。』後梁驗。天無烈風。成王時。

庶徵　二一四章

曰咎徵　曰蒙恒風若

陳氏曰：『聖之反則蔽塞不通而爲蒙，蒙則冥其心思，無所不入，以濟署之惡，故常風若。』

《詩》：『終風且暴，顧我則笑。終風且曀，不日有曀。終風且霾，惠然肯來。』莊公爲人狂蕩暴疾。

『北風其涼，雨雪其雱。北風其喈，雨雪其霏。』危亂將至，氣象愁慘。

『大風有隧，有空大谷。大風有隧，貪人敗類。』

堯時有大風，成王時大雷電以風。《淮南子》：『堯時有大風，使羿繳大風於青丘之澤。』周公居東，天大雷電以風，禾盡偃，大木斯拔。王出郊，天乃雨反風，禾則盡起，大木盡起而築之。

烈風不迷，帝舜。風烈必變。孔子。

隱公三年之大風，僖公十六年之飛風。隱公三年，齊鄭盟于石門。鄭伯之車僨于濟。

杜註：『陰陽錯逆所爲，非人所爲。』杜註：『既盟而遇大風，傳記異也。』僖公十六，六鷁退飛，過宋都，風也。

漢王二年之大風，仁壽二年之迴風。項王圍漢王三匝，大風折木，發屋揚沙石。隋仁壽二年，有胡上乘騾在道上，忽爲迴風所飄，又并一車升空，直一千尺，少頃墮地，車騾皆碎。

建元四年夏，有風如血。元光五年七月，大風拔木。漢武。書法：『有風如血，大異也。記異也。』

征和二年，大風拔屋折木。地皇元年，大風毀王莽路堂。書法：『元光五年，書大風拔木矣。是月，陳皇后廢，於是再書大風拔屋折木。閱三月而太子據廢，及皇后皆自殺。變不虛生，信哉！』書法：『自是王不王矣，間二歲而莽誅，天道不誣，信哉！』

元嘉元年之大風，壽光二年之大風。桓帝元嘉元年，微行至河南尹府舍，是日大風拔樹，晝昏。尚書楊秉疏曰：『臣聞瑞由德至，災應事生，王者至尊，出入有常，諸侯入諸臣之家，春秋尚列其誡，況以先王法服而私出盤遊？侍衛守空宮，璽綬委女妾，設有非常之變，任章之謀，上負先帝，下侮〔一〕靡及。』帝不納。霍氏外孫任宣，坐謀反誅，子章亡命，夜玄服

〔一〕今按：『侮』，當爲『悔』。

入廟，執戟立門，發覺伏誅。秦壽光二年，長安大風拔木，强太后弟平諫曰：『天降灾異，陛下當愛民、事神、緩刑、崇德以應之，乃可弭也。』王怒，鑿其頂而殺之。太后以憂卒。

永初二年之風，太元廿年之風。安帝永初二年，以公田賦與貧民，遣使稟貸冀兖流民。書法：『以風雹故也。』晉孝武太元二十年十一月，燕軍夜遁，有大風黑氣如堤。沙門支曇猛曰：『魏軍夜至之候。』

義熙六年之風，大業十年之風。晉安帝義熙六年，劉裕伐燕，濟江風急。裕曰：『若天命助國，風當自息，不然，覆溺何害！』即命登舟，[舟]移而風止。大業十年一月祀南郊，大風。一獻禮畢，御馬疾驅而歸。書法：『慕容超祀南郊，嘗大風矣，不書大風，略之也。未幾而南燕滅也，於是祀南郊。書大風，隋之滅也決矣。』

海螺鳴主大風，海鳥止多大風。《國語》：海鳥爰居，止於魯國東門之外三日。展禽曰：『今其有灾乎？是歲也，海多大風。』《選賦》：『海鳥爰居，避風而至。』

顯慶元年之暴風，總章二年之大風。唐高括州。

乾祐三年，大風拔木。

宮中數有怪，大風發屋拔木，吹擲門扉一十餘步而落。漢主召司天監趙延義，問以禳祈之術。對曰：『王者欲弭灾異，莫如修德。』漢主曰：『何謂修德？』對曰：『請讀《貞觀政要》而法之。』

書法：『記異也。』發明：『太白晝見，連月日食，既無修德應天之實，至是大風示戒，猶不知警。不逾歲，而君臣俱隕，漢祚遂滅。《綱目》詳而書之，所以示人主。』矜業恐懼之端□，於漢乎何誅？《周禮・保章氏》：『以十有二風，察天地之和，命乖别之妖祥。』

庶徵　二五章

曰王省惟歲

蔡沈曰：『王者之失得，其徵以歲。』陳氏曰：『《周禮・太宰》歲終，受百官之會，而詔王廢置。』

《周禮》：『職歲，上士四人。』註：『主歲計，以歲斷。』

『凡六沴之作，歲之朝，月之朝，日之朝，則后王受之。』《伏勝傳》。

《王制》：『司會以歲之成，質於天子。冢宰齊戒受質。司會，冢宰之屬。』

太宰之職，歲終則令百官各正其治，受其會大計，聽其致事，而詔王廢置。三歲則大計群吏之治，而誅賞之。

庶徵　二六章

卿士惟月

《周禮》：『小宰之職，月終則以官府之叙，受群吏之要。』『宰夫之職，二曰師，掌官成以治凡。治凡，若月計也。』

蔡沈曰：『卿士之失得，其徵以月。』陳氏曰：『《周禮》小宰月終受郡吏之要。『凡六沴之作，歲之中，月之中，日之中，則正卿受之。』《伏勝傳》。

李白詩：『王侯象卿月。』杜甫詩：『卿月升金掌。』

庶徵　二七章

師尹惟日

蔡沈曰：『師尹之失得，其徵以日。』

陳氏曰：『《周禮》宰夫旬終正日。』

《周禮》：『宰夫之職，三曰司掌官法以治目。』治目，日計也。

『凡六沴之作，歲之夕，月之夕，日之夕，則庶民受之。』《伏勝傳》。

庶徵　二八章

歲月日時無易，百穀用成，乂用明豐年

《詩》：『綏萬邦，屢豐年。』『豐年多黍多稌。』『豐年穰穰。』『明昭上帝，迄用康年。』『自古有年。』『農夫之慶。』『倬彼甫田，自古有年。』

《孟》：『樂歲終身飽。』『樂歲粒米狼戾。』『富歲子弟多賴。』

漢永平九年大有年，秦建元十八年大熟。　發明：春秋十二公，獨桓公三年書有年，宣公十六年書大有年。　泰山孫明復著《春秋發微》，謂桓十八年，惟此書有年者，是未嘗有年。宣十八年，惟此書大有年者，是民食大足。　書之，以見其不道，重斂于民常不足爾。　審此，則是《春秋》未嘗與二公也。　至程頤子，發明奧指，則指二公有年之書，謂之紀異，蓋謂二公以不道得國，宜有凶灾，今乃反常，故《春秋》以爲異，而特

存之，况二公享國俱十八年，獨一年書有，則他年之歉可知。胡氏安國傳《春秋》，亦本此意。然則《春秋》之書有年，乃紀異也。《綱目》書此，豈紀異乎？自威烈至今，九幾年矣，獨此始書大有。蓋《春秋》紀異，不紀祥。《綱目》灾祥並紀。顯宗君德清明，天人交感，故獲有年之應。前史備而録之，《綱目》因而書之。

秦劉蘭討蝗不能滅，有司請下廷尉。堅曰：『灾降自天，非人力所能除。此由朕之失政，蘭何罪乎？』是歲大有，蝗不食麻豆。書法：『此天所以驕秦而滅之也。故特書之。』

東魏興和三年大稔，大唐貞觀四年大有年。發明：『東魏興和若可深嘉而喜幸之者，然不知國僅稔，則他國之歉爲可知；歲僅稔，則他年之歉又可知。《綱目》書此，正所謂「嘆美不見於有餘，羡慕常生於不足」者也。書法：『書大有何？美恤民也。山東旱則以賑恤書，關内饑則以赦天下書，畿内蝗則以出宫女書，其恤民也至矣。於書特書大有年，嘉之也。』

永徽五年大稔，開元十三年大有年。發明：『是時君德浸昏，何以獲歲登之報，得非太宗遺澤所及乎？』書法：『《綱目》書大有年四，漢明帝、梁武帝、太宗、玄宗，皆盛時也。』

開元二年歲稔。修常平倉法，貞元三年大稔。詔和糴粟麥。敕以歲稔令諸州修常平倉法。

趙光奇曰：『和糴而實强取之。』書法：『上書大稔，非志喜之辭矣。下書和糴，書傷之也。』

天成二年有年，四年有年。後唐明宗。書法：『明宗仁厚之感所及廣矣，大書嘉之。』發明：『得非存心仁厚戢兵保民之效乎？』書法：『仁厚之感也。』

後唐明宗問宰相馮道曰：『今歲小豐，百姓贍足否？』道曰：『歲凶則死於流殍，歲豐則傷於穀賤。豐凶皆病者，惟農家爲然。』真德秀曰：『昔人謂豐年不如凶年。』

李泌，字長源。請里閭醵宜春酒，祭勾芒神，祈豐年。帝悦，乃著令。師曠曰：『歲欲豐，甘草先生，甘草者，薺也。』《師曠占》。

陳簡齊：『皇天賜豐年。』

庶徵　二一九章

俊民用章　家用平康

『平章百姓，百姓昭明。』《堯典》。

『日宣三德，夙夜浚明有家，日嚴祗敬六德，亮采有邦。』《皋陶謨》。

『明庶以功。』『敢不敬應。』《益稷》。

『式商受命，用爽厥師。』《仲虺之誥》。

『爽邦由哲。』『律乃有民。』《大誥》。

庶徵　三〇章

日月歲時既易，百穀用不成，乂用昏不明饑歲

《月令》：孟春行夏令，則雨水不時。行秋令，則其民大疫。行冬令，則水潦爲敗。

仲春行秋令，則其國大水。行冬令，則陽氣不勝。行夏令，則國乃大旱。

季春行冬令，則國有大恐。行夏令，則民多疾疫。行秋令，則兵革並起。

孟夏行秋令，則苦雨數來。行冬令，則草木蚤枯。行春令，則蝗蟲爲災。

仲夏行冬令，則雹凍傷穀。行春令，則五穀晚熟。行秋令，則民殃於疫。

季夏行春令，則穀實鮮落。行秋令，則禾穀不熟。行冬令，則風寒不時。

孟秋行冬令，則介蟲敗穀。行春令，則五穀無實。行夏令，則國多火災。

仲秋行春令，則國乃有恐。行夏令，則五穀復生。行冬令，則風災數起。

季秋行夏令，則其國大水。行冬令，則國多盜賊。行春令，則暖氣來至。

孟冬行春令，則民多流亡。行夏令，則蟄蟲復出。行秋令，則土地侵削。

仲冬行夏令，則雷乃發聲。行秋令，則國有大兵。行春令，則民多疥癘。季冬行秋令，則介蟲爲妖。行春令，則胎夭多傷。行夏令，則水潦敗國。

《詩》：『浩浩昊天，不駿其德，降此饑饉，斬伐四國。』『牂羊墳首，三星在罶，人可以食，鮮可以飽。』『饑成不遂。』『瘨我饑饉。』『天降喪亂，饑饉薦臻。』

《論》：『年饑，用不足。』『因之以饑饉。』

《孟》：『塗有餓殍而不知發。人死則曰：非我也，歲也。』『民有飢色，野有餓殍。』『使斯民飢而死也。』『凶年不免於死亡，此惟救死而恐不贍。』『五穀不登。』『三日不食。』

《王制》：『國無九年之蓄，曰不足；無六年之蓄，曰急；無三年之蓄，曰國非其國。』

《少儀》：『國家靡敝，師旅饑饉，財散民弊。車不雕幾，飾之限。甲不組縢，食器不刻[鏤]，君子不履絲屨，馬不常秣。以穀食馬曰秣。』

《周禮》：『大荒大札則[令邦国]移民通財，舍禁弛力，薄征緩刑。』

《周禮・少師》：若邦凶荒，則以荒貶之法治之。移民通財，糾守緩刑。以荒政十二聚萬民：一曰散利，二曰薄征，三曰緩刑，四曰弛力，五曰舍禁，六曰去幾，七曰省禮，八曰殺哀，九曰蕃樂，十曰多昏，十有一曰索鬼神，十有二曰除盜賊。

《爾雅》：『穀不熟爲饑，蔬不熟爲饉，果不熟爲荒，仍饉爲薦。』

《穀梁傳》：『一穀不升謂之歉，二穀不升謂之饑，三穀不升謂之饉，四穀不升謂之荒，五穀不升謂之大侵。大侵之禮，君食不兼味，臺榭不塗，弛侯迎道不除，百官修而不制，鬼神禱而不祀。』

《王制》：『民無菜色。』

《左傳》：『振廩勸分。』

《左》：『易子而食，析骸以爨。』

師曠曰：『歲欲儉苦菜先生。苦草者，葶藶也。』《師曠占》。

隱公六年饑，莊公廿八年饑。京師來告饑，公爲之請糴於宋衛齊鄭，禮也。臧孫辰告糴于齊，禮也。

僖公十三年晉饑，僖公十四年秦饑。晉薦饑，使乞糴于秦。秦伯謂子桑曰：『與諸乎？』對曰：『重施而報，君將何求；重施而不報，其民必攜，攜而討焉，無衆，必敗。』謂百里曰：『與諸乎？』[對曰]：『天災流行，國家代有，救災恤鄰，道也。』秦於是乎輸粟于晉。秦饑，使乞糴于晉，晉人不與。慶鄭曰：『背施無親，幸災不仁，貪愛不祥，怒鄰不義。』

晉饑，秦輸之粟。秦饑，晉閉之糴。故十五年秦伯伐晉。是歲，晉又饑，秦伯又餼之粟。曰：『吾怨其君而矜其民。』

僖公十五年之晋饑，見上。宣公十五年之魯饑。宣十五年冬，蝝生，饑。幸之也。幸其冬生，不爲物害。

矯詔開倉，汲黯。勸王發棠。孟子。

蜀先主之坐醖，唐肅宗之禁酤。蜀先主歲荒，有醖具並坐之。唐肅宗以廪食方屈，乃禁夷城酤酒。

没入食馬粟，詔廪贍饑民。漢景後元二年，禁内郡食馬粟，没入之，以歲不登故也。漢章建初元年，詔廪贍饑民。

京師之饑，冀州之饑。漢安永初三年，京師大饑，民相食。書法：『民相食，天下無邦矣，見於京師至大異也。』漢桓永壽元年，冀州饑，人相食。陳蕃疏：『今有三空之厄，田野空，朝廷空，倉庫空。』

御前作糜之恩，江東獎儒之化。漢獻興平元年，自四月不雨至于七月。長安中人相食。帝取米豆各五升，於御前作糜，得一盆。於是悉得全濟。晋元大興二年，江東大饑。益州刺史應詹疏曰：『宜崇獎儒，以新俗化。』

掘凫茨而食，懷金玉而死。晋安元興元年，吴大饑，富室皆衣綺紈，懷金玉[閉]門餓死。荆州饑饉，民掘凫茨而食。

雲代饑民，秦雍流民。魏比歲霜旱，雲代民多饑死。太史令王亮曰：『讖書，魏當都鄴，可得富樂。博士崔浩、特進周澹宜簡飢民，就食山東，不可遷都。』魏主嗣從之。躬耕藉田，勸課農桑，明年大熟。宋永初三［年］，秦雍流民，入梁州，遣使賑之。書法：『書宋賑之，録善也。』

韓刺史之表，李秘書之言。魏太和十一年，大旱，詔有司賑貸。春夏大旱，牛疫民死。齊州刺史韓麒麟表曰：『貴富之家，童妾袨服；工商之旅，僕隸玉食；農夫闕粗糠，蠶婦乏短褐。飢寒之本，實在於斯。愚謂侈異之物皆宜禁斷，吉凶之禮備爲格式，勸課農桑，嚴加賞罰，數年之中，必有盈贍。臣所統齊州，租粟纔可給俸，略無入倉，可減絹帛，增穀租，年豐多積，歲儉出賑，所謂私民之穀，寄積於官。官有宿積，則民無荒年矣。』於是詔有司開倉賑貸，聽民出關就食。十二年，秘書丞李彪曰：『去歲，京師不稔，移民就豐，既廢營生，又損國體。曷若預儲倉粟，年豐則常積，歲凶則直給。數年之中，穀積而人足。』

魏賑貧乏，隋置義倉。魏景明四年，遷洛陽，加僕射源懷行臺。北邊饑饉，使巡北邊，賑貧乏，考殿最之得失，懷通濟有無，飢民賴之。隋開皇二年初，置義倉。度支尚書長孫平奏：『每秋［家］出粟麥一石，以備凶年。』書法：『書義倉，予良法也。此後世義倉之始。』

皇帝視食而流涕，刺史閉糴而除名。開皇十四，關中旱饑。帝如洛陽，遣左右視民食，得豆屑雜糠以獻。上流涕以示群臣，深自咎責，不御酒肉，至是帥民就食洛陽。齊州刺史盧賁坐民飢閉糴除名，遂廢，卒於家。

州縣賑給，天子逐粮。儀鳳二年四月，河南北旱，遣御史丞崔謐等分道賑給。侍御史劉思立疏曰：『本欲安存，更成煩擾，望委州縣賑給。』疏奏，謐等不行。景龍三年，關中饑饉，山東江淮穀牛死什八九，群臣多請幸東都。上怒曰：『豈有逐粮天子耶？』

開壽州之倉，立賑饑之法。周顯德四年，開壽州倉賑飢民。開元廿九，立賑饑法。制曰：『承前饑饉，皆待奏報然後開倉，道路悠遠，何救懸絶？自今，委州縣及播訪使給訖奏聞。』書法：『書，美之也。』

周世宗之貸，張萬福之賑。顯德六年，淮南饑，命以米貸之。或曰：『民貧，恐不能償。』世宗曰：『民，吾子也，安有子倒懸而父不爲之解哉？安在責其必償也！』書法：『志恤民也。』唐張萬福爲泗州刺史。魏州饑，萬福曰：『魏州，吾鄉里，安忍其困，將兄子將米百車賑之。』

餓者之死，族目之死。

齊大饑，黔敖爲食於路，以待餓者而食之。有餓者，蒙袂接履，貿貿然來，黔敖左奉食，右執飲，曰：『嗟，來食！』餓者曰：『予惟不食嗟來之食，以至於此也。』從而謝焉，終不食而死。曾子曰：『微與！其嗟也可去，其謝也可食。』東方有士曰袁族目，將有所適，而飢於道。狐父之盜丘人也，下壺餐以與之。族目三餔而能視，仰而問曰：『子誰也？』曰：『[我]狐父之盜丘人也。』族目曰：『嘻！汝乃盜也。』兩手據地而歐之，不出，喀喀然，遂伏地而死。縣名勝母，曾子不入。邑號朝歌，墨子迴車。孔子：『席不正，不坐；割不正，不食。』不飲盜泉之水，積正也。族目不食而死，潔之至也。

萬錢悉分，一尉何罪。荆州饑，衡陽王義季慮劉凝之飢，餉錢十萬。凝之大喜，將錢至市門，觀飢者悉分之。

唐員半千爲武陽尉。歲旱，勸令發倉賑民，令不從。及令謁州，半千悉發之。太守怒，囚半千獄。會薛元超持節渡河，讓太守曰：『一尉尚何罪？』釋之。

趙公賑飢，范公賑飢。熙寧九年，吴越大旱。知越州趙抃斂富人所輸及僧道食之，羨者得粟四萬八千餘石，出官粟五萬二千餘石，或給或粜。《灾記》。景祐二年，吴中大饑。范仲淹鎮浙西，發粟募民，給餉爲粥，甚備。《筆談》。

蘇公免米，趙公增價。杭州大旱，蘇軾請于朝，免本路上供米三之一，復得賜度牒百，易米以救飢者，又立病坊治病，活者甚衆。趙清獻知越州，兩浙旱蝗，米價踊貴。諸州皆榜衢路，禁人增米價。公獨榜衢路，令有米者任增價粜之。米商輻輳，米價更賤，民無飢。

富弼知鄆州，河朔大水，活五十萬人。拜禮部侍郎，公曰：『救災，守臣職也。』不受。陳堯佐知壽州，遭歲大饑，活數萬人。吴遵路之通州，范堯夫之慶州。乘民未饑，得錢萬貫，航海粜米，使物價不增。又使民採薪芻官，爲收買以爲直粜官米。又以元價易薪芻，官不傷財，民且蒙利。《厚德録》。范堯夫知慶州，餓殍盈路。公欲發常平封捁粟麥濟之，州郡［皆］欲俟奏請得旨而散。公曰：『何可待報？吾寧坐罪。』《言行録》。

《社倉記》：朱文公。乾道間，朱文公作社倉於建，使貧民夏受粟於倉，冬則加息什二以償。歲小不收，則弛其息之半。歲大侵，則盡弛之。期以數年，子什其母，則惠足以廣，而息遂捐以予民。

《採皂莰》：鄭毅夫。『朝携一筐出，暮携一筐歸。十指欲流血，且急眼前歸。官倉豈無粟，粒粒藏珠璣。一粒不出倉，倉中群鼠肥。』

《曲禮》：『歲凶，年穀不登，君膳不祭肺，殺牲爲饌。馬不食穀，馳道不除，祭祀不懸，大夫不食粱，士飲酒不樂。』

《雜記》子曰：『凶年乘駑馬，則祀以下牲。』

《玉藻》：『年不順成，君衣布，搢本插士笏。關梁不租，山澤列而不賦，土功不興，大夫不得造車馬。』

荒政 林駉

揖遜救焚，無益於焚，念慮不可緩也。徐行救溺，無補於溺，講畫不可後也。嘗講〔一〕雲漢之詩，其曰鞠哉，庶事〔二〕則庶官之長勤於事也。其曰疚哉，冢宰則大臣之尊勞於職也。其曰趣馬，師氏則趣馬不秣而師氏弛其兵也。其曰膳夫左右，則膳夫撤膳而左右置不問也。至若酒榷鹽鐵，可罷於民所疾苦之時，而兩府之士不以告至貽汝南次公之譏。《霍光傳》。稅錢草粟，可寬於關中飢旱之時，而群臣之間未嘗言至煩昌黎御史之奏。《韓文集》。祖宗常平之法，行於淳化之二年。義倉之法，行於乾德之元年。救荒之策似矣，而祖宗猶未也。上供者，國用所自出也。吾寧恤於江淮，而無恤於國用。祥符九年。軍儲者，邊備所需也。吾寧恤於揚泗，而無恤於邊儲。救荒之策至矣，而祖宗猶未也。諸道租稅，悉從蠲免，恐其有以困吾民。乾德五年〔三〕。劍州群盜，捕逐不置，慮其有以擾吾民。雍熙二年。漕兩浙

〔一〕今按：『講』，《四庫全書》本林駉《古今源流至論》作『讀』。
〔二〕今按：『事』，《四庫全書》本林駉《古今源流至論》作『士』。
〔三〕今按：『五年』，《四庫全書》本林駉《古今源流至論》作『元年』。

者，則發廩減直以濟貧民。陳堯佐。漕梓州者，則出禄米以振飢民。扈稱。其秉州麾也，活青州四十萬人，則每自喜言之。富公。活京東百萬口，而人至今賴之。蔡齊。詩曰：『靡人不周，無不能止，亦何慊於《雲漢》之章？』雖然觀祖宗之心於天變上聞之時，不若觀祖宗之心於平時無事之日。賜貧婦以茶綵，賜耕者以茶綵，是無念而不在民也。仁宗。既觀農刈麥，又觀農刈禾，是無念而不在農也。開寶、興國。

庶徵　三一章

俊民用迷　家用不寧

今惟民不静，未戾厥心，迪屢未同。

夫知保抱携持厥婦子，以哀吁天，徂厥亡，出執。

《詩》：『亂生不夷，靡國不泯。民靡有黎，具禍以燼。嗚呼有哀，國步斯頻。』

『維彼愚民，覆狂以喜。』

『民之罔極，職凉善背。爲民不利，如云不克。民之迴遹，職競用力。民之未戾，職盜爲寇。凉曰不可，覆背善詈。雖曰匪予，既作爾歌。』

庶徵　三二章

庶民惟星，星有好風，星有好雨。日月之行，則有冬有夏。月之從星，則以風雨。

蔡沈曰：『民之麗乎土，猶星之麗乎天也。』『好風者，箕星。好雨者，畢星。月行東北，入于箕，則多風。月行西南，入于畢，則多雨。所謂月之從星，則以風雨也。』

朱子曰：『庶民衆多，衆星之象也。』

唐孔氏曰：『箕東方木宿，畢西方金宿也。』

《詩》：『月離于畢，俾滂沱矣。』

鄭氏引《春秋緯》云：『月離于箕，則風揚沙。』

陳氏曰：『按《前漢·五行志》云：元光中天，星盡摇。上以問候星者，對曰：星摇者，民勞也。又云：五星同色，天下偃兵，百姓安寧，歌舞以行。以此觀之，以庶民省之於星，以驗其安否之説信矣。』

卷之四十一

五福

次九曰嚮用五福

蔡沈曰：『福極者，人感而天應也。五福曰嚮，所以勸應也。』

吴氏曰：『八之次爲九。九，《洛書》文之在前者。五福，人心所同嚮慕也。君之所嚮在此，而常願民之獲此福，則凡可以致福者，靡不勉矣。』

林氏曰：『唐李泌云：「天命，他人皆可言，惟君相不可言。君相，造命者也。」民命雖稟於天，君實制之。自五行至庶徵，各得其叙，則民歸於五福矣。五福雖天所畀，實自造命者嚮而致之也。自五行至庶徵，失其叙，則民陷於六極矣。欲民不陷於極，亦造命者威而避之也。使民嚮五福而不知六極者，此治道之極功也。故九疇以是終焉。』

陳大猶曰：『五福，即皇極疇之五福。五福以攸好德爲根本。五福之目，雖至第九疇而列，而五福之根本，則已於第五疇而基。曰「予攸好德，汝則錫之福」是也。好德則必得其壽，爲世耆老，無德而壽，罔之生也。好德則必得其禄而富，無德而富，怨之府也。好德則心廣體胖，無入不自得；無德則小人長戚戚，非安也。至於考終命，又未有不由德而能戰兢以全歸者。諸福固必本於好德，而好德又豈非本於建皇極哉！

附總禍福

《書》：『天道福善禍淫。』

《家語》：『君子禍至不懼，福至不喜。』

《孟》：『禍福無不自己求之者。』

《老子》：『禍兮福所倚，福兮禍所伏。孰知其極？』

《左傳》：『禍福無門，惟人所召。能者養之以福，不能者敗以取禍。』

《史》：『世有無望之福，又有無望之禍。』

福生有基，禍生有胎。上。

《賓戲》：『福不盈此日，禍溢于世。』

《天論》：『霆震乎畜木，未嘗在罪；春滋乎堇荼，未嘗擇善。』

《禮》：『福者，修也。修者，百順之名也。』

《詩》："自求多福。""福禄如茨。""降福穰穰，降福簡簡。"《晋語》："夫德，福之基也。無德而福，猶無基而厚墉也，其壞也無日矣。"宋人之犢，塞翁之馬。《列子》：宋人有好行仁義，家無故黑牛生白犢，以問孔子。曰："此吉祥也。"居一年，父無故而盲，其牛復生白犢，又問孔子。曰："吉祥也。"居一年，其子無故而盲。其後宋攻楚，死者太半，此人以父子有疾，皆免。及圍解，而疾俱復。《淮南子》：塞上之翁，馬無故亡入胡，人吊之。翁曰："安知非福乎？"其馬將胡駿馬而歸，人賀之。翁曰："安知非禍乎？"其子騎墮而折臂，人吊之。曰："安知非福乎？"後胡兵大出，丁壯者戰死，唯子以跛故，得父子相保。故以此叟知禍福相因倚而生也。班固賦曰，"叛迴穴其若兹，北叟頗識其倚伏"，是也。

勾踐困而爲福，杜根殺而拜官。勾踐之困於會稽，喟然嘆曰："吾終於此乎？"種曰："湯繫夏臺，文王囚羑里，晋重耳奔翟，齊小白奔莒，其卒王霸。由是觀之，何遽不爲福乎？"《史》。鄧后臨朝，杜根以安帝年長，宜致政事，上書直諫。太后收根，盛囊撲殺。執法者使不加力，載出城外。根詐三日，目中生蛆。及鄧氏誅，根拜侍御史。

九五福

一曰壽

蔡沈曰：『人有壽，而後能享諸福，故壽先之。』

孔氏曰：『壽百二十年。』

陳大猶曰：『人莫不好生惡死，壽則生之長者。故五福壽爲先。』

《書》：『罔或克壽。』

《詩》：『壽考不忘。』

《詩》：『以介眉壽。』『萬壽無疆。』『萬壽無期。』『如南山之壽。』『遐不眉壽。』『眉壽萬年。』

晁錯曰：『人情莫不欲壽，三王生而不傷也。』

建平四年之訛言行籌，永平十七年之百官上壽。建平四年，關東民訛言行籌，元后壽者之象。永平十七年夏五月，百官上壽，以威德懷遠，祥物顯應，奉觴上壽。書法：此何以書？譏滿也。

羅結之壽，王硯之壽。魏羅結爲侍中，外都大官，總三十六曹事，時年一百七，精爽不衰。魏主以其忠悫，親任之，使兼長秋卿，監典後宫，出入卧内。年一百一十，乃聽歸老。朝廷每有大事，遣騎訪焉。又十年，乃卒。王琨在晋世已爲郎中，至是，齊廢宋主，攀車慟哭曰：『人以壽爲歡，耆以壽爲戚。』褚淵奉璽綬詣齊宫，淵從壽，嘆曰：『門户不幸，乃復有今日之拜！名德不昌，乃復有期頤之壽！』百年曰期頤。

《詩》：『壽考維祺。』『令德壽豈。』

《中庸》：『大德必得其壽。』

《詩》：『三壽作朋。』

《語》：『仁者壽。』

《揚子》或問：『龍龜鴻鵠不亦壽乎？』曰：『壽。』『人可壽乎？』曰：『物以其性，人以其仁。』或問：『壽可益乎？』曰：『德。』曰：『回、牛之行德矣，曷壽之不益也？』曰：『德故爾。庸以長生爲壽，聖以不朽爲壽。顔、冉有德，故不朽。』

陸贄曰：『尚齒養老，王風之首。三代制祀，未或遺年。』

《左傳・僖公三十二年》：蹇叔哭之。穆公使謂之曰：『爾何知？中壽，爾墓之木拱矣！』

《昭公二十年》晏子曰：『所以蕃祉老壽者，爲信君使也。』

『龜千年乃游於蓮葉之上，鶴千年乃投於偃蓋之松。』《史》。

開元年之魚銘，雍熙年之壽詩。廿一年，衢州獲魚，有銘。張九齡賀曰：『魚爲龍象，既彰受命之元。銘作久文，更表錫年之永。』宋太宗雍熙，田錫獻祝壽詩。

李白詩：『北斗戾，南山摧，天子九九八十一萬歲，長傾萬歲杯。』

杜牧詩：『祝爾願爾貴，仍且壽命長。』『祝堯千萬壽，再拜揖餘尊。』

杜詩：『但求椿壽永，南星落故園。』美高適壽。

杜：『八荒開壽域。』

樊：『仁聖天子壽無疆。』

李白：『小臣拜獻南山壽。』

《書》：『天壽平格，保乂有殷。』坦然無私，通撤三極。

『懲病克壽，懲亂克治。』

彭祖堯臣。八百歲，自悔不壽，枕高杖晚而唾遠也。喪四十九妻，五十四子。

老子二百歲，以其修道而養壽也。

薊子摩狄人，女偊若孺子。《後漢》：薊子訓與一老翁共摩挲銅狄人。曰：『適見鑄此物，而已近五百歲。』南作子葵問女偊曰：『子之年長矣，而色若孺子。』曰：『吾聞道矣。』

張倉飲乳而百餘歲。《漢書》。

尹雄生角而九十年。《述異》。

廖氏之壽，竇公之壽。臨沅縣廖氏，家世老壽，或出百年，或八九十。井水殊赤，掘得丹砂數千斛，丹砂汁入井，是以飲其水而得井。《抱朴子》。桓譚《新論》：文帝得魏文侯，時樂人竇公，百八十歲。問：『何服食而至此？』對曰：『年十三失明，父母教鼓琴，日以爲常，無所服餌。』譚以爲，恒逸樂，所以益性命也。

功名爲心，將帥習氣。

廉頗既老，斗米十斤，以樂可用，卒致郭開之口；李廣請行，上以爲老，良久乃許，卒有失軍之罪。

充國年七十餘，圖上方略，禍及其子卬；馬援被甲上馬，據鞍顧眄，果有壺頭厄。

李靖足疾，就第尚堪一行，而有高甑誣罔；子儀年八十餘，猶爲元帥，而爲德宗册罷。《容齊隨筆》。

香山九老，至道九老。白樂天稱香山居士，常與胡果等燕樂。人慕之，繪爲九老圖。李昉罷相，至道元年，七十一矣。思樂天九老之會，且交遊中有此數，欲繼其事。次年，李公即世，事不成。《容齊隨筆》。

西都十三人，雅陽五老。元豐五年，文潞公以太尉留守西都，富韓公以司徒致仕，慕樂天九老。會洛中公卿大夫年德高者爲耆英會，就資聖院建大厦曰耆英堂，命閩人鄭奂繪象堂中。王拱辰願與其會，年七十一。司馬公年未七十，請入會。預其會者，凡十三人。會約曰，序齒不序官。爲具務簡素，朝夕食不過五味，菜果脯醢之類，各不過三十器。酒巡無算，深淺自斟，主人不勸，客亦不辭。會日早赴，不得促。違約者每事罰一巨觥。祈國公杜衍八十，禮部侍郎王涣九十，司農卿畢世長九十四，兵部郎中朱貫八十八，駕部郎中馮平八十七，作會賦詩。

張公之詩，東坡之語。張文懿士遜，趙少保叔平，張樞密昇，皆壽八十六。陳丞相堯佐八十二，杜丞相衍八十一，富丞相弼八十五。張公有詩曰：『青雲歧路遊將遍，白髮光陰得最多。』東坡云：『南陽有菊水，居民三十家。飲其水，皆壽百二三十歲。』

青城山老人村有見五世孫者，道路險遠，不識鹽醯，溪多枸杞，根如龍蛇。飲其水，故壽。近歲道稍通，漸致五味，而壽亦益衰。

年逾八十，自稱六十九。後魏傅永，字脩期，爲刺史，年逾八十，尤能馳射盤馬奮稍。常諱言老，自稱六十九。

《韓詩外傳》哀公問曰：『有智壽乎？』孔子曰：『然。人有三死，而非命也者，自取之也。』

賈子《治安策》晏子曰：『唯以政順乎爲神，可以益壽。』髮子曰：『至治之極，父無死子，兄無死弟，塗無襁褓之葬，各以其順終。古者，五帝皆逾百歲。以此言之，穀食之法固百。以是，則至尊之壽，輕百年耳。』

自御以歸，禮之於朝。齊桓公逐白鹿至麥丘之邦，遇人曰：『何謂者也？』對曰：『臣麥丘之邦人。』桓公曰：『叟年幾何？』對曰：『臣年八十有三矣。』桓公曰：『美哉壽乎！』與之飲。曰：『叟盍爲寡人壽也？』邦人奉觴再拜，曰：『使吾君固壽，金玉之賤，人民是寶。』公曰：『至德不孤，善言必再。』邦人奉觴再拜，曰：『使吾君無羞學，不惡問。賢者在側，諫者得人。』公曰：『至德不孤，善言必三。』邦人奉觴再拜曰：『無使群臣得罪於吾君，無使吾君得罪於群臣百姓。』公曰：『善哉！』扶而載之，自御以歸。《韓詩外傳》，劉向《新序》。

不朽爲壽。見上。死節者壽。

不寢，不朽。《揚子》或問：『淵騫之徒惡乎在？』曰：『不寢。名愈彰，道愈隆。』或曰：『淵騫曷不寢？』曰：『攀龍鱗，附鳳翼。』註：得聖人而師之。巽以揚之，勃勃乎其不可及乎！如其寢，如其寢。《左傳・襄公廿四》：穆叔如晋。范宣子曰：『古人有言曰，「死而不朽」，何謂也？』穆叔曰：『魯有先大夫曰：「臧文仲既没，其言立。」其是之謂乎？豹聞之，太上有立德，其次有立功，其次有立言。雖久不廢，此之謂［不］〔一〕朽。』

見百年養老

《祭義》：天子巡守，先見百年者。欲言政者，君就之可也。七十者，不有大故，不入朝。若有大故而入，君必與之揖讓。

《祭義》曾子曰：『昔者有吴氏貴德而尚齒，夏后氏貴爵而尚齒，殷人貴富而尚齒，周人貴親而尚齒。虞夏商周，天下之盛主也，未有遺年者。年之貴乎天下久矣，次乎事親也。是故朝廷同爵則尚齒。』

七十杖於鄉，八十不俟朝，而弟達乎朝廷矣。行肩而不並，齊並。不錯差錯。則隨見，老者則車徒避，斑白者不以其任行乎道路，而弟達乎道路矣。居鄉以齒，而老窮不遺，而弟達乎州巷矣。五十不爲甸徒，田僕卒徒。頒禽隆諸長者，而弟達乎搜狩矣。軍旅什伍，同爵則尚齒，而弟達乎軍旅矣。

《坊記》子云：『長民者，朝廷敬老則民作孝。』

六十歲制，棺。七十時制，衣物難得。八十月制，衣物易得。九十日修。棺衣皆具每日修理。五

〔一〕今按：『不』字，據《左傳·襄公二十四年》補。

十始衰，六十非肉不飽，七十非帛不暖，八十非人不暖，九十雖得人不暖矣。五十杖於家，六十杖於鄉，七十杖於國，八十杖於朝。九十者，天子欲有問焉，則就其室以從。七十不俟朝，八十月告存，九十日有秩。註：不待朝畢，致膳，問存否，以常膳致之。五十不從力役，六十不與服戎，七十不與賓客之事，八十齊衰之事不入也。五十而爵，六十不親學，不備弟子禮。七十從政，唯衰麻爲喪。

《内則》：『凡養老，五帝憲，法其德行。三王有乞言。乞言之禮。』

《王制》：『凡養老，有虞氏以燕禮，夏后氏以饗禮，殷人以食禮，周人兼而修之。五十養於鄉，六十養於國，七十養於學，八十拜君命，一坐再至，足一跪，首至再地，以備再拜之數。九十使人受。五十異粻，精粗與少者殊。六十宿肉，隔日備之。七十異膳，八十常珍，常食皆珍味。九十飲食不離寢，膳飲從於遊可也。』

《坊記》：『有吴氏養國老於上庠，養庶老於下庠。夏后氏養國老於東序，養庶老於西序。殷人養國老於右學，養庶老於左學。周人養國老於東膠，養庶老於虞庠。凡三王，養老皆引年。』註：行引户校年之令，恩賜其老。八十者一子不從政，九十者其家不從政，斑白者不提挈，君子耆老不徒行，衆人耆老不徒食。無樂而行，無羞而食。

二曰富

蔡沈曰：『富者，有廩禄也。』

陳大猶曰：『雖壽，不可無以養其生，故富次之。』

《曲禮》：『問國君之富，數地以對山澤之所出。問大夫之富，曰有宰、有宰則有采地。食力、食，下民賦税之力。祭器、衣服不假。問士之富，以車數對。問庶人之富，數畜以對。』

《少儀》：『不願於大家。』大家之富，爵位所致。不可願望於己，以其有僭竊之萌。

《坊記》子云：『小人富斯驕，驕斯亂。故聖人之制富貴也，使民富不足以驕，貴不慊於上，故亂益亡。』

子云：『富而好禮，天下其幾矣。故家富不過百乘。』

《周禮》：『大宗伯之職，以地産作陽德，分地致富。以和樂防之。富者之失，不驕奢則吝嗇，故以和樂防之。樂所以滌蕩邪穢，道人之正性者也。』

晁錯對曰：『人情莫不欲富，三王厚而不困也。』

《揚子》或謂：『子之治産，不如丹圭之富。白圭。』曰：『先生相與言，則以仁與義。市井相與言，則以財與利。如其富，如其義〔一〕。』彼利我義。或曰：『猗頓之富以爲孝，不亦

〔一〕今按：『義』，《揚子法言》作『富』。

至乎？顔其劣〔一〕矣。』曰：『彼以其粗，飲饌。顔以其精。承順。彼以其回。邪。顔以其貞，正。顔其劣乎？顔其劣乎？』

班固曰：『無德而富貴，謂之不幸。』

公孫弘曰：『不奪農時，不妨民力，則百姓富。』

諸葛長民嘆曰：『貧賤當思富貴，富貴必履危機。今日欲丹徒布衣，豈可得耶？』爲劉裕所殺。

李襲吉對李克用曰：『國富不在倉儲，兵强不由衆寡。霸國無貧主，强將無弱兵。願大王崇德愛人，去奢省役，設險固境，訓兵務農，定亂者選武臣，制禮者選文吏，錢穀有司，刑罰有律，誅賞由我，則下無威福之弊，近密多正，則人無譖謗之憂。如此，則不求富而自富，不求安而自安矣。至於帥閭閻，定間架，增麴蘖，檢田疇，恐非開國建邦之切務也。』

孟獻子之富，宣子之富。孟獻子聘於晋，宣子觴之，三徙，鐘磬之懸，不移而具。獻子曰：『富哉家！』宣子曰：『子之家孰與我家富？』獻子曰：『吾家甚貧，唯有二士，曰顔回、兹無寧者。使吾邦家安樂，百姓和協，惟此二者耳。』客出，宣子曰：『彼君子也，以養賢爲

〔一〕今按：『劣』，《揚子法言》作『餒』。

富。我鄙人也，以鐘石金[玉]〔一〕爲富。』孔子曰：『孟獻子之富，可著於春秋。』《新序》。

孟獻子之富，鄒穆公之富。鄒穆公有令，食鳧雁以粃，無得以粟。於是求易於民，二石粟而得一石粃。吏請以粟食之。公曰：『君者，民之父母。取倉之粟，移之於民，此非吾之粟乎？』鄒民聞之，皆知私積與公家爲一體也。此之謂知富邦。同。

敬叔之富，慶封之富。南宮敬叔以富得罪於定公，奔衛。衛侯請復之，載其寶以朝。夫子聞之，曰：『若是其貨也。喪失位。不若速貧之愈也。』孔子曰：『富而不好禮，殃也。敬叔以富喪，貧而又不改，吾懼其有後患也。』敬叔聞之，驟如孔氏，而後循禮施散焉。《家語》。《襄廿八》：晉慶封奔吴，吴與之朱方，富於其舊。惠伯曰：『天殆富淫人，慶封又富矣。』穆子曰：『善人富謂之賞，淫人富謂之殃。天其殃之也，其將聚而殲旃！』

晏子之富，文子之富。《襄公廿八》：與晏子邶殿，其鄙六十。不受。子尾曰：『富人之所欲也，何獨不欲？』對曰：『無功之賞，不義之富，禍之媒也。不受邶殿，非惡富也，恐失富也。且夫富如布帛之有幅焉。爲之制度，使無遷也。』《定公十三》：初，衛公叔文子朝，而請享靈公。退見史鰌而告之。史鰌曰：『子必禍矣！富而君貪，子其及乎？』文子

〔一〕今按：『玉』字，據《新序·刺奢》補。

曰：『君既許我矣，其若之何？』史鰌曰：『無害，子臣可以免。能執臣禮。富而能臣，必免於難。戍也驕，其亡乎？文子之子。富而不驕者鮮，吾惟子之見。驕而不亡者，未之有也。』及文子卒，衛侯始惡於公叔戍，以其富也。明年戍來奔。

鄭駟秦，魯季氏。富而侈。《哀公四年》。鄭駟秦富而侈，嬖大夫也，而常陳車服於其庭。鄭人惡而殺之。

季氏富於周公。《論》。

《襄公廿二》公孫黑肱曰：『生在敬戒，不在富也。』

《定公四》子太叔卒。趙簡子曰：『夫子語我曰，無怙富。』

《禮》：『小人富斯驕，驕斯亂。』

《文中子》曰：『富觀其所不爲。』

李克曰：『富視其所與。』

《大學》：『富潤屋。』

《中庸》：『素富貴，行乎富貴。』

《論》：『周急不繼富。』

子貢曰：『富而無驕，何如？』子曰：『可也，未若富而好禮者也。』

子曰：『富而可求也。雖執鞭之事，吾亦爲之。如不可求，從吾所好。』《孟》楊貨〔一〕：『爲富不仁矣，爲仁不富矣。』

賈人願載於書，至富可敵於貴。揚子雲作《法言》，蜀富賈人齎錢十萬，願載於書。子雲不許，曰：『夫富無仁義，猶圈中之鹿，欄中之羊，安得妄載？』《論衡》。唐王元寶常以金銀疊爲屋壁，人呼王氏富家。玄宗曰：『我聞至富可敵至貴。朕天下之貴，寶天下之富。』

郭况金穴，元寶富窟。見上。郭况遷大鴻臚，上數幸其家，賜予金品。京師號况家爲金穴。

盧從願既貴而且富，王處回先貧而後富。盧從愿爲刑部尚書，占良田數百頃，號多田翁。《九國志》：王處回積財巨萬計。初在太原，家甚貧。相者周玄豹曰：『此子寶精也，他日當大富。』果如其言。

晉和嶠之錢癖，唐李憕之地癖。晉和嶠富擬王者，而性至吝，謂之錢癖。唐李憕善殖産，田疇彌望，人謂之地癖。

載金之酋，足穀之翁。唐南蠻酋馮盎，性豪俠。貞觀中入朝，載金一舸自隨。唐相國

〔一〕 今按：『楊貨』，當爲『陽貨』。即陽虎。

韋宙授嶺南節度使，懿宗以翻禺珠翠之地，垂貪泉之戒。宙曰：『江陵庄積穀尚有七千堆，固無所貪矣。』帝曰：『此所謂足穀翁也。』《北夢多〔一〕言》。

正辭積錢，沈縱得豚。五代袁象先子正辭，積錢盈室，室中常有聲如牛。以妖勸其散以禳之。正辭曰：『吾聞物之有聲者，求其類耳，宜益以錢。』聞者以爲笑。餘杭人沈縱，家素貧。與父同入山，得一玉豚。從此所向如意，田桑並收，家道大富。

常安得數尺之鎖，雲甫得二尺之鎖。增城東北有牛潭。此岸有石，圍三丈。漁人見金牛自水而出，盤於此石。義熙中，縣人常安躡得金鎖，握不能禁，忽斷數尺，遂致富，年登上壽。其後義興周雲甫嘗見此牛宿石上。雲甫素勇，往掩此牛，斷鎖，得二尺，遂以財雄。《寰宇記》。

家富出貸，焚契免責。趙郡李元忠，家富出貸，焚契免責，鄉人敬之。

開元之富，漢初之富。開元廿八，海內富安，行者萬里，不持寸兵。漢初，乘字牝者擯而不得聚會，守閭閻者食粱肉。

李仲和之祖與包孝肅同讀書一僧舍，出入必由富人門。富人邀之，二公不從。他日復

〔一〕今按：『多』，應爲『瑣』。『足穀翁』典出《北夢瑣言》卷三。

招，李欲往。包公正色曰：『彼富人也。吾徒異日或守鄉郡，今妄與之交，豈不爲異日之累乎？』後二公相繼典郡。前輩立己接人之嚴如此。

杜詩：『北里富薰天。』

總富貴

《説文》：『貴者，歸仰。謂物所歸仰。』

《坊記》子云：『君子辭貴不辭賤，辭富不辭貧，則亂益亡。故君子與其使食浮於人也，寧使人浮於食。食，禄也。浮，在上也。』

諸葛長民曰：『貧賤常思富貴，富貴必履危機。』

周武帝曰：『善自勉，勿憂不富貴。』

楊素曰：『但恐富貴來逼臣，臣無心圖富貴也。』

魏徵曰：『貴不期驕，富不期侈。』

胡氏曰：『富貴易得，名節難守。富貴有命，枉道以求，徒喪所守。』

《論》子曰：『富與貴，是人之所欲也。不以其道得之，不處也。』『不義而富且貴，於我如浮雲。』『邦無道，富且貴焉，耻也。』『富貴在天。』『富貴不能淫。』

《周禮》：『爵以馭其貴，禄以馭其富。』

貴不與富期而富至，富不與粱肉期而粱肉至，粱肉不與驕奢期而驕奢至，驕奢不與死亡期而死亡至。《策》。

今有無秩禄之俸，爵邑之入，而與之比者，謂之素封。《史》。

《易・屯》初象曰：『以貴下賤，大得民也。』

《孟》：『用下敬上謂之貴上。』

《孟》：『欲貴者，人之同心也。人人有貴於己者，弗思耳。人之所貴者，非良貴也。趙孟之所貴，趙孟能賤之。《詩》云：「既醉以酒，又飽以德。」言飽乎仁義也，所以不願人之膏粱之味也。令聞廣譽施於身，所以不願人之文繡也。』

《荀子》孔子曰：『周公其盛乎？身貴而愈恭，家富而愈儉。』

《莊》：『今云得志者，軒冕之謂也。軒冕在身，非性命也。物之儻來，寄也。其來不可圉，其去不可止。』

蓋寬饒曰：『富貴無常，忽則易人。此如傳舍，閱人多矣。』

李斯嘆曰：『吾聞荀卿有云：「物禁太盛。」吾上蔡布衣，今人臣之位，無居上者，可謂富貴極矣。物盛則衰，吾未知所税駕也。』

裴論：『貴人之用心，與嬰子其何異哉？嬰兒有常病，貴臣有常禍。嬰兒常病傷於福，貴臣常禍傷於寵。』

張公碑：重累印，珥香貂，乘朱輪〔一〕。勝衣則綺襦紈袴，通籍則玉墀青瑣。動則兩驂如舞，坐則五鼎成列。

孫皓言盛，而陸凱是懼。盧僓愀然，而多遜不念。《世説》孫皓問丞相陸凱曰：『卿一宗在朝幾人？』凱曰：『二相五侯，將軍十餘人。』皓曰：『盛哉！』凱曰：『君賢臣服，國之盛也。父慈子孝，家之盛也。今政荒民弊，覆亡是懼，臣何敢言盛？』盧多遜初參政事，服用漸侈。其父僓愀然不樂，曰：『吾家世儒素，一朝富貴，遂至如此。未知税駕之地。』多遜不能念父言，竟以事敗。

金張之家，許史之家。金日磾，字翁叔。張安世，字子儒。金張之家，七葉皆侍中。許廣漢封昌成侯，女爲宣帝后。史恭女弟生史皇孫，皇孫生宣帝。延壽子嘉封平恩侯，嘉女爲成帝后。史恭女弟生史皇孫，皇孫生宣帝。弟壽封博望侯，延壽封樂成侯。長子高封樂陵侯，次子曾封長陵侯，小子玄封平臺侯。史高之册封武陽侯。册子二十人，九爲侍中，四人封侯，餘皆大夫二千石。重侯累將，窮極富貴。庾信賦曰『聽鐘鼓於金張，聞絃歌於許史』是也。

〔一〕今按：京兆尹張公德政碑作『重組累印，珥香貂者七葉；奉車駙馬，乘朱輪者十人』。

岑文本位宰相，口不言家事。錢惟演官兼將相，恨不爲宰相。蘇易簡罷參政知潤州，有不勝寒冷之嘆。

耿弇之家，鄧訓之家。耿弇，字伯昭。自中興以後，至建安之末，大將軍二人，九卿十三人。鄧訓，字平叔。禹第六子爲張掖太守，女爲和帝后。鄧氏自中興以後，纍世寵貴。侯二十九人，公二人，大將軍以下十三人，中二千石十四人，州牧郡守四十八人，侍中、大夫、郎不可勝數。

折像散金，吉甫作粥。東漢折像，字伯式，感多藏厚亡之義，乃散金帛貲産，周施親疏。曰：『吾門户殖財日久，今勢將衰，子又不才。不仁而富，謂之不幸。墻極而高，其崩必疾也。』智者聞之，咸服焉。尹吉甫仕至上卿，其家大富，食口數百人。時歲大饑，鼎鑊作粥濟人，其啜聲數里。

張安世，郭子儀。張安世，身爲公侯，食邑一萬户。然猶身衣弋綈，夫人自紡績。家僮七百人，皆有手技。是以殖貨富于大將軍光。郭子儀，八子七婿，皆爲顯官，歲入官俸，無慮二十四萬緡。良田美器，名園甲第，不可勝記。

晋麴元與游氏，世謂豪族，語曰：『麴與游，牛羊不數頭。南開朱門，北起青樓。』晏元獻之言，白樂天之語。晏元獻公覽李慶《富貴曲》云『軸傳曲譜金書字，樹記花名玉象屏』，曰：『此乃乞兒相，未嘗識富貴者。』故公每言富貴，不及金玉錦繡，惟説氣象，若『樓臺側畔楊花過，簾幕中間燕子飛』，『梨花院落溶溶月，柳絮池塘淡淡風』，窮人之家，有此景否？《後山詩話》樂天云：『笙歌歸院落，燈火下樓臺。』『歸來未放笙歌散，畫戟門前蠟燭紅。』非富貴語，看人富貴者也。山谷云：『不如杜子美「落花遊絲白日静，鳴鳩乳燕青春深。」』

韜玉行，桐江話。秦韜玉，京人，父爲左千牛軍將。韜玉有《公子行》云：『階前莎緑毬不捲，銀龜噴香挽不斷。亂花織錦柳燃絲，妝點池塘畫屏展。主人功業傳國初，六親聯絡馳將車。鬥鷄走狗家世事，抱來皆佩黄金魚。却笑儒生把書卷，學得顔回忍飢面。』爲田令孜擢用，未至歲，遂至丞郎。《桐江詩話》云：『永叔《送李留後知鄆州》詩，乃士君子之處富貴，非庸鄙有力者所可爲。詩云：「北斗能事藹家聲，東士還聞政有成。組甲光寒圍夜帳，綵旗風暖看春耕。金釵墜鬟分行立，玉麈高談四座傾。富貴常情誰不愛，羡君瀟洒有餘情。」』

李白詩：『莊周夢胡蝶，胡蝶爲莊周。一體更變易，萬事良悠悠。乃知蓬萊水，復作清淺流。青門種瓜人，舊日東陵侯。富貴固如此，營營何所求？』『功名富貴若將在，漢水亦應西北流。』

杜詩：『富貴空回首。』倐忽間爾。『楸樹馨香倚釣磯，斬新花蘂未應飛。不如醉裏風吹盡，可忍醒時雨打稀。』譏後進暴貴，雖可爲一時榮觀，奈何恩重才薄，眼見零落，不若未受恩眷。雨比天恩，雨多故零落。

三曰康寧

蔡沈曰：『康寧者，無患難也。』

陳大猶曰：『壽且富，或不免於憂患，則身心不安，故康寧又次之。』

《坊記》子云：『衆而以寧者，天下其幾矣！』

子曰：『大道之行，天下爲公。選賢與能，講信修睦。故人不獨親其子〔一〕，不獨子其子。老有所終，壯有所用，矜寡孤疾皆有所養。是以奸謀閉而不興，盜竊亂賊不作。故外户而不閉，謂之大同。今大道既隱，天下爲家。各親其親，各子其子。貨則爲己，爲己所有。力則爲人，資人所爲。城郭溝池以爲好〔二〕。』《家語》。

昔者仲尼與於蜡賓。事畢，出遊於觀之上，喟然而嘆。仲尼之嘆，蓋嘆魯也。言偃在

〔一〕今按：『親其子』，《孔子家語·禮運》作『親其親』。
〔二〕今按：『好』，《孔子家語·禮運》作『固』。

側曰：『君子何嘆？』孔子曰：『大道之行也，與三代之英，丘未之逮也，而有志焉。大道之行也，天下爲公。選賢與能，講信修睦。故人不獨親其親，不獨子其子，私子其子。使老有所終，壯有所用，幼有所長，矜寡孤獨廢疾者皆有所養。男有分職分，女有歸。貨惡其棄於地也，不必藏於己。私藏於己。力惡其不出於身也，不必爲己。獨營己事。是故謀閉而不興，盜竊亂賊而不作，故外户而不閉。是謂大同。今大道既隱，天下爲家。各親其親，各子其子，貨力爲己。大人世及以爲禮，城郭溝池以爲固，禮義以爲紀。以正君臣，以篤父子，以睦兄弟，以和夫婦，以設制度，以立田里，以賢勇知，以功爲己。故謀用是作，而兵由此起。禹、湯、文、武、成王、周公，由此其選也。此六君子者，未有不謹於禮者也。以著其義，以考其信，著有過，刑法。仁講讓，示民有常。如有不由此者，在勢在勢，居王者之勢位也。者去，共廢。衆以爲殃。是謂小康。

老莊之見，非無聖言。

《易解》：『利西南，無所往。』

爲王會篇，作王會圖。周武王時，天下太平。遠國歸欵，吏乃集其事，爲王會篇。唐貞觀時，朝貢甚衆。遠方諸國，服裝詭異。中書侍郎顔師古請作王會圖以示，後從之。

李吉甫之言太平，牛僧孺之謂小康。元和七年，上御延英殿。李吉甫言：『天下已太平，陛下宜爲樂。』李絳曰：『漢文時，兵木無刃，家給人足，賈誼猶以爲，厝火積薪之下，不可謂安。今法令所不能制者，河南北五十餘州。犬戎腥羶，近接涇隴。烽火屢警，加之水旱時作，倉庫空廉，此正陛下宵衣旰食之時，豈得謂之太平，遽爲樂哉？』上曰：『吉甫專爲媚悦。絳，真宰相也。』胡氏曰：『吉甫太平爲樂之言，所謂「一言而近喪邦」者也。夫聖主憂其所當憂，然後能樂其所可樂。然無疆之恤，亦未嘗敢忘也。惟樂是務，則樂未畢而憂及之矣。』唐文謂宰相曰：『天下何時太平？』牛僧孺對曰：『太平無象。今四夷不至交侵，百姓不至流散。雖非至理，亦謂小康。陛下欲别求太平，非臣所及。』

王惲之言，王莽之奏。元始五年，王惲等言風俗齊同，詐造歌謠頌德，詔封爲列侯。時廣平相班稚婕妤弟。獨不上嘉瑞及歌謠。琅邪太守公孫閎言災害於公府，下獄誅。穉懽，上書陳謝，願歸印，入補延陵園郎。莽奏：爲『市無二價，官無獄訟，邑無盜賊，野無飢民，道不拾遺，男女異路，犯者象刑』之制。象刑者，以衣服象五刑也。即虞書之象刑。

天下雖安，方憂危亂。隋文帝之克陳也，天下皆以爲將太平。監察御史房彦謙曰：『主上忌刻而苛酷，太子卑弱，諸王擅權。天下雖安，方憂危亂。』

樂鳥鳴則天下太平，金驢鳴而天下太平。《格物論》：『鸚鵡，能言鳥。白者爲名秦吉了，又名時樂鳥。鳴，則天下太平。』晉僧郎卒，所乘驢失之。有人見者，乃金驢矣。士人言，金駅一鳴，天下太平。

《左傳·成公十二年》郤至曰：『百官承事，朝而不夕。不夕見。』

《昭公廿年》晏子曰：『政平而不干，民無争心。』

《襄公十一年》晋侯曰：『八年之中九合諸侯，如樂之和，無所不諧。』

漢宣帝曰：『民所以安其田里而無嘆息愁恨之聲者，政平訟理也。與我共理者，其惟良二千石乎？』

杜詩：『乾坤欲晏如。』『京師今晏朝。』『鳳池日澄碧，濟濟多士新。』朝廷清平，賢士見用。

《詩》：『梧桐生矣，于彼朝陽。』《詩傳》曰：『梧桐不生高岡，太平而後生朝陽。』

樊川：『醺酣更唱太平曲，仁聖天子壽無疆。』

萬姓聚舞歌太平，我無爲，人自寧。小臣拜獻南山壽，陛下萬古垂鴻名。

杜詩：『大曆三年調玉燭，玄元皇帝聖雲孫。』『鳳曆軒轅記〔一〕，龍飛四十春。八荒開壽域，一氣轉洪匀。』

杜牧《歌咏聖德，追懷天寶》：『聖敬文思業太平，海寰天下唱歌行。秋來氣勢洪河

〔一〕 今按：『記』，《全唐詩》卷二二四杜甫詩《上韋左相二十韵》作『紀』。

壯，霜後精神泰華獰。廣德者强朝萬國，用賢無敵是長城。君王若悟治安喻，安史何人敢弄兵？』

《華清宮》杜牧：『繡嶺明珠殿，層巒下繚墻。仰窺雕檻影，猶想赭袍光。昔帝登封後，中原自古强。一千年際會，三萬里農桑。几席延堯舜，軒墀立禹湯。雷霆驅號令，星斗焕文章。釣築乘時用，芝蘭在处芳。北扉閑木索，南面富循良。至道思玄圃，平居厭未央。鈎陳裏岩谷，文陛壓青蒼。歌吹千秋節，樓臺八月凉。神仙高縹緲，環佩碎丁當。泉暖含窗鏡，雲嬌惹粉囊。嫩嵐滋翠葆，清渭照紅妝。怙泰生靈壽，歡娱歲序長。月聞仙曲調，霓作舞衣裳。雨露偏金穴，乾坤入醉鄉。玩兵師漢武，迴手倒干將。鯨鬣掀東海，胡牙揭上陽。喧呼馬嵬血，零落羽林槍。傾國留無路，還魂怨有香。蜀峰横慘澹，秦樹遠迷落。鼎重山難轉，天扶業更昌。望賢餘故老，花萼舊池塘。往事人誰問，幽襟舊〔一〕獨傷。碧檐斜送日，殷葉半凋霜。迸水傾瑶砌，疏風罅玉房。塵埃羯鼓索，片段荔枝筐。鳥啄摧寒木，蝸涎蠹畫梁。孤烟知客恨，遥起泰陵傍。』

今附此于『康寧』之下，蓋取無平不陂之義。

〔一〕今按：『舊』，《全唐詩》卷五二一杜牧詩《華清宮三十韵》作『淚』。

想望太平

班超曰：『竊冀未便僵仆，目見西域平定。陛下舉萬年之觴，薦勳祖廟，布大喜於天下。』

杜詩：『安得壯士挽天河，海洗甲兵長不用。』『焉得鑄甲作農器，一寸荒田牛得耕。』『安得覆八溟，爲君洗乾坤。』『欲傾東海洗乾坤。』『復見陶唐理。』『尚思未朽骨，復道陶唐民〔一〕。』『仰思調玉燭，誰定握青萍。』

李白：『何日王道平，開顔睹天光。』

《韓詩外傳》傳曰：『太平之時，無瘖、聾、跛、眇、尫蹇、侏儒、折短，父不哭子，兄不哭弟，道無襁負之遺育。各以其序終者，賢醫之用也。故安止平定。除疾之道無他焉，用賢而已矣。』『太平之時，民行役者不逾时，男女不失時以偶，孝子不失時以養。外無曠夫，内無怨女。上無不慈之父，下無不孝之子。父子相成，夫婦相保。天下和平，家國安寧。生不乏用，死不轉尸。夫是之謂樂。』

《唐書·世傳》：新豐鸜鵒谷水清，谷水清，天下平。

〔一〕今按：『復道陶唐民』，《全唐詩》卷二二〇杜甫詩《别蔡十四著作》作『復睹耕桑民』。

四曰攸好德

蔡沈曰：『攸好德者，樂其道也。』

陳大猶曰：『壽富康寧而不好德，則老而不死，爲富不仁，作僞心勞，何足貴哉？攸好德，則心逸日休，自求多福。福之本，實在此，其爲福大矣。攸好德，又次之。』

《論》子曰：『吾未見好德如好色者也。』

《孟》：《詩》曰：『天生蒸民，有物有則。民之秉彝，好是懿德。』孔子曰：『爲此詩者，其知道乎？故有物必有則。民之秉彝也，故好是懿德。』

朱子曰：『有物必有則，如有耳目，則有聰明之德。有父子，則有慈孝之心。是民所秉執之常性也。故人之情，無不好此懿德者。』

《揚子》曰：『吾未見好斧藻其德，若斧藻其楶者與？』

樂道

《揚子》或曰：『使我紆朱懷金，其樂不可量也。』曰：『紆朱懷金之樂，不如顔氏子之樂。顔氏子之樂也内，紆朱懷金之樂也外。』或曰：『請問屢空之内。屢空何爲樂内。』曰：『顔不孔，雖得天下，不足以爲樂。』『然亦有苦乎？』曰：『顔苦孔之卓也。孔子之道卓遠。』或人瞿然曰：『兹苦也，祇其所以爲樂也與？』

《左傳·襄廿四》子産曰：『有德則樂，樂則能久。』

謝靈運詩：『居常以待終，處順故安排。』

杜詩：『步趾咏唐虞，追隨飯葵莖。』蔬食而行，歌堯舜之道以自樂也。

《孟》：『古之賢士，樂其道而忘人之勢。』

樂道 林駉

陳蔡之戹，此事變之至難，而夫子之絃歌自如；陋巷之居，此人情之難堪，而顔子之真樂不改。大抵有樂於物者，有樂於道者。遇事而事中有理，遇物而物中有理。天高地下，此理之形也。雲行雨施，此理之撤也。鳶飛魚躍，此理之察也。朝晝生死，此理之安也。濂溪之光風霽月，胸次洒落，不爲外物拘束者，可想也。夫惟不爲外物拘束，則銖視軒冕，塵視金玉，而以道充爲富貴。見其大則心泰，心泰則無不足。而以貧富爲一處。通書文。己意之妙，見於窗前之草。再見之後，使人有吟風弄月之興。此無他，濂溪所學，一則曰顔子，二則曰顔子，則宜乎無慊於以簞瓢之樂也。

明道之道通於外，充然有得，不爲世俗所累者，可見也。《詩》見下。夫惟不爲世俗所累，則見草而知造物生生之意，見魚而知物意之自適。明道窗前茂草覆硯，明道置盆池畜小魚數頭，旨趣寓於雲淡風輕之天，佳境見於座上春風之日。《詩》見下。

朱公掞見明道于汝，與人曰：『光庭在春風中坐了一月。』此無他，明道所樂。一則曰曾點，二則曰曾點，則宜乎無愧於暮春之咏也。二先生之所學，品題風花，與堯舜三代而爲一。優游造物，與顔瓢點瑟而同樂。噫！處暇裕之時固難，處患難之時尤難。吾觀黨禍之起，士類之大戹也。涪州之行，吾道之不幸也。

伊川講道自如，殆若平時，語默不爲之易其節，飲食不爲之失其味，正仲尼不惑之時，孟子不動心之境，大舜歌《南風》之日，文王演《周易》之年也。此其樂豈易量哉！

是故張思叔因涪陵之歸，甘心溝壑，慨然有自得之意；馬侍中當學禁之嚴，鋭然親承，有雖死何憾之意。嗚呼！至此而後，見伊洛之學。

明道先生作鄠縣主簿，詩曰：『閑來無事不從容，睡覺東窗日正紅。萬物静觀皆自得，四時佳興與人同。道通天地有形外，思入風雲變態中。富貴不淫貧賤樂，男兒即此是豪雄。』

又詩曰：『雲淡風輕近午天，望花臨柳過前川。傍人不識予心樂，將謂偷閑學少年。』

呂晋伯詩曰：『函丈從容問且酬，展才無不相諸侯。可怜曾點惟鳴瑟，獨對春風咏不休。』

樂

《曲禮》：『樂不可極。』

應氏曰：『樂極則反。』

曾子君子三樂之言，孟子君子三樂之訓。曾子曰：『君子有三樂。有親可畏，有君可事〔一〕，有子可遺，此一樂也。有親可諫，有君可去〔二〕，有子可怒，此二樂也。有親可喻〔三〕，有友可助，此三樂也。』孟子曰：『君子有三樂，而王天下不與焉。父母俱存，兄弟無故，一樂也。仰不愧於天，俯不怍於人，二樂也。得天下英才而教之育之，三樂也。』

《孟》：『庶〔四〕土衆民，君子欲之，所樂不存焉。中天下而立，定四海之民，君子樂之，所性不存焉。君子所性，雖大行不加焉，雖窮居不損焉，分定故也。君子所性，仁義禮智，根於其生，色也〔五〕。睟然見於面，盎於背，施於四體，四體不言而喻。上言所性之分與所欲所樂

〔一〕今按：『有君可事』，《曾子全書》作『有婦可歸』。

〔二〕今按：『有君可去』，《曾子全書》作『有婦可去』。

〔三〕今按：『有親可喻』，《曾子全書》作『有君可喻』。

〔四〕今按：『庶』，《孟子注疏》作『廣』。

〔五〕今按：此句，《孟子注疏》作『仁義禮智根於心，其生色也』。

不同，此乃言其藴也。』

梁惠王之問樂，齊宣王之問樂。孟子見梁惠王。王立於沼上，顧鴻雁麋鹿，曰：『賢者亦樂此乎？』孟子對曰：『賢者而後樂此，不賢者雖有此，不樂也。《詩》云：「經始靈臺，經之營之，庶民攻之，不日成之。經始勿亟，庶民自來。王在靈囿，麀鹿攸伏。麀鹿濯濯，白鳥鶴鶴。王在靈沼，於牣魚躍。」文王以民力爲臺爲沼，而民歡樂之，謂其臺曰「靈臺」，謂其沼曰「靈沼」。樂其有麋鹿魚鼈。古之人與民偕樂，故能樂。《湯誓》曰：「時日曷喪？予及汝偕亡。」民欲與之偕［忘］，雖有臺池鳥獸，豈能獨樂哉？』齊宣王見孟子於雪宫。王曰：『賢者亦有此樂乎？』孟子對曰：『有。人不得，則非其上矣。不得而非其上者，非也。爲民上而不與民同樂者，亦非也。樂民之樂者，憂民之憂者，民亦樂其樂，民亦憂其憂。樂以天下，憂以天下，然而不王者，未之有也。』

昔者齊景公問於晏子曰：『吾欲觀於轉附朝舞，遵海而南，放〔一〕于琅邪，吾何修而可以比於先王觀也？』晏子對曰：『善哉問也！天子適諸侯曰巡狩。巡守者，巡所守也。諸侯朝於天子曰述職。述職者，述所職也。無非事者，春省耕而補不足，秋省斂而助不給。

〔一〕　今按：『放』，《晏子春秋》作『至』。

夏諺曰：吾王不遊，吾何以休？吾王不豫，吾何以助？一遊一豫，爲諸侯度。今也不然。師行而粮食。飢者不食，勞者不息。睊睊胥讒，民乃作慝。方命虐民，飲食若流。流連荒亡，不知所憂。從流下而忘反謂之流，從流上而忘反謂之連。從獸無厭謂之荒，樂酒無厭謂之亡。先王無流連之禁，荒亡之行，惟君所行也。』景公説，大戒於國，出舍於邪。於是始興發補不足。召太師曰：『爲我作君臣相悅之樂。』蓋《徵招》《角招》是也。其詩曰：『畜君何尤？』畜君者，好君也。

反身而誠之樂，竊負而逃之樂。孟子曰：『萬物皆備於我矣。反身而誠，樂莫大焉。强恕而行，求仁莫近焉。』桃應問曰：『舜爲天子，皋陶爲士，瞽瞍殺人，則如之何？』孟子曰：『執之而已矣。』『然則舜不禁與？』曰：『夫舜，惡得而禁之？夫有所受之也。』『然則舜如之何？』曰：『舜視其天下，猶棄敝屣也。竊負而逃，遵海濱而處，終身欣然，樂而忘天下。』

《論》：『智者樂。』

《易》：『樂天知命，故不憂。』

《論》：『樂而忘憂。』『樂亦在其中矣。』

《孟》：『仁義忠信，樂善不倦，此天爵也。』『樂之實，樂斯二者。仁義。』『樂則生矣，生則惡可已也。惡可已，則不知足之蹈之，手之舞之。』

飲酒而樂，有德則樂。《左·昭廿》：景公至自田，晏子侍于遄臺，飲酒樂。公曰：『古而無死，其樂若何？』晏子對曰：『古而無死，則古之樂也。君何得焉？昔爽鳩氏始居此地，季莭因之，有逢伯陵因之，蒲姑氏因之，而後太公因之。古若無死，爽鳩氏之樂，非君所願也。』註：齊侯甘於所樂，志不死，晏子稱古以節其情願。《襄廿四》子産曰：『有德則樂，樂則能久。《詩》云：「樂只君子，邦家之基。」有令德也夫！』

歸父之言樂，景公之自樂。《宣十四》：公孫歸父見晏桓子，與之言魯樂。桓子曰：『子家其亡乎？懷於魯矣。懷必貪，貪必謀人，謀人，人亦謀己。一國謀人，何以不亡？』十八年奔齊。齊景公樂酒，醉而解衣冠，鼓琴以自樂。顧左右曰：『仁人亦樂此乎？』左右曰：『仁人耳目猶人，何爲不樂乎？』景公曰：『駕車以迎晏子。』晏子聞之，朝服而至。景公曰：『今者寡人此樂，願與大夫同之。』晏子曰：『天子無禮，則無以守社稷。諸侯無禮，則無以守其國。爲上無禮，則無以使其下。爲下無禮，則無以事其上。大夫無禮，則無以治其家。兄弟無禮，則不同居。人而無禮，不若遄死。』景公曰：『請殺左右以補其過。』晏子曰：『若好禮，則有禮者至，無禮者去。若惡禮，則無禮者至，有禮者去。』景公曰：『善！』乃更衣而坐，觴酒三行，晏子辭去。

《大學》：『小人樂其樂而利其利，此以没世不忘也。』

蟋蟀之樂，山樞之樂。『蟋蟀在堂，歲聿其暮。今我不樂，日月其除。無已太康，職思其居。好樂無荒，良士瞿瞿。蟋蟀在堂，歲聿其逝。今我不樂，日月其邁。無已太康，職思其外。好樂無荒，良士蹶蹶。蟋蟀在堂，役車其休。今我不樂，日月其慆。無已大康，職思其憂。好樂無荒，良士休休。』『山有樞，隰有榆。子有衣裳，弗曳弗婁。子有車馬，弗馳弗驅。宛其死矣，他人是愉。山有栲，隰有杻。子有廷内，弗洒弗掃。子有鐘鼓，弗鼓弗考。宛其死矣，他人是保。山有漆，隰有栗。子有酒食，何不日鼓瑟？且以喜樂，且以永日。宛其死矣，他人入室。』《唐風》。

揚之水，白石鑿鑿。素衣朱襮，從子于沃。既見君子，云何不樂？沃盛强而晋微弱，國人將叛而歸。

呦呦鹿鳴，食我〔一〕之苹。我有嘉賓，鼓瑟吹笙。吹笙鼓簧，承筐是將。人之好我，示我周行。呦呦鹿鳴，食我之蒿。我有嘉賓，德音孔昭。視民不恌，君子是則是傚。我有旨酒，嘉賓式燕以敖。呦呦鹿鳴，食我之芩。我有嘉賓，鼓瑟鼓琴。鼓瑟鼓琴，和樂且湛。我

〔一〕今按：『我』，《毛詩正義》作『野』。下文中的『食我』均作『食野』。

有旨酒，以燕樂嘉賓之心。

南山有臺，北山有萊。樂只君子，邦家之基。樂只君子，萬壽無期。南山有桑，北山有楊。樂只君子，邦家之光。樂只君子，萬壽無疆。南山有杞，北山有李。樂只君子，民之父母。樂只君子，德音不已。南山有栲，北山有杻。樂只君子，遐不眉壽。樂只君子，德音是茂。南山有枸，北山有楰。樂只君子，遐不黄耇。樂只君子，保艾爾後。

菁菁者莪，在彼中阿。既見君子，樂且有儀。菁菁者莪，在彼中沚。既見君子，我心則喜。菁菁者莪，在彼中陵。既見君子，錫我百朋。

泛泛楊舟，載沉載浮。既見君子，我心則休。

魚在在藻，有頒其首。王在在鎬，豈樂飲酒。魚在在藻，有莘其尾。王在在鎬，飲酒樂豈。魚在在藻，依于其蒲。王在在鎬，有那其居。

樂只君子，天子命之。樂只君子，福禄申之。樂只君子，殿天子之邦。樂只君子，萬福攸同。樂只君子，天子葵之。樂只君子，福禄膍厚。之。

隰桑有阿，其葉有邦。既見君子，其樂如何？隰桑有阿，其葉有沃。既見君子，云何不樂？

虡業維樅，賁鼓維鏞。於論鼓鐘，於樂辟廱。於論鼓鐘，於樂辟廱。鼉鼓逢逢，矇瞍奏公。

嘉樂君子，顯顯令德。宜民宜人，受禄于天。保右命之，自天申之。

慶賀

杜詩《覽柏中丞子姪數人除官制詞因述父子兄弟》：『紛然喪亂際，見此忠孝門。蜀中寇亦甚，柏氏功彌存。深誠補王室，戮力自元昆。三止錦江沸，獨清玉壘昏。高名入竹帛，新渥照乾坤。子弟先卒伍，芝蘭疊璵璠。同心注師律，灑血在戎軒。絲綸實具載，紱冕已殊恩。奉公舉骨肉，誅叛經寒温。金甲雪猶凍，朱旗塵不翻。每聞戰場説，欻激懦氣奔。聖主國多盜，賢臣官則等〔一〕。方當節鉞用，必絶祲沴根。吾病日迴首，雲臺誰再論。作歌挹盛事，推轂期孤騫。』

《奉賀陽城郡王太夫人恩命加鄧國太夫人》：『衛幕御〔二〕恩重，潘輿送喜頻。濟時瞻上將，錫號戴慈親。富貴當如此，尊榮邁等倫。郡依封土舊，國與大名新。紫誥鸞迴紙，清

〔一〕今按：『等』，《全唐詩》卷二二一杜甫詩《覽柏中允兼子姪數人除官制詞因述父子兄弟四美載歌丝綸》作『尊』。按：『等』字不入韵，『尊』字是。

〔二〕今按：『御』，《全唐詩》卷二三一杜甫詩《奉賀陽城郡王太夫人恩命加鄧國太夫人》作『銜』。

朝燕賀人。遠傳冬笋味，更覺綵衣春。奕葉班姑史，芬芳孟母鄰。義方兼有訓，詞翰兩如神。委曲承顔體，騫[一]飛報主身。可憐忠與孝，雙美畫麒麟。』

《周禮·春官》：『大宗伯之職，以賀慶之禮職，親異姓之國。』

五曰考終命

蔡沈曰：『考終命者，順受其正也。』

陳大猶曰：『考，成也。諸福備矣。必成其正命，則全而歸之。順受其正，然後爲福之至。使年雖壽，而死非正命，雖壽何福？非福矣。故考終命終焉。』

《孟》：『夭壽不貳，修身以俟之，所以立命也。』『莫非命也，順受其正。是故知命者不立乎巖墻之下。盡其道而死者，正命也。桎梏死者，非正命也。』

《論》：伯牛有疾，子問之，自牖執其手，曰：『命矣夫！斯人也而有斯疾也！斯人也而有斯疾也！』

《韓詩外傳》：『原天命，則不惑禍福。』崔杼曰：『舍晏子。』晏子起而出，援綏而乘，其僕馳。晏子撫其手曰：『麋鹿在山林，其命在庖厨。命有所懸，安在疾驅？』安行成節，然

〔一〕今按：『騫』，《全唐詩》卷二三二杜甫詩《奉賀陽城郡王太夫人恩命加鄧國太夫人》作『騫』。

後去之。詩曰：『彼其之子，舍命不渝。』晏子之謂也。

《易》：『樂天知命，故不憂。』

《中庸》：『君子居易以俟命。』

《表記》：『得之自是以聽天命。』

《論》：『君子有三畏，畏天命。小人不知天命，而不畏也。』『不知命，無以爲君子。』

子夏曰：『死生有命。』

或問命。揚子曰：『命者，天之命也，非人爲也。人爲不爲命。』請問人爲。曰：『可以存亡，可以死生，非命也。因善生存，因惡死亡。』或曰：『顔氏之子，冉氏之孫。』曰：『以其無避也。若立巖墻之下，動而徵病，行而招死，命乎，命乎！』

《成十三》劉子曰：『民受天地之中以生，所謂命也，是以有動作威儀之則以定命也。能者養以取福，不能者養〔一〕以取禍。』

《論衡》：『凡人有生死壽夭之命，亦有貴賤貧富之命。命當貧賤，雖富貴之，猶涉禍患失其富貴。命當富貴，雖貧賤之，猶逢福善離其貧賤。』

〔一〕今按：『養』，《左傳·成公十三年》作『敗』。

劉孝標《辨命論》：『道之窮通，無非命。』

劉蕡《策》：『所謂命者，死生焉，貴賤焉，貧富焉，治亂焉，禍福焉。此十者，天之所賦也。』

《論》：子罕言命。子曰：『五十而知天命。』子曰：『道之將行也，命也。道之將廢也，命也。』

《祭法》：『大凡生於天地之間者，其萬物死，皆曰折。人死，曰鬼。』

唐李泌曰：『君相造命，不當言命。言命，則不復賞善罰惡矣。』

任昉之命，元忠之命。任昉卒，武帝屈指曰：『昉少時常恐不滿五十。今四十九，可謂知命。』《梁書》。魏元忠，相者曰：『公當位極人臣。然命多蹇剥，時有危懼，不足爲憂。』元忠累遭遣責，憶相者之言，未嘗小屈其志。《定命録》。

孟浩然之命，薛令之之命。王維私邀孟浩然入内署。俄而玄宗至，浩以匿床下。維以實對。帝曰：『朕聞其人，而未見也。』詔浩然出。帝問其詩。浩然自誦所爲。至『不才明主棄』之句，帝曰：『卿自不求仕，朕未嘗棄卿。奈何誣我？』因放還。《本傳》。薛令之，長溪人。及第，遷右庶子。開元中，東宫寮清淡，令之題詩自悼曰：『朝日上團團，照見先生盤。盤中何所有，苜蓿長闌干。飯澀匙難綰，羹稀筯易寬。無所謀朝夕，何由保歲寒。』玄宗幸東宮，覽之，索筆題其傍曰：『啄木口嘴長，鳳凰毛羽短。若嫌松桂寒，任逐桑榆暖。』令之遂謝病歸。

李虛中最深於五行，以人之始生年月日所直日辰支干相生，勝衰死旺相斟酌，推人壽夭貧賤利不利。輒先处其年時，百不失一。退之作墓誌。

蔡元長之命，蔡元度之命。熙寧元豐間，有僧化成者，以命術聞於京師。蔡元長兄弟始赴省試，同往訪焉。既語以年月，率爾語元長曰：『此武官大使臣命也。』語元度曰：『此命甚佳，十餘年間，可爲侍從。又十年，爲執政。然決不爲真相。晚年當以使相終。』然是年遂同登科，自是相繼貴顯。於元長，則大謬如此。而元度，終身無一語之差。以此知世所謂命者，其有合者，皆偶中也。《却掃篇》。

梁適爲相之命，吴育不相之命。章得象曰：『人生貴賤，莫不有命。但年月日時，臨胎有三處合者，不爲宰相，亦爲樞副。』梁適吕公弼命，各有三處合。皇祐間，梁爲相。熙寧中，吕爲樞副。《歸田録》。陳執中罷相。仁宗問：『誰可代者？』執中舉吴育。遂召赴闕。乾元節侍宴醉，坐睡，驚顧，拊床呼其從者。上愕然，即除西京留臺。育之不相，命矣夫！《志林》。

梅聖俞之命，賈無本之命。梅聖俞以詩知命〔一〕三十年，終不得一館職。晚年與修《唐書》。書成，未奏而卒。其初受敕修《唐書》，語其妻刁氏曰：『吾之修書，可謂猢孫入布袋。』刁氏曰：『君於仕宦，何異鮎魚上竹竿？』《歸田録》。賈島不第，乃爲僧，改號無本，居法乾寺。宣宗微行至寺，聞鐘樓上有吟聲，於島案上取詩卷覽之。遂於手内取詩卷曰：『郎君何會此耶？』既而知之，亟謝罪。乃賜御札，除遂州長江簿。後遷普州司倉卒。程錡以詩悼之曰：『倚侍詩難繼，昂藏貌不恭。騎驢衝大尹，奪卷忤宣宗。馳譽馳前輩，居官下我儂。司倉舊曹事，一見一心忪。』

温庭筠之命，郭氏子之命。宣宗微行，温庭筠不識。曰：『公非司馬長史之流乎？』又曰：『得非文衆簿尉之類乎？』帝曰：『非也。』謫爲方城尉。其制詞曰：『孔門以德行爲先，文章爲末。爾既德行無取，何所補焉？徒負不羈之才，罕有適時之用。』竟以流落而死。韓魏公客有郭注者，行年五十，未有室家。公以侍兒與之。未及門，而注死。《冷齋夜話》。

范文正之書生，蘇王堂之措大。范文正守饒州，有書生甚貧。時盛行薦福寺碑墨本，直千錢，紙墨已具。一夕雷碎其碑。語曰：『有客打碑求薦福，無人騎鶴上揚州。』東坡作

〔一〕今按：『命』，《四庫全書》本《歸田録》作『名』。

《窮措大》詩曰：『一夕雷轟薦福碑〔一〕。』

《韓詩外傳》：『人之命在天，國之命在禮。』

死徵

齊侯之語偷，鄭伯之行速。《文公十七》：襄仲如齊，復曰：『齊侯之語偷。苟且。』臧文仲有言曰：『民主偷必死。』《成公六》：鄭伯如晉拜成。士貞伯曰：『視流而行速，視流不端諦。宜不能久。行速不詳緩。』六月，鄭伯卒。

魯襄公之作宫，滕成公之多涕。《襄公三十一》：公作楚宫。穆叔曰：『君欲楚也夫！故作其宫。若不復適楚，必死是宫也。』六月辛巳，公薨于楚宫。冬，滕成公來會葬，惰而多

〔一〕今按：此條出自宋代惠洪《冷齋夜話》卷二，與原文出入較大。原文如下：范文正公鎮鄱陽，有書生獻詩甚工，文公禮之。書生自言：『天下至寒餓者，無在某右。』時盛習歐陽率更字，薦福寺碑墨本直千錢。文正爲具紙墨，打千本，使售於京師。紙墨已具，一夕，雷擊碎其碑。故時人爲之語曰：『有客打碑來薦福，無人騎鶴上揚州。』東坡作《窮措大》詩曰：『一夕雷轟薦福碑。』另，明代蔣一葵《堯山堂外紀》卷四十七録其事，原文如下：范希文鎮鄱陽日，有書生獻詩甚工，希文頗優禮之。書生自言：『天下至寒餓者，無在某右。』時盛重歐陽《薦福寺碑》墨本，直千錢。希文欲爲打千本，使售於京師。紙墨已具，一夕，雷擊碎其碑。時人爲之語曰：『有客打碑來薦福，無人騎鶴上揚州。』東坡作《窮措大》詩曰：『一夕雷轟薦福碑。』本此。

涕。子服惠伯曰：『滕君將死矣。怠於其位，而哀又甚，兆於死所矣。』昭三年，滕子卒。

邾子執玉，高其容仰；魯公受玉，卑其容俯。《定公十五》：邾隱公來朝，子貢觀焉。邾子執玉，高其容仰。公受玉，卑其容俯。子貢曰：『以禮觀之，二君者，皆有死亡焉。夫禮，死生存亡之體也。將左右周旋，進退俯仰，於是乎取之。朝祀喪戎，於是乎觀之。今正月相朝，而皆不度，心已亡矣。嘉事不體，何以能久？朝禮嘉事，不得其體之正。高仰，驕也。卑俯，替也。驕近亂，替近疾。君爲主，其先亡乎？』五月，公薨。

楚子之死，宋公之死。《襄公廿八》裨竈曰：『今兹周〔一〕及楚子皆將死。歲棄其次，而旅於明年之次，以害鳥帑，周楚惡之。』南爲朱鳥，鳥尾曰帑。《昭公二十五》：叔孫婼聘于宋，宋公享昭子，語相泣也。樂祈曰：『今兹君與叔孫，其皆死乎？吾聞之，哀樂而樂哀，皆喪心也。可樂而哀，可哀而樂。心之精爽，是謂魂魄。魂魄去之，何以能久？』此冬，叔孫宋公卒。

程鄭之死，伯有之亡。《襄公二十四》：公孫如晋聘。程鄭曰：『敢問降階何由？問自降下之道。』子羽不能對，歸以語然明。然明曰：『是將死矣。不然，將亡。』明年，鄭卒。《襄公卅年》：公孫揮與裨竈過伯有氏，門上生莠。子羽曰：『其莠猶在乎？』裨竈指之曰：『猶

〔一〕今按：『周』，《左傳・襄公二十八年》作『周王』。

可終歲，歲不及此次也已。』及其亡也，歲在娵訾之口。莠比伯有，知不久存。

叔向謂宣子之將死，穆叔言趙孟之將死。《昭公十一》：單子會韓宣子于戚。視下言徐。叔向曰：『其將死乎？朝有著，會有表，衣有襘，帶有結。言必聞表著之位，所以昭事序也。視不過結襘之中，所以道容貌也。言以命之，容以明之。今單子視不登帶，言不顧步，貌不道容，而言不昭矣。不道，不恭，不昭，不從，無守氣矣。』神氣不守體。此年冬，單子卒。《襄公卅一》穆叔曰：『趙孟將死矣。其語偷，不似民主。且年未盈五十，而諄諄然如八九十者，不能久矣。』孝伯曰：『人生幾何？誰能無偷？朝不及夕，將安用樹？樹善。』穆叔曰：『孟孫將死矣。』昭元年，文子卒。

衛侯夷言，趙孟耄及。《哀公十一》：衛侯歸，效夷言。子之尚幼，曰：『君必不免，其死於夷乎？』衛輒卒死於越。《昭公元》劉子曰：『微禹，吾其魚乎？子盍亦遠績禹功，而大庇民乎？』趙孟曰：『罪戾是懼，焉能恤遠。吾儕偷食，朝不及夕。』劉子曰：『儕於隸人，朝不謀夕。神怒民叛，何以能久？』此冬，趙孟卒。

趙孟將死，魏子不免。《昭元》趙孟視蔭曰：『朝不及夕。』后子曰：『玩歲而愒日，其與幾何？』《定元》：城成周，魏子涖政。魏彪傒曰：『非義也，其不免乎？』

洛水上巳讌，酒闌歌《筮露》，而王商死；吴女白花簪，望之如素奈，而杜后崩。蜀主將晏駕，而眉山開白花；荆王未即世，而溝港開白蓮。

反真

劉熙《釋名》：『死者，澌也，消澌也。』

《喪大記》：『君大夫撤懸，士去琴瑟。東首於北牖下，屬纊以俟絶氣。』

天子死曰崩，諸侯曰薨，大夫曰卒，士曰不禄，庶人曰死。在牀曰尸，在棺曰柩。羽鳥曰降，四足曰漬。死寇曰兵，壽考曰卒。短折曰不禄。

其死如從天墜地，故曰崩、薨，公侯卒也。卒終竟，不卒，不終其禄。死，澌也，澌盡無餘。飛翔之物，降而下則死。漬，腐敗。澌，敗。

卒大命，即世。損賓客而不立朝，棄群臣。

生曰父，死曰考。考，成也，亦言槁也。生曰母，死曰妣。妣，比也，言比父也。

男子不死於婦人之手，婦人不死於男子之手。

君、夫人卒於路寢。大夫、世婦卒於適寢。内子未命，則死於下室。士之妻皆死于寢。

孔子對哀公曰：『分於道謂之命，形於一謂之性。化於陰陽，象形而發謂之生，化窮數盡謂之死。故命者，性之始也。死者，生之終也。有始則必有終也。』《家語》。

身非汝有，是天地之形委也。生非汝有，是天地之和委也。性命非汝有，是天地之委順也。孫子非汝有，是天地之委蛻也。《莊》。

生爲附贅懸疣，死爲决疣潰癰。忘其肝膽，遺其耳目，芒然彷徨乎塵埃之外，逍遥乎無爲之表。上。

夫大塊載我以形，勞我以生，佚我以老，息我以死。藏舟於壑，藏山於澤，謂之固矣。然而夜半有力者負之而走，昧者不知也。上。

吾所以大患者，爲吾有身。及吾無身，吾何有患老？

平仲曰：『既死，豈在我？焚之亦可，沉之亦可，瘞之亦可，衣薪而棄諸溝壑亦可，衮衣繡裳而納諸石槨亦可，唯所遇焉。』《列子》。

萬物齊生齊死，齊賢齊尤，齊貴齊賤。十年亦死，百年亦死，仁聖亦死，凶愚亦死。生則堯舜，死則腐骨；生則桀紂，死則腐骨。腐骨一矣，孰知其異？上。

人含氣而生，精盡而死，譬如火焉。火滅之餘，無遺炎矣。人死之餘，無遺魂矣。楊泉。

忽然長逝，火滅烟消。傅玄。

隱然長寢，其樂無窮。曹植。

生有七尺之形，死有一棺之土。《淮》。

孔子曰：『人有三死，而非命也者，人自取之。夫寢處不時，飲食不節，佚勞過度者，疾共殺之。居下位，而上忤其君，嗜欲無厭，而求不止者，刑共殺之。少以犯名，弱以侮强，忿怒不量力者，兵共殺之。』

尸之爲言陳也。失氣亡神，形體獨陳。

若有死於道路者，則令埋而置揭，書其日月焉。懸其衣服任器于有地之官，以待其人。《周禮》。

人固有一死，死有重於泰山，或有輕於鴻毛，用之所趣異也。《馬史》。

死者，人之終。居常而待終，何不樂也？

孔子之負楹，曾子之反席。孔子蚤作，負手曳杖，逍遥於門，而歌曰：『泰山其頹乎，梁木其壞乎，哲人其萎乎？』既歌而入。子貢曰：『泰山其頹，吾將安仰？梁木其壞，吾將安杖？哲人其萎，吾將安放？』遂趨而入。夫子曰：『予疇昔之夢，坐奠於兩楹之間。殷人殯於兩楹之間。丘也即殷人。余將死。』寢病七日而終，時年七十三矣。弟子及魯人處於墓如家者，百有餘家。名曰孔里。曾子寢疾，病，童子隅坐而執燭曰：『華而睆，大夫之簀。』曾子聞之，瞿然曰：『然斯季孫之賜也，我未之能易也。元起易簀。』曾元曰：『夫子之病革矣，不可以變。幸而至於朝，請更易之。』曾子曰：『君子之愛人也以德，細人之愛人也以姑息。吾何求哉？吾得正而斃焉，斯已矣。』舉扶而易之。反席，未安而没。《檀弓》。

傳説列星，鄭玄辰巳。傳説乘東維，騎箕尾，而比於列星。鄭玄夢孔子告之曰：『起，起，今年歲在辰，來年歲在巳。』既寤，知命將終。有頃，寢病而卒。嘗受業者，衰絰千餘人。

李長吉之記玉樓，謝安石之夢白鷄。李長吉見一緋衣人云：『上帝成白玉樓，召君爲記。』有頃，長吉氣絶。謝安疾篤，曰：『昔吾夢乘温輿行十六里，見一白鷄而止。乘温輿者，代其位也。十六里止者，今十六年也。白鷄主酉，今大歲在酉。』尋薨。

蘇韶之死，管輅之卒。蘇韶已死而甦，其弟節問地下事。韶言：『顔淵卜商，今爲脩門郎。』王隱《晋書》。魏管輅舉秀才，嘆曰：『天與我才明，不與我年壽，恐四十七八間，不見女嫁男娶也。』是歲八月，爲大府丞，明年二月卒，年四十八。

樊宏之卒，黄憲之卒。建武廿八，壽張侯樊宏卒。謙柔畏慎，遺令薄葬。延光二年，安帝。汝南黄憲卒。書法：『布衣未有書卒者。卒黄憲，惜賢也。布衣書卒，終《綱目》，二人而已矣。黄憲、管寧。』

太尉楊秉之卒，尚書朱穆之卒。太尉楊秉，清白寡欲。嘗稱：『我有三不惑，酒色財也。』書法：『卒朱穆，何貴也？宦官恣横，穆憤，發疽而卒，故特書之。』

前大丘長陳實卒，中山王衮卒。海内赴吊三萬餘人。書法：『邑長不書。卒陳實，録賢也。以前長書，甚賢之也。』建興十三，中山王衮卒。疾病，令官屬曰：『男子不死於婦人之手，亟以時成東堂成往居。』又令世子曰：『汝幼爲人君，知樂不知苦，必將以驕奢爲失者也。兄弟有不良之行，當造郄諫之。諫之不從，流涕喻之。喻之不改，乃白其母。猶不改，當以奏聞，並辭国土。與其受寵罹之禍，不若貧賤全身也。』

魏荀攸之卒，唐李勣之卒。漢獻十九年，魏荀攸卒。書法：『特書魏何？攸之心未嘗有漢也。漢在，而荀攸卒。書魏，心在於魏也。晋亡而陶潛卒。書晋，心在於晋也。唐亡而張承業卒。書唐，心在於唐也。』總章二，李章二。書法：『曰勣，功臣也。衛公、鄂公，皆具官。此其不書何？削之也。唐之幾絶，勣之力也。故削之。』發明：『《綱目》獨削其官，遂至與隋楊素同科。素有廢立儲君之罪，勣有廢立中闈之罪。』

虞婁侯張昭卒，安平王孚卒。建興十四，虞婁侯張昭卒。容貌矜嚴，有威風。遺令：『幅巾素冠，斂以時服。』晋泰始八，太宰安平王孚卒。性忠慎。宣帝執政，常自退損。後逢廢立之際，未嘗預謀。臨終遺令曰：『有魏貞士河南司馬孚，字叔達，不伊不周，不夷不惠，立身行道，終始若一。當衣以時服，斂以素冠。』卒年九十三。

成丞相范長生卒，趙凉王張茂死。博學多藝，年近百歲，蜀人奉之如神。書法：『録賢也。何地不生賢，信哉！』張茂疾病，下令曰：『吾官非王命，死之日，當以白袷入棺，勿以朝服斂。』書法：『其死也，以事晋。屬其子，且以官非晋命耻之。終身則亦未嘗忘晋者也。

書曰『趙涼王』，閔〔一〕之也。

晋之孔坦，唐之李大亮。孔坦疾篤，庾冰省之，流涕。坦慨然曰：『大丈夫將終，不問以濟國安民之術，乃爲兒女子相泣耶？』冰謝之。貞觀十八，大亮卒。遺表請罷高麗之師。家餘米五斛，布三十匹。

宋明。泰豫元年，中書監樂安公蔡興宗卒。唐中。嗣聖十七年，司空梁文惠公狄仁傑卒。

書法：『中書監未拜，則何以賢？予賢也。故官稱其才，則興宗以未拜而卒，書中書監。罰不當罪，則楊惲以已廢而殺，書故通平侯。皆《綱目》之特筆也。』

書法：『官書中宗所贈，爵書睿宗所封，所以殊仁傑於諸臣也。此《綱目》之特筆也。一人而已矣。』

發明：『仁傑之卒，書爵、書謚，而不繫之周。則仁傑雖事武氏，固唐之德爾。夫武氏廢，唐人神共憤。仁傑蒙耻奮忠，每以母子之説感悟武氏。武氏亦信重其説而從之。紓徐不迫，卒後唐緒。故《綱目》於此特筆起義，以著仁傑始終爲唐之意，爲天下後世不忘本朝

〔一〕今按：『閔』，通『憫』。

者之勸也。』

建中二年，尚父太尉中書令汾陽忠武王郭子儀卒。

開成四年，司徒中書令晋文忠公裴度卒。

胡氏曰：『功蓋天下，而上不疑。位極人臣，而衆不疾。此漢唐以來將相所難者。子儀以何道而致然？惟伏忠信安義命而已矣。』書法：『號官爵謚具，前乎此未有也。終《綱目》千三百六十二年，一人而已矣。上恠度無遺表，問其家，得半槁。以儲嗣未定爲憂，言不及私。度身貌不逾中人，威望遠達四夷。』

盧懷慎之卒，楊復光之卒。開元四年，黄門監盧懷慎卒。家無餘蓄，惟老蒼頭請自鬻以判喪事。僖宗中和三，左驍衛上將軍楊復光卒於河中。發明：『復光一宦者而卒，書其爵，蓋予其忠於王室故也。』

子高之死，祖逖之卒。成子高寢疾，慶遺曰：『子之病革矣，如至乎大病，死。則如之何？』子高曰：『我死，則擇不食之地而葬焉。』初，有妖星見于豫州之分。祖逖見星，曰：『爲我矣。』俄卒。

郭鳳自知死期，折像自知亡日。

王子居之身託申屠蟠，王徽之之請代王獻之。後漢申屠蟠，字子龍，與王子居同在太學。子居臨卒，以身託蟠。蟠躬推輦車送喪，還鄉里。晉王徽之與弟獻之俱病篤。術人云：『人命應終，有生人樂代者，則死可生。』徽之曰：『吾才位不如弟，請以餘年代之。』術人曰：『代死者，以己年有餘，得以足亡者耳。今君與弟但盡，何代也？』未幾，獻之卒。

《坊記》子云：『死，民之卒事也，吾從周。以此坊民，諸侯猶有薨而不葬者。』

言善

曾子之言，子張之語。《論》曾子曰：『鳥之將死，其鳴也哀。人之將死，其言也善。』子張病，曰：『君子曰：終小人曰死。吾今日其庶幾乎？』

甯殖之言，李勣之語。甯殖召悼子曰：『吾得罪於君，悔而無及也。名藏在諸侯之策，曰「孫林父、甯殖出其君」。君入則掩之。掩惡名。若能掩之，則吾子也。若不能，猶有鬼神，吾有餒而已，不來食矣。』悼子許諾。惠子遂卒。衛侯歸。李勣屬疾，家人欲呼醫巫。輒曰：『我山東田夫耳，今位至三公，年逾八十，死生繫天。寧就醫求活耶？』

張乖崖之贊，張南軒之表。張乖崖守蜀，代去後十年，薨於陳州。訃至，蜀人罷市號慟，自爲贊云：『乖則違俗，崖不利物。乖崖之名，聊以表德。』遂畫於天慶觀，又爲之立祠。少與逸人傅霖同學，既達，求霖三十八年，不可得。作憶霖詩云：『寄語巢由莫相笑，此生終不羡輕肥。』晚年守宛丘，叩門大呼曰：『語尚書青州傅霖，曰：「子將去矣，來報子爾。」』

後一月，公薨。張栻遺表云：『臣再世蒙恩，一心報國。伏願陛下，信任防一己之偏，好惡公天下之論。則臣死之日，如生之年。』

司馬相如之書，宋景文公之誡。相如既病免，居茂陵。天子曰：『相如病甚，悉取其書。』使者往而相如死。妻曰：『長卿未死時，有卷書，曰：「有使者求書，奏之。」』乃遺札，言封禪事。宋景文公遺戒云：『吾没之後，稱家有無，用浣濯之以治喪衣。鶴氅裘，紗帽綫履，三日棺，三月葬，慎無爲流俗陰陽拘忌也。棺用雜木，漆其四會三塗，使數十年足以腊五骸而已。吾學不名家，文章僅及山人，不足垂後。爲吏在良二千石下，無功於國，無惠於人，不可謂益，不可受贈典，不可求巨公作碑誌，不得作道佛二家齊醮。』

桓譚《新論》，班固續成；長統《昌言》，董襲撰次。桓譚著《新論》、《琴道》一篇未成，肅宗使班固續成之。仲長統作《昌言》，未竟而亡，後董襲撰次之。

林逋之詩，坦之之書。林逋將死，有詩曰：『茂陵他日求遺槁，自喜猶無封禪書。』王坦之爲中書，臨終，與謝安桓冲書，言不及私，惟憂國家之事。

陸平原之書，邵康節之詩。陸平原臨亡曰：『窮通，時也。遭遇，命也。古人貴立言，以爲不朽。吾所作書未成，以此恨耳。』熙寧十年，康節感疾，諸公議後事於外，有欲葬近洛城者。康節已知，呼伯温入曰：『諸公欲以近城故葬我，不可，當從伊川先塋耳。』七月初四，大書詩一章曰：『生于太平世，長于太平世，死于太平世。客問年幾何？六十有七歲。俯仰天地間，浩然無[所]愧。』以是，三更捐館。《聞見録》。

遺命

朱邑且死，鄭泉臨卒。前漢朱邑，字仲卿。病且死，屬其子曰：『我故桐鄉吏，其民愛我，必葬我桐鄉。後世子孫奉嘗我，不如桐鄉。』鄭泉，字文淵，性嗜酒。臨卒曰：『必葬我陶家之側。百世之後，化而成土，幸見取爲壺，實獲我心。』《吴志》。

公治之言，季孫之命。《襄公廿九》：公與公冶冕服，固辭，强之而後受。及疾，聚其臣曰：『我死，必無以冕服從，非德賞也。註：畏季氏，而賞非以我有德。且無使季氏葬。』註：生不入季氏之家，死不受季氏之葬。《哀公二》〔一〕：季孫有疾，命正常曰：『無死。正常，桓子寵臣，勿從己死。南遺〔二〕子之子，男也，則以告而立之。女也，則肥也可。』季孫卒，康子即位。南氏生男，正常載以如朝。告曰：『今生矣，男也。』遂奔衛。公使公劉〔三〕視之，則或殺之矣。召正常，

〔一〕今按：『二』，應爲『三』。此條出自《左傳·哀公三年》。
〔二〕今按：『遺』，《十三經注疏》本《左傳·哀公三年》作『孺』。
〔三〕今按：『公劉』，《十三經注疏》本《左傳·哀公三年》作『共劉』。

正常不返。

《文公六》君子曰：『死而棄民，先王違世，猶詒之法。古之王者，知命之不長，著之話言，衆庶賴之。而後即命。』

子囊遺言，子胥遺言。《左·襄公十四》：楚子囊還自伐吴，卒。將死，遺言謂子庚：『必城郢。』君子謂子囊忠，君薨不忘增其名，將死不忘衛社稷。可不謂忠乎？忠，民之望也。前年謚君爲共。子胥告其家人曰：『必樹吾墓檟，檟可材也。决吾目懸東門，以觀越兵之滅吴。』

附喪禮

按：《三年問》即《禮經》第三十八之一，曲盡情愛，直窮到底。泪洒行間，讀盡篇末。蒼蒼蒸民，誰無父母？録之如左，以備三復。

《記·三年問》：三年之喪，何也？曰：稱情而立文，因以飾群，别親疏、貴賤之節，而不可損益也，故曰：『無易之道也。』創巨者其日久，痛甚者其愈遲。三年者，稱情而立文，所以爲至痛極也。斬衰苴杖，居倚廬，食粥，寢苫枕塊，所以爲至痛飾也。三年之喪，二十五月而畢，哀痛未盡，思慕未忘，然而服以是斷之者，豈不送死有已，復生有節也哉！凡生天地之間者，有血氣之屬必有知，有知之屬莫不知愛其類。今是大鳥獸則失喪其群匹，越月逾時焉，則必反巡過其故鄉，翔迴焉，鳴號焉，躑躅焉，踟蹰焉，然後乃能去之。小者至於燕雀，猶有啁噍之頃焉，然後乃能去之。故有血氣之屬者，莫知於人，故人於其親也，至死不窮。將由夫患邪淫之人與？則彼朝死而夕忘之，然而從之，則是曾鳥獸之不若也。夫焉能相與群居而不亂乎？將由夫修飾之君子與？則三年之喪，二十五月而畢，若駟之過隙，然而遂之，則是無窮也。故先王焉爲之立中制節，壹使足以成文理，則釋之矣。然則何以至期也？曰：至親以期斷。曰：天地則已易矣，四時則已變矣，其在天地之中者，莫不更始焉，以是象之也。然則何以三年也？曰：加隆焉爾也。焉使倍之，故再期也。由九月以下，何也？曰：焉使弗及也。故三年以爲隆，緦、小功以爲殺，期、九月以爲間。上取象於天，下取法於地，中取則於人。人之所以群居，和壹之理矣。故三年之喪，人道之至文者也。夫是之謂至隆。是百王之所同，古今之所壹也。未有知其所由來者也。孔子曰：『子生三年，然後免於父母之懷。夫三年之喪，天下之達〔一〕喪也。』

《喪大記》：『疾病，外内皆掃。君大夫撤懸，士去琴瑟。寢東首於北牖下，廢牀，撤褻衣，加新衣，體一人。四體各一人持之。男女改服。屬纊以俟絶氣。男子不死於婦人之手，婦

〔一〕今按：『達』，《論語》作『通』。

人不死於男子之手。君夫人卒於路寢。大夫世婦卒於適寢。內子未病〔一〕，則死於下室，遷尸于寢。士之妻皆死于寢。』

復

復，有林麓則吴人設階，麓官。無林麓則狄人設階。樂吏。小臣復，復者朝服。君以卷，衮。夫人以屈，闕。大夫以玄頳，世婦以襢衣，士以爵弁，士妻以税衣，彖。皆升自東榮，屋翼。中屋履危，北面三號。捲衣投于前，司服受之，降自西北榮。其爲賓，則公館復，私館不復。其在野，則升其乘車之左轂而復。復衣不以衣尸，不以斂。婦人復，不以袡。以絳絲〔二〕衣之，下曰袡。嫁時盛服，非事神之衣。凡復，男子稱名，婦人稱字。唯哭先復，復而後[行]死事。

《喪服小記》：復與書銘，自天子達於士，其辭一也。男子稱名，婦人書姓與伯仲，如不知姓，則書氏。周禮，天子之復曰皋天子復，諸侯復曰皋某甫復。殷以上質不諱名。

郲婁復之以矢，蓋自[戰於]升陘魯地。始也。

〔一〕今按：『病』，《十三經注疏》本《禮記・喪大記》作『命』。

〔二〕今按：『絲』，《十三經注疏》本《禮記・喪大記》作『緑』。

君復於小寢、大寢、小祖、大祖、庫門、四郊。

復，盡愛之道也，有禱祠之心焉。望反諸幽，求諸鬼神之道也。北面，求諸幽之義也。《檀弓》。

復，諸侯以褒衣、冕服、爵弁服。夫人稅象。衣揄揺狄，［狄］稅素沙。內子以鞠衣、褒衣、素沙，下大夫以襢衣。其餘如士。復西上〔一〕。《雜記》。

含

飯用含貝〔二〕，弗忍虛也。不以食道，用美焉爾。

天子飯九貝，諸侯七，大夫五，士三。註：飯，含也。貝，水物也，古者以爲貨。

《士喪禮》：『貝三，實于笲。』

周禮，天子飯含用玉。

含者執璧將命曰：『寡君使某含。』相者入告，出曰：『孤某須矣。』含者入，升堂致命，子拜稽顙，含者坐委于殯東南，有葦席。既葬，蒲席。降，出反位。宰夫朝服，即喪屨，升自

〔一〕今按：『復西上』三字，《十三經注疏》本《禮記・雜記》在『狄稅素沙』後。

〔二〕今按：『含貝』，《十三經注疏》本《禮記・檀弓》作『米貝』。

西階，西面坐取璧，降自西階以東。此言列國致含之禮，含玉之形制如璧。《雜記》。

邾婁考公之喪，徐君使容居來吊含。曰：『寡君使容居坐含，進侯玉。』其使容居以含。有司曰：『諸侯之來容〔一〕敝邑者，易則易，于則于，易于雜者，未之有也。』人臣簡易，人君廣大。

荀偃受含，聲伯食瑰。《襄十九》：荀偃伐齊，卒，而視，不可含。宣子盥而撫尸曰：『事吳，敢不如事子〔二〕？』欒懷子乃復撫之曰：『主苟終，所不嗣事于齊者，有如何？』乃瞑受含。《成十七》：初，聲伯夢或與己瓊瑰，食之，泣而爲瓊瑰，盈其懷。食珠玉含象。從而歌之曰：『濟洹之水，贈我以瓊瑰。歸乎歸乎，瓊瑰盈吾懷。』懼不敢占也，言之之暮而卒。

《雜記》：鑿巾以飯，公羊賈爲之也。大夫使賓爲其親含，恐賓憎穢，以巾覆面，當口鑿穿，令玉入口。士賤，不得使賓。子自含，無憎穢之心，不以巾覆面。公羊賈，士也，而鑿以飯，是憎穢其親矣。

〔一〕今按：『容』，《十三經注疏》本《禮記・檀弓》作『辱』。
〔二〕今按：『子』，《十三經注疏》本《左傳》作『主』。

重

重，主道也。殷主綴重焉，周主重綴〔一〕焉。士重，木長三尺，始死作重以爲主。雖非主，而有主之道。殷禮暨成，吴主綴懸殯廟，周人吴而作主，綴重而埋。方氏曰：『有柩又重，所以重也。有廟必主，是爲主也。』

重，既吴而埋之。《雜記》。

襚

襚者曰：『寡君使某襚。』相者入告，出曰：『孤某須矣。』襚者執冕服，左執領，右執玉〔二〕；入，升堂致命曰：『寡君使某襚。』子拜稽顙，委衣于殯東。襚者降，受爵弁服，於門内霤，將命，子拜稽顙如初。受皮弁服於中庭，自西階受朝服，自堂受玄端，將命，子拜稽顙，皆如初。襚者降，出反位。宰夫五人，舉以東，降自西階，其舉亦西面。

此言列國致襚之禮。衣服曰襚。

《襄公廿九》：公在楚。楚人使公親襚。穆叔曰：『祓殯而襚，則布幣也。』乃使巫以桃、茢先祓殯。楚人不禁，既而悔。《左》。

〔一〕今按：『重綴』，《十三經注疏》本《禮記·檀弓》作『重撤』。
〔二〕今按：『玉』，《十三經注疏》本《禮記·雜記》作『要』。

《少儀》：臣致襚於君，則曰『致廢衣於賈人』。敵者曰『襚』。

《左·文公九年》：『秦人來歸僖公成風之襚，禮也。』

賵

上介賵，執圭，將命曰：『寡君使某賵。』相者入告，反，命曰：『孤須矣。』陳乘黄大路於中庭，北輈輈轅北向。執圭將命，客使自下由路西。子拜稽顙，坐委于殯東南隅，宰舉以東。此言列國致賵之禮。車馬曰賵。

《少儀》：賵馬入廟門。

《左傳·隱公元年》：『天王使宰咺來歸惠公、仲子之賵。』贈死不及尸，吊生不及哀。預凶事，非禮也〔一〕。

銘

銘，明旌也。以死者爲不可别已，故以其旗識之。愛之，斯録之矣。敬之，斯盡其道焉耳。

《士喪禮》銘曰：『某氏某之柩。』疏云：士長三尺，大夫五尺，諸侯七尺，天子九尺。若

〔一〕今按：此句，《十三經注疏》本《左傳·隱公元年》作『豫凶事，故貶而名之』。

不命之士，則以緇。長半幅，赬末，長終幅，廣三寸。半幅，一尺也。終幅，二尺也。是總長三尺。

賻

賻，助也。贈者赴也。所以助生追死，追遠思終，副至意也。貨財曰賻，車馬曰賵，玩好曰贈，衣被曰襚。贈之爲言稱也，襚之爲言遺也。

《曲禮》：『吊喪不能賻，不問其所遺。』

《穀梁傳》：『乘馬曰賵，衣衾曰襚，貝玉曰唅，錢財曰賻。賻賵，所以佐生。贈襚，所以送死。』

《少儀》：『賻者既致命，坐委之，擯者舉之，主人無親受也。』

子柳之賻，孔子之賻。子柳之母死，既葬，子碩欲以賻布之餘具祭器。子柳曰：『不可。吾聞之也，君子不家，請班諸兄弟之貧者。』孔子之衛，遇舊館人之喪，入而哭之哀。出，使子貢脱驂而賻之。曰：『予鄉者入而哭之，遇於一哀而出涕。予惡夫涕之無從也。』

伯高之喪，冉子攝束帛乘馬而將之。柳莊之喪，衛公不釋服而往襚之。

平子之卒，贈以珠玉。友人之喪，陳以匹縑。平子之卒，贈以珠玉。孔子聞之，曰：『送死以寶玉，是猶暴死於中原，示人以奸利之端。』《家語》。後漢王丹，字仲回，好施周給。

遭喪者，輒待丹爲辯。時河南太守同郡陳遵友人喪親，爲護喪事，賻助甚豐。丹乃懷縑一匹，陳之於主人前，曰：『如丹，此縑出自機杼。』遵聞而有慚色。

王戎辭賻，原涉讓送。王渾爲凉州刺史，卒，故吏賻贈數百萬，其子戎辭而不受。由是顯名。漢原涉祖父爲南陽太守，死，官賦斂送葬，皆千萬以上。涉讓還之。

管幼安之辭賻，郭元振之與錢。管寧喪父，中表愍其孤貧，盛共贈賻。悉辭不受，稱財以送終。唐郭震，年十六，與薛稷、趙彦昭同爲太學生。家嘗送錢四十萬。會有衰服者叩門，自言五世未葬，願假以治喪。元振舉與之，少無吝色。一不質名氏。

柳仲塗之遺書生，范堯夫之付曼卿。河東柳仲塗，少時縱飲酒肆。有書生貧，未能葬其父母。先生罄其資，得白金百兩，錢數萬，以遺之。議者以郭代公之義不遠過。范文正在睢陽，遣堯夫到姑蘇搬麥五百斛。堯夫時尚少。既還舟，次丹陽。見石曼卿。曰：『三喪在淺土，欲葬之而北歸，無可謀者。』堯夫以所載麥舟付之。到家，侍立良久。文正曰：『東吴見故舊乎？』曰：『曼卿爲三喪未舉，方滞丹陽，時無郭元振，無可謀者。』文正曰：『何不以麥舟與之？』堯夫曰：『已付之矣。』

歐陽子之勿受，孟獻子之歸還。歐陽地餘，貴幸至少府。戒子曰：『我死，官屬送汝財，勿受也。』子如父命。天子嘉之，賜錢百萬。孟獻子之喪，司馬旅歸四布。夫子曰：『可也。』使旅下士歸還四方賻主人之泉布。

陳禾詩：『送喪忽見三千乘，奉税那聞五百金。』

漢婁護母死，送葬者車二三千乘。

漢朱建母死，貧，方假貸服具。辟陽侯奉百金税，贈死者衣曰税。列侯貴人往賻，凡五百金。

斂

三日而後斂者，以俟其生也。衣服之具，亦可以成矣。親戚之遠者，亦可以至矣。是聖人爲之斷決，以三日爲之禮制也。

《喪大記》：『小斂於户内，大斂於阼。君以簟席，大夫以蒲席，士以葦席。』

小斂：布絞，縮者一，横者三析爲三片。君錦衾，大夫縞衾，士緇衾，皆一。衾十有九稱。君陳衣于序東，大夫、士皆陳衣于房中，皆西領北上。絞衾不在列。

大斂：布絞，縮者三，横者五。布紟，二衾。君、大夫、士［一］也。君陳衣于庭，百稱，北領，西上。大夫陳衣于序東，五十稱，西領，南上。士陳衣于序東，三十稱，西領，南上。

絞、衾如朝服〔一〕。絞一幅爲三，不擘。紟五幅，無紞。縮者三，謂一幅直用，裂其兩頭爲三片也。横者五，謂以布二幅分裂作六片，而用五片横於直者之下也。紟在絞下，用以舉尸。如朝服布，如朝服十五升。絞一幅爲三不擘者，一幅兩頭，分爲三段，而中不擘裂也。紟五幅，用以舉尸者。無紞，謂被頭不用組紐之類，爲識别也。

小斂之衣，祭服不倒。君無襚，大夫、士畢主人之祭服。親戚之衣，受之，不以即陳。小斂，君、大夫、士皆用複衣複衾。大斂，君、大夫、士祭服無算。君褶衣褶衾，大夫、士猶小斂也。註：小斂十九稱，不悉着於身，但取其方，故有領在下者。惟祭服尊，故必領在上也。君褶衣，謂悉用己衣，不用大夫襚送者。大夫、士盡用己衣，然後用襚，言祭服舉尊美者言之也。複衣，複衾，衣衾之有綿纊者。褶衣褶衾，衣衾之裌。

袍必有表，不禪。禪露。衣必有裳，謂之一稱。

凡陳衣者，實之篋。取衣者，亦以篋。升降者，自西階。凡陳衣不屈，舒而不卷。非列采不入，絺綌紵不入。非列采，間色、雜色也。暑亦用袍，故絺綌紵布皆不入也。

凡斂者袒，其事煩，故袒以取便。遷尸者襲。其事易，故不袒。君之喪，太胥是斂，衆胥佐之。大夫之喪，太胥侍之，衆胥是斂。士之喪，胥爲侍，士是斂。胥讀爲祝。

小斂大斂，祭服不倒，皆左衽衣襟。結絞不紐。結絞不紐者，死時無復解義，故絞束畢結之，不爲紐也。

〔一〕今按：『衾』，《十三經注疏》本《禮記・喪服大記》作『紟』。

斂者既斂，必哭。士與其執事者則斂，斂焉則爲之一不食。凡斂者六人。

君錦冒黼殺，綴旁七。大夫玄冒黼殺，綴旁五。士緇冒赬殺，綴旁三。凡冒，質長與手齊，殺三尺。自小斂以往用夷衾，質殺之裁猶冒也。冒者，韜尸之二囊。上曰質，下曰殺。先以殺韜足而上，後以質韜首而下。其制縫合一頭，又縫連一边，餘一边不縫。綴旁七者，不縫之边，上下安七帶，綴以結之也。夷衾與質殺之制，皆覆冒尸形而作。

君將大斂，子弁絰，即位于序端。卿大夫即位于堂簾楹西，北面，東上，父兄堂下，北面。夫人命婦尸西，東面，外宗房中南面。小臣鋪席，商祝鋪絞、紟、衾、衣，士盥于盤上，士舉遷尸于斂上。卒斂，宰告，余。子馮之踊，夫人東面亦如之。

大夫之喪，將大斂，既鋪絞、紟、衾、衣。君至，主人迎，先入門右，巫止于門外。君釋菜，祝先入，升堂。君即位于序端。卿大夫即位于堂簾楹西，北面，東上。主人房外，南面。主婦尸西，東面。遷尸。卒斂，宰告，主人降，北面于堂下，君撫之。主人拜稽顙。君降，升主人馮之，命主婦馮之。

士之喪，將大斂，君不在，其餘禮猶大夫也。

鋪絞紟踊，鋪衾踊，鋪衣踊，遷尸踊，斂衣踊，斂衾踊，斂絞紟踊。此踊之節也。

君撫大夫，撫内命婦。大夫撫室老，撫姪娣。君大夫馮父、母、妻、長子，不馮庶子。士馮父、母、妻、長子、庶子。庶子有子，則父母不馮其尸。凡馮尸者，父母先，妻子後。君於臣撫之。父母於子執之，子於父母馮之。婦於舅姑奉之。舅姑於婦撫之。心胸。妻於夫拘之。牽引其衣。夫於妻昆弟執之。衣。馮尸不當君所。凡馮尸，興必踊。

小斂之奠。子游曰『於東方』，曾子曰『於西方』。斂斯席矣。小斂之奠在西方，魯禮之末失也。

《左・隱公元》：『衆父卒。公不與小斂，故不書日。』禮，卿佐之喪，小斂大斂君皆親臨之，崇恩厚也。

君喪

《漢書》：大行，往而不復，故曰大行也。

《曲禮》：『天子未除喪，曰予小子。生名之，死亦名之。』晋有小子侯，是僭號也。

吕氏稱制，文帝遺詔。八月，惠帝崩。九月，葬安陵。太子即位，他人子。太后稱制。

發明：『天下不可一日無主。今惠帝以八月書崩，而太子乃以九月始書即位，至於曠月無君。吕氏擅朝之罪，可勝言哉？』文帝遺詔短喪。遺詔曰：『死者，天地之理，物之自然。奚可甚哀？當今之世，咸嘉生而惡死，厚葬以破業，重服以傷生，吾甚不取。其令天下吏民，令到出臨三日皆釋服，毋禁嫁娵祠祀，飲酒食肉。服蹻者，皆無跣，經帶毋過三寸，毋布車。不以布蒙。殿中當臨者，皆以朝夕各十五舉哀。大功十五日，小功十四日，纖七日，釋服。霸陵山川因其故，毋有所改。』

胡氏曰：『孝文溺於小仁，短喪廢禮，信有罪矣。然行而有悖於義，雖有父令，不可從也。況三年之喪，所以盡生者之孝心，又非父之所得令者也。然則孝景之薄于君親，其罪益大矣。』

賀善曰：『晉愍之世，盜发霸陵，得金帛。薄葬之制，景帝未嘗從也。三年之喪，臣子所以自盡其心者。使景帝於此斷以從令，非孝之義。一由古禮，後世孰敢踵其失哉？《綱目》不書，始責不專，在文帝也。』

太子欣之即位，漢安帝之行喪。綏和二年三月，帝崩。夏四月，太子欣即位。發明：『三月書帝崩，四月書太子即位，則是曠月無君也。考之前史，自丙戌至丙午，蓋亦再閱旬矣。況去春已定儲極，中外晏安，又非創卒無嗣之比，奚爲淹留若此？意者王氏擅朝，政柄有屬，是以詔罷泰疇，復南北郊。《綱目》特揭太后，書之于中，以見權之所在爾。夫禮，莫重於祭。祭，莫重於郊。國嗣未立，而太后以一婦人舉行其典，不急於置君，而急於祠祀，是尚得爲知本乎？漢室至是，蓋已亡而未滅爾，又何待於新莽之篡而後見哉？噫！』元初三年冬，司徒劉愷以爲非所以師表百姓，宣美風俗，乃詔聽大臣行三年喪。書法：『書初何？嘉復禮也。』

建光行喪，安帝發喪。建光元年，復斷大臣行三年喪。尚書令祋丁外反。諷等奏：『孝文定約禮之制，光武絕告寧之典，吉曰告，凶曰寧。貽則當世，誠不可改。』陳忠疏曰：『高祖創志，有寧告之科。建武之初，政趣簡易。禮義之方，實爲凋損。願陛下登高北望，以甘陵之思揆度臣子之心，則海内咸得其所。』宦官寢忠疏。甘陵，安帝追尊清河孝王曰孝德皇，妃曰孝德后。書法：『書，惜之也。』安帝崩于葉，還宫發喪。皇后與閻顯、樊豐等謀，以濟陰王在内，恐公卿立之，乃僞云『疾甚』。

漢冲帝之崩，梁主繹之喪。冲帝崩，梁太后以盜賊方盛，欲須所徵諸王發喪。李固曰：『秦皇沙丘之謀，近日北鄉之事，皆天下大忌，不可之甚者也！』即[暮]廢喪。秦皇崩，趙秘不發喪。北鄉侯薨，閻秘不發喪。周宇文覺元年，周人歸梁主繹之喪于王琳。書法：『于王琳何？琳請之也。故書美之。』

永興二年復聽刺史二千石行三年喪，延熙元年復斷刺史二千石行三年喪。

書法：『自安帝復斷行三年喪，至是桓帝。三十四年矣。復書聽行，而止於刺史二千石，惜哉！』書法：『安帝六年而復斷，桓帝亦六年而復斷。』

漢霸陵之發，齊主洋之殂。晉愍帝建興三年，盜發漢霸、杜二陵及薄太后陵，得金帛甚多。朝廷以用度不足，詔收其餘，以實内府。發明：『此亦可爲厚葬者之戒。按發陵一款，行喪數款，君喪之聞，似着不得而書。發陵者，以終文帝薄葬之制也。書行喪者，以終文帝短喪之制也。』齊主洋殂，群臣無下泣者。唯楊愔涕泗嗚咽。

秦皇初四年太后虵氏卒，魏太和十四年太后馮氏殂。

秦主興哀毁過禮，不親庶政。尚書郎李嵩疏曰：『孝治天下，先王之高事也。宜遵聖性，以光道訓。』既葬之後，素服臨朝。書法：『書虵氏何？嘉興孝也。』魏主勺飲不入口者五日。楊椿諫曰：『聖人之禮，毁不滅性。』帝感其言，爲之一進粥。高閭等曰：『逾月而葬，葬而即吉。此金册遺旨也。』魏主號慟而入，群臣亦哭而出。書法：『太后前書弑其主矣。主幼不知，大臣其不知乎？生不能正，死而絶之，可也。而魏主且致孝焉。蓋魏主之至性有過人者，知古禮之當復，而不知大讎之不可忘。則朝無大臣故也。』

魏主之祭，晋王之哀。十五年，魏主謁陵。逾月，設薦於太和廟，始進蔬食。九月，祥祭于廟。十月，謁永固陵。十一月，禫祭。發明：『譏魏主薄於其父而厚於其父之讎爾。』晋王李克用卒，子存勖哀哭久未出。張承業入曰：『大孝者，不墜家業。多哭何爲？』因扶存勖出襲位。

孝成帝之慎終，孝成帝之山陵。孝成帝即位，匡衡疏曰：『陛下秉至孝，哀傷思慕不絶於心，誠隆於慎終追遠無窮已也。竊願陛下雖聖性得之，猶復加聖心焉。』成帝山陵未成，而曲陽侯根、成都侯況，取掖庭女樂，置酒歌舞，無人臣禮。

周主之跣，燕主之跣。三年，叱奴大夫殂。周主居倚廬，朝夕進一溢米。二十兩曰溢。及葬，跣行至陵所。《喪大記》：『朝一溢米，暮一溢米。一溢，二十四分升之一也。』胡氏曰：『自漢文短喪之後，能斷然行三年者，惟晋武、魏孝文、周高，可謂難得矣。然晋武既爲裴傅所惑，行禮不備。孝文之禮若備矣，而服非所服。周高衰麻苫塊，卒三年之禮，最爲賢行。然惟明通喪止於五服之内，不及群臣，又，在喪頻出遊幸，無門庭之寇，興師伐鄰，由高祖不學，左右無稽古之臣以輔成之也。』書法：『書，嘉終喪也。』燕光始九年，燕主熙爲其母苻氏起承華殿。典軍杜静載棺極諫，斬之。苻氏季夏思凍魚，熙下有司，切責不得，斬之。四月，苻氏卒。哭之絶而復蘇。斬衰，食粥，命百官哭，無泪者罪之。又以其嫂張氏爲殉。葬苻氏，被髮徒跣，從二十餘里。養子雲執熙殺之。

王莽之意不在哀，竇巷〔一〕之哭而輟哭。莽母恭〔二〕顯君死，意不在哀，自以居攝踐祚奏

〔一〕今按：『巷』，當爲『卷』。下文『太子竇卷』，是。

〔二〕今按：『恭』，《前漢書》卷九十九作『功』，是。

漢大宗之後，爲功顯君緦麻弁而加麻環絰，如天子吊諸侯服，凡一朝再會，而令孫新都侯宗爲主服喪三年。齊主鸞殂，太子寶卷即位，惡靈在太極殿，欲速葬。徐孝嗣固争，得逾月。每當哭，輒云喉痛。大中大夫羊闡入臨，無髪，俯仰幘脱，寶卷輒〔一〕哭大笑，謂左右曰：『秃鶖啼來乎？』以其髪秃而頸長也。

魏主設宴，晋主除喪。建安廿五，魏主丕南巡至譙，大饗軍士。父老設伎樂百戲，吏民上壽。孫盛曰：『三年之喪，自天子達于庶人。雖三季之末，七雄之故，未之有廢也。逮于漢文，變易古制，人道之紀，一朝而廢，固已道薄當年，風頽百代矣。魏主處哀而設宴樂，居始而墮化基。及至受禪，顯納二女，是以知王齡之不遐，卜世之期促也。』晋后楊氏殂。既葬，晋主及群臣除喪。博士陳逵以爲太子無國事，自宜終服。尚書杜預曰：『古者天子諸侯，三年之喪，始同齊斬。既葬除服，諒闇以居心喪終制，故周公不言，叔向不譏。高宗服喪三年而云諒闇，此服心喪之文也。景王除喪，而譏其宴樂，已早明既葬應除，而違諒闇之節也。君子之於禮，存諸内而已。禮非玉帛之謂，喪豈衰麻之謂乎？太子出則撫軍，守則監國，不爲無事。宜卒哭，除衰麻，而以諒闇終三年。』晋主從之。司馬公曰：『規矩主於方

〔一〕　今按：『輒』，《資治通鑒》卷一百四十一作『輟』，是。

圓。然庸工無規矩，則方圓不可得而除也。衰麻主於哀戚，然庸人無衰麻，則哀戚不可得而勉也。杜預巧飾經傳，以附人情。辯則辯矣，然不若陳逵之言質略而敦實也。』

晋主除服，晋主素服。文帝之喪，三日除服。既葬，晋主亦除之。然素冠蔬食，哀毁如居喪者。司馬公曰：『三年之喪，自天子達于庶人，此先王禮經百世不易者也。漢文變古壞禮，絶父子之恩，虧君臣之義。至於晋武，獨以天性矯而行之，可謂不世之賢君。而裴裴秀。傅傅玄。之徒，固陋庸臣，習常玩古，不能將順其美。惜哉！』晋主居喪，太后王氏。一遵古禮。既葬，有司請除喪服。詔曰：『受終身之愛，而無數年之報，情所不忍也。』群臣請不已，然猶素服以終三年。

晋帝緦麻，成主喪禮。晋哀興寧元年，皇太妃周氏薨。帝欲服三年。僕射江霦啓：於禮應服緦麻，帝猶欲服期。霦曰：『厭屈私情，所以上嚴祖考。』乃服緦麻。成主雄生瘍於頭，諸子惡而遠之。獨太子般晝夜侍側，不脱衣冠，親爲吮膿。及卒，即位，政事皆委於建寧王爵、司徒何點、尚書令王環，般居中行喪禮。

齊河清元年，高湛。周建德六年。太后婁氏殂，齊主不改服，緋袍登三臺，置酒作樂。周主邕殂，太子贇即位，曾無戚容。捫其杖痕，大罵曰：『死晚矣。』閱視宫人，逼而淫之。獨孤皇后之崩，寧德皇后之訃。仁壽元年，皇后獨孤氏崩。太子對帝及宫人哀慟絶氣，若不勝喪者。其處私室，飲食言笑如平常。又每朝令進二溢米，而私取肥肉脯鮓，置竹筒中，以蠟閉口，衣襆裹而納之。紹興寧德皇后訃音。陳之茂疏：『十年罹難，終不返於蒼梧；萬國含冤，徒盡簪于白柰。』

武王之喪，成王之命。《書·大誥》王若曰：『猷，大誥爾多邦，越爾御事。弗吊，天降割于我家，不少延。』甲子，王乃洮額水。相被冕服，憑玉几。王曰：『嗚呼！今天降疾，殆弗興弗悟。』越翼日乙丑，王崩。

齊桓公之卒，楚文王之卒。齊侯好内，多内寵。管仲卒。五公子皆求立。冬十月乙亥，齊桓公卒。十二月乙亥赴，辛巳夜殯。六十七日乃殯，十一月而葬。莊公四年，楚文王卒於樠木之下。令尹鬥祈、莫敖屈重除道梁槎〔一〕水，營軍臨隨。隨人懼，行成。莫敖以王命入盟隨侯。濟漢而後發喪。

衛太子之不哀，魯公子之不哀。《成公十四》：衛定公卒，夫人姜氏見太子之不哀也，不納酌飲，嘆曰：『是夫也，惟不惟衛國之敗，其必始於未亡人。行無禮，必從己始。嗚呼！天禍衛國也夫！』

〔一〕今按：『槎』，《十三經注疏》本《左傳正義》作『溠』。

棺椁

《説文》：『棺，關也。而以掩尸〔一〕。』又曰櫬，又曰櫝，小棺曰槥。

天子之棺四重，水兕革棺被之，其厚三寸，杝棺一，梓棺二，四者皆周。棺束縮二横三，衽每束一。柏椁以端頭也。長六尺。

君即位而爲椑，歲一桼之，藏焉。蓋杝棺也，桼之堅强甓甓然。故名椑。

有虞氏瓦棺，夏后氏堲周。

殷人棺椁，周人牆置翣。周人以殷人之棺椁葬長殤，以夏后氏之堲周葬中殤，以有虞氏之瓦棺葬無服之殤。

昔者，夫子居於宋，見桓司馬自爲石椁，三年而不成。夫子曰：『若是其靡也，死不如速朽之愈也。』死之欲速朽，爲桓司馬言之也。

孟子自齊葬於魯，反於齊，止於嬴。充虞請曰：『前日不知虞之不肖，使虞敦匠事。嚴

〔一〕今按：『而以掩尸』，中華書局版《説文解字》作『所以掩尸』。

不敢請。令〔一〕願竊有請也，木若已美然。』曰：『古者棺椁無度。中古椁〔二〕七寸，椁稱之。自天子達於庶人，非直爲觀美也，然後盡於人心。不得，不可以爲悦。無財，不可以爲悦。得之爲有財，古之人皆用之，吾何爲獨不然？且比他〔三〕者，無使土親膚，於人心獨無恔乎？吾聞之也：君子不以天下儉其親。』

《記》：虞人，致百祀之木，可以爲棺椁者，斬之。不至者，廢其祀，刎其人。

《喪大記》：君大棺八寸，屬六寸，椑四寸。上大夫棺八寸，屬六寸。下大夫棺六寸，屬四寸。士棺六寸。大棺在外，屬在大棺内，椑在屬内。君裏棺用朱緑，用雜金鐕。釘也。大夫裏棺用玄緑，用牛骨鐕。士不飾〔四〕。君蓋用柒，三衽三束。大夫蓋用柒，二衽二束。士蓋不用柒，二衽二束。君殯用輴，盛柩車。大夫殯用以幬，士殯見衽，塗［上帷之］。飾棺，君龍帷，三池。柳車畫龍，織竹爲籠。大夫畫帷，二池。士布帷，一池。君松椁，大夫柏椁，士雜木椁。棺椁之間，君容柷，樂器。大夫容壺，士容甒。

〔一〕今按：『令』，《十三經注疏》本《孟子・公孫丑下》作『今』。
〔二〕今按：『椁』，《十三經注疏》本《孟子・公孫丑下》作『棺』。
〔三〕今按：『他』，《十三經注疏》本《孟子・公孫丑下》作『化』。
〔四〕今按：『飾』，《十三經注疏》本《禮記・喪大記》作『緑』。

構櫝〔一〕，小棺也。晏《類要》。

杖

《問喪》或問曰：『杖者，何也？』曰：『竹、桐〔二〕一也。故爲父苴杖，苴杖，竹也。爲母削杖，削杖，桐也。』

或問曰：『杖者以何爲也？』曰：『孝子喪親，哭泣無數，服勤三年，身病體羸，以杖扶病也。則父在，不敢杖，尊者在故也。堂上不杖，避尊者之處也。堂上不趨，示不遽也。此孝子之志也，人情之實也，禮義之經也。非從天降也，非從地出也，人情而已矣。』

《喪服四制》：『杖者何也？爵也。三日授子杖，五日授大夫杖，七日授士杖。或曰擔主，或曰輔病。婦人童子不杖，不能病也。百官備，百物具，不言而事行者，扶而起；言而后事行者，杖而起；身自執事而后行者，面垢而已。秃者不髽，傴者不袒，跛者不踊，老病不止酒肉。凡此八者，以權制者。』

《喪服小記》：『苴杖，竹也。削杖，桐也。』疏曰：『苴者，黯也。削者，殺也。體圓性

〔一〕今按：『構櫝』，《古今事文類聚》前集卷五十六引晏殊《類要》作『槥櫝』。

〔二〕今按：『曰、竹、桐』三字，據《禮記・問喪》篇補。原文缺此三字，義不可通。

貞，四時不改，禮伸痛極，自然圓足，有終身之痛也。隨時凋落，外雖削殺，服從時除，而終身之心，當與父同也。』

《雜記》：『古者貴賤皆杖。叔孫武叔朝，見輪人以其杖關穿。轂而輠迴。輪者，於是有杖〔一〕而後杖也。以其衰服之杖穿於轂中，而迴轉其輪，鄙褻甚矣。

周禮，肆師之職，且授之杖。

括髮袒免

斬衰，括髮以麻，爲母括髮以麻，免而以布。

奔父之喪，括髮於堂上，袒降踊，襲絰于東方。

奔母之喪，不括髮，袒於堂上，降踊，襲免于東方。

袒括髮，變也。慍哀之變也。去飾，去美也。袒括髮，去飾之甚也。有所袒，有所襲，哀之節也。

《問喪》：婦人不宜袒。或問曰：『冠者不肉袒，何也？』曰：『冠至尊也，不居肉袒之體也，故爲之免以代之也。然則禿者不免，傴者不袒，跛者不踊，非不悲也，身有錮疾，不可

〔一〕今按：『杖』，《十三經注疏》本《禮記·雜記》作『爵』。

以備禮也。』或問曰：『免者以何爲也？』曰：『不冠者之所服也。《禮》曰：「童子不緦，惟當室緦。」緦者其免也，當室則免而杖矣。』

公儀仲子之喪，檀弓免焉。註：袒免，本五世之服。而朋友之死於他邦而無主者，亦爲之免。仲子之於檀弓，既非五世之親，其喪又非死於他邦者，檀弓爲之免焉。蓋非所服而服之也。陳氏曰：『公儀仲子舍孫立子，而檀弓吊以免。司寇惠子舍嫡立庶，而子游吊以麻衰。皆重其服，以譏之。』

辟踊

辟踊，哀之至也。有筭。爲之節文也。撫心爲辟，跳躍爲踊。一踊三跳，三踊九跳，爲一節。士三日有三次踊，大夫四日五踊，諸侯六日七踊，天子八日九踊。

《雜記》：『公七踊，大夫五踊，士三踊。』

《喪大記》：『鋪絞紟踊，鋪衣踊，遷尸踊，斂衣踊，斂衾踊，斂絞紟踊。凡馮尸，興必踊。君稱言，視祝而踊。主人踊，夫人吊於大夫士。夫人視世子而踊。君吊，見尸柩而后踊。』

髽

魯婦人之髽而吊也，自敗於臺鮐始也。

南宮縚之妻之姑之喪，夫子誨之髽曰：『爾無從從爾，從從，高也。爾無扈扈爾。扈扈，廣也。蓋榛以爲笄，長尺而總八寸。』

秃者不髽。

衰絰

《檀弓》：絰也者，實也。麻在首，在要，皆曰絰。分言之，則首曰絰，帶曰要。絰之言實，明孝子有忠實之心也。首絰象緇布冠之，缺項。要絰象大帶。又有絞帶，象革帶，齊衰以下用布。

朱子曰：『首絰大一搤，是拇指與第二指一圍。要絰較小，絞帶又小於要絰。要絰象大帶，兩頭長垂下，絞帶象革帶，一頭有彄子，以一頭串於中而束之。斬衰括髮以麻，爲母括髮以麻，免而以布。斬衰之葛，與齊衰之麻，同齊衰之葛，與大功之麻同。』

懸子曰：『綌衰繐裳，非古也。』

方氏曰：『葛之粗而郤者謂之綌，布之細而疏者謂之繐。五服一以麻，各有升數。若以綌爲衰，以繐爲裳，則取其輕涼而已，非古制也。』

《周禮》：閭師，凡庶民，不績者不衰。喪不得衣衰。

《周禮》：肆師之職，禁外內，命男女之衰不中法者。

《襄公三十一》：立公子裯。穆叔曰：『是人也，居喪而不哀，在慼而有嘉容，是謂不度。不度之人，鮮不爲患。』比及葬，三易衰。衰衽如故。於是昭公十九年矣，猶有童心，君子是以知其不能終也。二十五年，孫於齊。

赴以庚戌，宴以文伯。《隱公三年》：春，王正月，壬戌，天王崩。赴以庚戌，故書之。以壬戌崩，欲諸侯之速至，故遠日以赴。《昭公十五年》：太子壽卒。王穆后崩。晋荀躒如周，葬穆后。既葬除喪，以文伯宴。王曰：『伯氏諸侯，皆有以鎮撫王室，晋獨無有，何也？』叔向曰：『王其不終乎！王一歲而有三年之喪二焉，於是乎以喪賓宴，又求彝器，樂憂甚矣，且非禮也。三年之喪，雖貴遂服，禮也。王雖不遂，宴樂以早，亦非禮也。禮，王之大經也。一動而失二禮，無大經矣。既不遂服，又設宴樂。』

鄭姒之薨，魯公之薨。《襄公四》：鄭姒薨，不殯于廟，無櫬不虞。匠慶謂季文子曰：『子爲正卿，而小君之喪不成，不終君也。君長，誰受其咎？』《成公十八》：公薨于路寢，言道也。

平公之卒，穆公之喪。《昭公十年》：晋平公卒。諸侯之大夫欲因見新君。叔向辭之曰：『孤斬焉在衰絰之中。』穆公之母卒，哭泣之哀。曾申參子。曰：『齊斬之情，饘粥之食，自天子達。布幕，衛也。綃幕，魯也。』

子張之問，昭子之問。子張問曰：『《書》云「高宗三年不言」，有諸？』仲尼曰：『胡爲其不然也？古者天子崩，王世子聽於冢宰三年。』悼公之喪，季昭子問於孟敬子曰：『爲君何食？』敬子曰：『食粥，天下之達道也。吾三臣者之不能居公室也，四方莫不聞矣。勉而爲瘠，則吾能。毋乃使人疑夫不以情居瘠者乎哉？我則食食。』《記》。

魯昭公之不慼，莒郊公之不慼。《昭公十一年》：齊歸薨，大搜于比蒲，非禮也。九月，葬齊歸，公不慼。晋士趙曰[一]：『必爲魯郊，不思親，祖不歸也。』叔向曰：『魯公室其卑乎？君有大喪，國不廢搜。有三年之哀[二]，無一日之慼。國不恤喪，不忌君也。君無慼容，不顧親也。』二十五，孫于齊。十四年，莒著丘公卒，郊公不慼。國人不順，郊公奔齊。

宋穆公之言，宋元公之言。《隱公三年》穆公疾，曰：『若以大夫之靈，得保首領以没。』《昭公二十五年》元公曰：『若以群子之靈，獲保首領以没。』

李白《飛龍引》：黄帝鑄鼎於荆山，鍊丹砂。丹砂成黄金，騎龍飛上太清家。雲愁海思令人嗟。宫中綵女顔如花。飄然揮手凌紫霞。從風縱體登鸞車。登鸞車，侍軒轅。遨遊

[一] 今按：『晋士趙曰』，《左傳·昭公十一年》作『晋士之送葬者歸以語史趙，史趙曰』。
[二] 今按：『有三年之哀』，《左傳·昭公十一年》作『有三年之喪』。

青天中，其樂不可言。

又：鼎湖流水清且閑。軒轅去時有弓釖〔一〕，古人傳道留其間。騎龍攀天造天闕〔二〕。後天造天闕，聞天語，長雲〔三〕河車載玉女。載玉女，過紫皇，紫皇乃賜白兔所搗之藥方。後天而老凋三光。下視瑶池見王母，蛾眉蕭颯如秋霜。

王姬之喪，獻公之喪。齊告王姬之喪，魯莊公爲之大功。或曰：『由魯嫁，故爲之服姊妹之服。』或曰：『外祖母也，故爲之服。』晉獻公之喪，秦穆公使人吊公子重耳。舅犯曰：『孺子其辭焉！喪人無寶，仁親以爲寶。』公子稽顙而不拜。

《孟》：齊宣王欲短喪。公孫丑曰：『爲期之喪，猶愈於已乎？』孟子曰：『是猶或紾其兄之臂，子謂之姑徐徐云爾，亦教之孝弟而已矣。』

問喪

親始死，笄纚〔四〕徒跣，扱上衽，交手哭。惻怛之心，痛疾之意，傷腎乾肝焦肺，水漿不

〔一〕今按：『釖』，上海古籍出版社瞿蜕園、朱金城著《李白集校注》作『劍』。
〔二〕今按：『闕』，上海古籍出版社瞿蜕園、朱金城著《李白集校注》作『關』。
〔三〕今按：『長雲』，上海古籍出版社瞿蜕園、朱金城著《李白集校注》作『屯雲』。
〔四〕今按：『笄纚』，《十三經注疏》本《禮記·問喪》作『鷄斯』。

入口，三日不舉火，故鄰里爲之糜粥以飲食之。夫悲哀在中，故形變於外也。痛疾在心，故口不甘味，身不安美也。三日而斂，在牀曰尸，在棺曰柩。動尸舉柩，哭踊無數。惻怛之心，慟疾之意，悲哀志滿氣盛，故袒而踊之，所以動體安心下氣也。婦人不宜袒，故發胸擊心爵踊，殷殷田田，如壞墻然，悲哀痛疾之至也。故曰『辟踊哭泣，哀以送之』。送形而往，迎精而反』也。其往送也，望望然，汲汲然，如有追而不及也。其反哭也，皇皇然，若有求而不得也。故其往送也如慕，其反也如疑。求而無所得之也。入門而弗見也，上堂又弗見也，入室又弗見也。亡矣喪矣，不可復見已矣！故哭泣辟踊，盡哀而已〔一〕矣。心悵焉愴焉，惚焉愾焉，心絶志悲而已矣。祭之宗廟，以鬼享之，徼幸復反也。成壙而歸，不敢入處室，居於倚廬，哀親之在外也。寢苫枕塊，哀親之在土也。故哭泣無時，服勤三年，思慕之心，孝子之志也，人情之實也。

或問曰：『死三日而後斂者，何也？』曰：『孝子親死，悲哀志懣，故匍匐而哭之，若將復生然，安可得奪而斂也？故曰：三日而後斂者，以俟其生也。三日而不生，亦不生矣。孝子之心，亦益衰矣。家室之計，衣服之具，亦可以成矣。親戚之遠者，亦可以至矣。是故

〔一〕 今按：『已』，《十三經注疏》本《禮記·問喪》作『止』。

聖人爲之斷決，以三日爲之禮制也。』或問曰：『冠者不肉袒，何也？』曰：『冠，至尊也，不居肉袒之體也，故爲之免以代之也。然則禿者不免，傴者不袒，跛者不踊，非不悲也，身有錮疾，不可以備禮也，故曰「喪禮唯哀爲主」矣。女子哭泣悲哀，擊胸傷心，男子哭泣悲哀，稽顙觸地無容，哀之至也。』

或問曰：『免者以何爲也？』曰：『不冠者之所服也。《禮》曰：「童子不緦，唯當室緦。」緦者其免也，當室則免而杖矣。』

或問曰：『杖者，何也？』曰：『竹、桐一也。故爲父苴杖，苴杖，竹也。爲母削杖，削杖，桐也。』

或問曰：『杖者以何爲也？』曰：『孝子喪親，哭泣無數，服勤三年，身病體羸，以杖扶病也。則父在，不敢杖矣，尊者在故也。堂上不杖，避尊者之處也。堂上不趨，示不遽也。此孝子之志也，人情之實也，禮義之經也。非從天降也，非從地出也，人情而已矣。』

按：《問喪》即《禮經》第三十五之一前半篇，通論孝子悲哀痛疾之意。後半篇列問喪、禮斂、袒免、杖之義。斂袒免杖之義，余既逐節以録於前，又以《問喪》别立一門，載於《君喪》之下，《士喪》之上。

斬衰之哭，若往而不反。齊衰之哭，若往而不反。大功之喪，三哭而偯〔一〕。小功、緦麻，[哀]容可也。此哀之發於聲音者也。斬衰唯而不對，齊衰對而不言，大功言而不議，小功、緦麻議而不及樂。此哀之發於言語者也。斬衰三日不食，齊衰二日不食，大功三不食，小功、緦麻再不食。士與斂焉，則一不食。故父母之喪，既殯食粥，朝一溢米，暮一溢米。齊衰之喪，蔬食水飲，不食菜果。大功之喪，不食醯醬。小功、緦麻，不飲醴酒。此哀之發於飲食者也。父母之喪，既虞卒哭，蔬食水飲，不食菜果。期而小祥，食菜果。又期而大祥，有醯醬。中月而禫，禫而飲醴酒。始飲酒者，先飲醴酒。始食肉者，先食乾肉。父母之喪，居倚廬，寢苫枕塊，不稅脱。絰帶。齊衰之喪，居堊室，芐翦不納。芐蒲之可爲席者。大功之喪，寢有席。小功、緦麻，牀可也。此哀之發於居處者也。《間傳》。

喪服四制 此亦《禮經》第四十九之一。疏曰：以其記喪服之制，取於仁義禮智也。

凡禮之大體，體天地，法四時，則陰陽，順人情，故謂之禮。訾之者，是不知禮之所由生也。夫禮，吉凶異道，不得相干，取之陰陽也。喪有四制，變而從宜，取之四時也。有恩有理，有節有權，取之人情也。恩者，仁也。理者，義也。節者，禮也。權者，智也。其恩厚者

〔一〕今按：此句，《十三經注疏》本《禮記·間傳》作『大功之哭，三曲而偯』。

其服重，故爲父斬衰三年，以恩制者也。

門内之治恩掩義，門外之治義斷恩。資於事父以事君，而敬同，貴貴尊尊，義之大者也。故爲君亦斬衰三年，以義制者也。

三日而食，三月而沐，期而練，毁不滅性，不以死傷生也。喪不過三年，苴衰不補，墳墓不培。祥之日鼓素琴，告民有終也，以節制者也。資於事父以事母，而愛同。天無二日，土無二王，國無二君，家無二尊，以一治之也。故父在爲母齊衰期者，見無二尊也。

杖者何也？爵也。三日授子杖，五日授大夫杖，七日授士杖。或曰擔主，尊其爲主，假之以杖。或曰輔病。婦人童子不杖，不能病也。百官備，百物具，不言而事行者，扶而起。言而後事行者，杖而起。身自執事向〔一〕後行者，面垢而已。秃者不髽，傴者不袒，跛者不踊，老病不止酒肉。凡此八者，以權制者也。

始死，三日不怠，三月不解，期悲哀，三年憂，恩之殺也。聖人因殺以制節。此喪之所以三年，賢者不得過，不肖者不得不及，此喪之中庸也，王者之所常行也。《書》曰『高宗諒闇，三年不言』，善之也。王者莫不行此禮，何以獨善之也？曰：高宗者，武丁。武丁者，殷

〔一〕　今按：『向』，《十三經注疏》本《禮記・喪服四制》作『而』。

之賢王也。繼世即位，而慈良於喪。當此之時，殷衰而復興，禮廢而復起，故善之。善之，故載之《書》中而高之，故謂之高宗。三年之喪，君不言。《書》云：『高宗諒闇，三年不言。』此之謂也。然而曰「言不文」者，謂臣下也。禮：斬衰之喪，唯而不對。齊衰之喪，對而不言。大功之喪，言而不議。緦、小之喪，議而不及樂。父母之喪，衰冠、繩纓、菅屨，三日而食粥，三月而沐，期十三月而練冠，三年而祥。

比終茲三節者，仁者可以觀其愛焉，智者可以觀其理焉，强者可以觀其志焉。禮以治之，義以正之，孝子、弟弟、貞婦皆可得以察焉。

父母之喪，三年不從政。齊衰大功之喪，三月不從政。從政，給公家之力役。

曾子問 此亦《禮經》第七之一

曾子問曰：『君薨而世子生，如之何？』孔子曰：『祝聲三，告曰：「某之子生，敢告。」三日，少師奉子以衰，承藉而奉。祝先，子從，升自西階，殯前北面。祝聲三，曰：「某之子某，從執事敢見。」子拜稽顙，哭。子踊，襲衰杖。奠出。以名遍告于五祀山川。』註：奉子之人，拜而且哭，踊襲衰杖，成其子禮。

曾子問曰：『如已葬而世子生，則如之何？』孔子曰：『太宰、太宗從大祝而告于禰。三月，乃名于禰，以名遍告及社稷、宗廟、山川。』

曾子問曰：『並有喪，如之何？何先何後？』孔子曰：『葬，先輕而後重。其奠也，先重而後輕，禮也。其虞也，先重而後輕，禮也。』葬奪情，故先輕。奠奉養，故先重。吴亦奠，故先重。

曾子問曰：『將冠子，冠者至，揖讓而入，聞齊衰，大功之喪，如之何？』孔子曰：『内喪則廢。外喪則冠而不醴，撤饌而掃，即位而哭。如冠者未至，則廢。』冠者賓與贊禮之人，廟在門内，吉凶不可同處。喪在他處，可以加冠。如將冠子，而未及期日，而有齊衰、大功、小功之喪，則因喪服而冠。『除喪不改冠乎？』孔子曰：『天子賜諸侯大夫冕弁，服於大廟，歸設奠，服賜服。於斯乎有冠醮，無冠醴。父没而冠，則已冠，掃地而祭於禮〔一〕。已祭而見伯父叔父，而後饗冠者。』註：天子大夫，總角從事，因朝天子。天子廟中賜服，榮君之命，設奠告廟，服賜服矣。有冠之醮，無冠之醴。其禮如此，安得有除喪改冠之禮乎？齊衰以下，因喪服而冠，斬衰不可。

曾子問曰：『大功之喪，可以與於饋奠之事乎？』孔子曰：『豈大功耳，自斬衰以下皆可，禮也。』曾子曰：『不以輕服而重相爲乎？』太輕己之服，而重於相，爲乎。』孔子曰：『非此之謂也。天子諸侯之喪，斬衰者奠。臣皆斬衰，故云斬衰者奠。大夫齊衰者奠，士則朋友奠。不足則取於大功以下者，不足則反之。』又不足則取大功以上。凡喪奠，主人悲哀不服執事，故不親奠。

〔一〕　今按：『禮』，《十三經注疏》本《禮記·曾子問》作『禰』。

曾子問曰：『小功可以與於祭乎？吴與卒哭之祭。』孔子曰：『何必小功耳，自斬衰以下與祭，禮也。』曾子曰：『不以輕喪而重祭乎？』孔子曰：『天子諸侯之喪祭也，不斬衰者不與祭。大夫齊衰者與祭。士祭不足，則取於兄弟大功以下者。』此與祭，蓋喪祭爾，非吉祭也。

曾子問曰：『相識，有喪服可以與於祭乎？』孔子曰：『緦不祭，又何助於人？』此所謂祭，蓋吉祭也。

曾子問曰：『廢喪服，可以與於饋奠之事乎？』孔子曰：『説脱。衰與奠，非禮也。以擯相可也。』擯相事輕，亦或可耳。

曾子問曰：『昏禮既納幣，有吉日，女之父母死，則如之何？』孔子曰：『壻使人吊。如壻之父母死，則女之家亦使人吊。父喪稱父，母喪稱母。父母不在，稱伯父世母。壻已葬，壻之伯父致命女氏曰：「某之子有父母之喪，不得嗣爲兄弟，使某致命。」女氏許諾而不敢嫁，禮也。壻免喪，女之父母使人請，壻弗取而后嫁之，禮也。女之父母死，壻亦如之。』

曾子問曰：『親迎女在塗，而壻之父母死，如之何？』孔子曰：『女改服，布深衣，縞總以趨喪。總，束髮也。女在塗，而女之父母死，則女反。』『如壻親迎，女未至，而有齊衰大功之喪，則如之何？謂壻家也。』孔子曰：『男不入，改服於外次。女入，改服於内次，然後即位而哭。』曾子問曰：『除喪則不復昏禮乎？』孔子曰：『祭，過時不祭，禮也。又何反於初？』

曾子問曰：『女未廟見而死，則如之何？』孔子曰：『不遷於祖，不附於皇姑，婿不杖、不菲、不草屨。不次，哀次。歸葬于女氏之黨，示未成婦也。』

曾子問曰：『取女有吉日而死，如之何？』孔子曰：『婿齊衰而吊，既葬而除之。夫死亦如之。』

曾子問曰：『喪有二孤，廟有二主，禮與？』孔子曰：『天無二日，土無二王。嘗禘郊社，尊無二上，未知其爲禮也。喪之二孤，則昔者衛靈公適魯，遭季桓子之喪，衛君請吊。哀公辭，不得命。公爲主，客入吊。康子立於門右，北面。公揖讓，升自東階，西鄉。客升自西階吊。公拜興哭，康子拜稽顙於位。有司弗辯也。今之二孤，自季康子之過也。』『當七廟五廟無虚主。虚主者，惟天子崩，諸侯薨，與去其國，與祫祭於祖，爲無主耳。吾聞諸老聃曰：「天子崩，國君薨，則祝聚群廟之主而葬諸祖廟，禮也。卒哭成事，而後主各反其廟」。主聚祖廟象生者，爲凶事而聚也。』

子游問曰：『喪慈母如母，禮與？』孔子曰：『非禮也。古者，男子外有傅，内有慈母，君命所使教子也，何服之有？昔者魯昭公少喪其母，有慈母良，及其死也，公不忍也，欲喪之。有司以聞曰：「古之禮，慈母無服。今也君爲之服，是逆古之禮而亂國法也。若終行之，則有司將書之，以遺後世，無乃不可乎？」公曰：「古者天子練冠以燕居。」公不忍也，遂練冠以喪慈母。喪慈母，自魯昭公始也。』

曾子問曰：『諸侯旅見天子，入門，不得終禮，廢者幾？』孔子曰：『四。』『請問之。』曰：『太廟火，日食，后之喪，雨沾服失容，則廢。』

曾子問曰：『諸侯相見，揖讓入門，不得終禮，廢者幾？』孔子曰：『六。』『請問之。』曰：『天子崩，太廟火，日食，后、夫人之喪，雨沾服失容，則廢。』

曾子問曰：『天子嘗、禘、郊、社五祀之祭，簠簋既陳，天子崩，后之喪，如之何？』孔子曰：『廢。』

天子崩，未殯，五祀之祭不行。既殯而祭，其祭也，尸入，三飯不侑，酳不酢而已矣。酳，食畢而以酒漱口也。尸九飯畢，尸飲卒爵，酢主人。自啓至于反哭，五祀之祭不行，已葬而祭，祝畢獻而已。

曾子問曰：『諸侯之祭社稷，俎豆既陳，聞天子崩，后之喪，君薨，夫人之喪，如之何？』孔子曰：『廢。』

曾子問曰：『大夫之祭，鼎俎既陳，籩豆既設，不得成禮，廢者幾？』孔子曰：『九。』『請問之。』曰：『天子崩，后之喪，君薨，夫人之喪，君之太廟火，日食，三年之喪，齊衰，大功，皆廢。外喪自齊衰以下，行也。其齊衰之祭也，尸入三飯，不侑，酳不酢而已矣。大功，酢而已矣。小功、緦，室中之事而已矣。士之所以異者，緦不祭。所祭，於死者無服，則祭。』

曾子問曰：『三年之喪吊乎？』孔子曰：『三年之喪，練不群立，不旅行。君子禮以飾情，三年之喪而吊哭，不亦虚乎？』

曾子問曰：『大夫士有私喪，可以除之矣。而有君服焉，其除之也如之何？』孔子曰：『有君喪服於身，不敢私服，又何除焉？於是有過時而弗除也。君之喪服除，而后殷祭，大祥祭。禮也。』

曾子問曰：『父母之喪，弗除可乎？』孔子曰：『先王制禮，過時弗舉，禮也。非弗能勿除也，患其過於制也。故君子過時不除〔一〕，禮也。』

曾子問曰：『君薨既殯，而臣有父母之喪，則如之何？』孔子曰：『歸居于家。有殷事則之君所，朝夕否。朝夕則不往。』

曰：『君既啓，而臣有父母之喪，則如之何？』孔子曰：『歸哭而反送君。』

曰：『君未殯，而臣有父母之喪，則如之何？』孔子曰：『歸殯，反于君所。有殷事則歸，朝夕否。大夫室老行事，士則子孫行事。大夫内子有殷事，亦之君所，朝夕否。』

〔一〕今按：『過時不除』，《十三經注疏》本《禮記・曾子問》作『過時不祭』。

曾子問曰：『君出疆，以三年之戒，以椑從，君薨，其人如之何？』孔子曰：『供殯服，其國有司供殯服。則子麻弁絰，疏衰菲杖，入自闕，毀門空缺。升自西階。如小斂，則子免而從柩，入自門，升自西階〔一〕。君、大夫、士，一節也。』

曾子問曰：『君之喪既引，聞父母之喪，如之何？』孔子曰：『遂既封而歸，不俟子。』遂，送君柩也。既窆而歸，下棺即歸也。不俟子，不待孝子反，而己先返也。

曾子問曰：『父母之喪既引及塗，聞君薨，如之何？』孔子曰：『遂既封，窆。改服而往。』免而括髮徒跣，布深衣而往。

曾子問曰：『葬引至于堩，道也。日有食之，則有變乎？且否乎？』孔子曰：『昔者吾從老聃助葬於巷黨，及堩，日有食之。老聃曰：「丘，止柩就道右，止哭以聽變。」既明反，而後行。曰：「禮也。」反葬，而丘問之曰：「夫柩不可以反者也。日有食之，不知其已之遲數，則豈如行哉！」老聃曰：「諸侯朝天子，見星而行，逮日而舍奠。晚止舍，而設奠於行主。大夫使，見日而行，逮日而舍。夫柩不蚤出，不暮行。見星〔二〕而行者，唯罪人與奔父母之喪者乎！日有食之，安知其不見星也？日食星見，恐有姦慝？且君子行禮，不以人之親痁患。」吾

〔一〕 今按：『升自西階』，《十三經注疏》本《禮記·曾子問》作『升自阼階』。
〔二〕 今按：『星』，《十三經注疏》本《禮記·曾子問》作『日』。

聞諸老聃云。』病於危亡之患。

曾子問曰：『爲君使而卒於舍，禮曰：「公館復，私館不復。」凡所使之國，有司所授舍，則公館已，何謂私館不復也？』孔子曰：『善乎問之也。自卿大夫士之家曰私館，公館與公所爲曰公館。公館復，此之謂也。』

曾子問曰：『下殤土周，堲周。葬于園，遂輿機輿尸之具。而往，途邇故也。今墓遠，則其葬也如之何？』孔子曰：『吾聞諸老聃曰：「昔者史佚有子而死，下殤也，墓遠。召公謂之曰：『何以不館斂於宫中？』史佚曰：『吾敢乎哉？』召公言於周公。周公曰：『豈不可？』史佚行之。」下殤用棺衣棺，自史佚始也。』

吴氏曰：『周人葬下殤之禮不用棺，但以衣斂尸而置之尸牀，不用車載，衆手舁之以往。』

曾子問曰：『卿大夫將爲尸於公，受宿矣，而有齊衰内喪，則如之何？』孔子曰：『出舍於公館以待事，禮也。』待祭畢然後歸哭也。

子夏問曰：『三年之喪卒哭，金革之事無避也者，禮與？初有司與？』孔子曰：『夏后氏三年之喪，既殯而致事。殷人既葬而致事。《記》曰：「君子不奪人之親，亦不可奪親也。」此之謂乎？』註：此禮當然與？抑當初有司逼遣之與？夏之禮，親喪既殯，即致還其事於君。殷禮，則葬後乃致其事。君子，指人君也。臣遭父母之喪，而君許其致事，是不奪人喪親之心也。雖君有命，而不忍違離喪次，是不可奪其喪親之孝也。子夏曰：『金革之事無避也者，非與？』孔子曰：『吾聞諸老聃曰：「昔者魯公伯禽有爲之[一]也。今以三年之喪從其利者，吾弗知也。」』

《雜記》：有父之喪，如未沒喪而母死，其除父之喪也，服其除服。卒事，反喪服。雖諸父、昆弟之喪，如當父母之喪，其除諸父、昆弟之喪也，皆服其除喪之服。卒事，反喪服。

王父死，未練、祥而孫又死，猶是附於王父也。

有殯，父母喪未葬。聞外喪，哭之他室。入奠，卒奠出，改服即位，如始即位之禮。

大夫、士將與祭於公，既視濯而父母死，則猶是與祭也，次於異宮。既祭，釋服出公門外，哭而歸。其他如奔喪之禮。如未視濯，監器滌濯。則告告於君。者反而后哭。

如諸父、昆弟、姑、姊妹之喪，則既宿既受宿戒。則與祭。卒事，出公門，釋服而后歸。

父母之喪，既祭[二]，而昆弟死，既殯而祭。小祥大祥之祭也。如同宮，則雖臣妾，葬而后祭。

自諸侯達諸士，小祥之祭，主人之酢也嚌之，衆賓、兄弟則皆啐之。大祥，主人啐之。

[一] 今按：『有爲之』，《十三經注疏》本《禮記·曾子問》作『有爲爲之』。

[二] 今按：『既祭』，《十三經注疏》本《禮記·雜記》作『將祭』。

衆賓、兄弟皆飲之可也。至齒爲嚌，入口爲啐。

子貢問喪。子曰：『敬爲上，哀次之，瘠爲下。顔色稱其情，戚容稱其服。』『請問兄弟之喪。』子曰：『兄弟之喪，則存乎書策矣。』非父母之喪，哀容體喪之，不可名言。而經不能備言也。

三年之喪，言而不語，對而不問。廬堊室之中，不與人坐焉。在堊室之中，非時見乎母也，不入門。有事行禮之時。疏衰皆居堊室，不廬。廬，嚴者也。倚廬嚴情之所。

妻視叔父母，姑、姊妹視兄弟，長、中、下殤視成人。哀戚輕重各有所比。

親喪外除，兄弟之喪内除。外喪日月已竟而哀未忘，内喪日月未竟而哀已殺。

視君之母與君之妻，比之兄弟，發諸顔色者，亦不飲食也。酒者珍醇，發見顔色，亦不飲食。

免喪之後〔一〕，行於道路，見似目瞿，聞名目〔二〕瞿，吊死而問疾，顔色戚容必有以異於人也。如此而後，可以服三年之喪，其餘則直道而行之是也。

上大夫之虞也，少牢；卒哭成事，附，皆大牢。下大夫之虞也，特〔三〕牲；卒哭成事，附，皆少牢。

〔一〕今按：『後』，《十三經注疏》本《禮記・雜記》作『外』。
〔二〕今按：『目』，《十三經注疏》本《禮記・雜記》作『心』。
〔三〕今按：『特』，《十三經注疏》本《禮記・雜記》作『犆』。

祝稱卜葬虞，子孫曰哀，夫曰乃，兄弟曰某，卜葬其兄弟曰伯子某。子卜葬父，則視辭〔一〕云『哀子某卜葬其父某甫』。孫則云『哀孫某卜葬其祖父某〔二〕』。夫則云『乃某卜葬其妻某氏』。弟爲兄，則云『某卜葬兄伯子某』。兄爲弟，則云『某卜葬其弟某。』

三年之喪，如或遺之酒肉，則［受之］，必三辭。主人衰絰而受之。如君命，則不敢辭，受而薦之。喪者不遺人。人遺之，雖酒肉，受也。從父、昆弟以下，既卒哭，遺人可也。

三年之喪，雖功衰，不吊，小祥後衰，與大功同，故曰功衰。自諸侯達諸士。如有服而將往哭之，則服其服而往。不着己之功衰，依彼親之節以服。

期之喪，十一月而練，十三月而祥，十五月而禫〔三〕。練則吊，此爲〔四〕父在爲母。

既葬，大功，吊，哭而退，不聽事焉吊則退去，不與襲斂。期之喪未葬，吊於鄉人，哭而退，不聽事焉。功衰，吊，待事，不執事。可待襲斂，不親執事。小功緦，執事，不與於禮。饋奠之禮。

喪食雖惡，必充飢。飢而廢事，非禮也。飽而忘哀，亦非禮也。視不明，聽不聰，行不

〔一〕今按：『視辭』，《十三經注疏》本《禮記・雜記》作『祝辭』。
〔二〕今按：『祖父某』，《十三經注疏》本《禮記・雜記》作『祖某甫』。
〔三〕今按：『禫』，《十三經注疏》本《禮記・雜記》作『禫』。
〔四〕今按：『爲』，《十三經注疏》本《禮記・雜記》作『謂』。

正，不知哀，君子病之。故有疾飲酒食肉，五十不致毁，六十不毁，七十飲酒食肉，皆爲疑死恐其死。

有服，人召之食，不往。大功以下，既葬，適人，人食之，其黨也食之。非其黨，不食也。黨，族人。

孔子曰：『身有瘍則浴，首有瘡則沐，病則飲酒食肉。毁瘠爲病，君子不爲也。毁而死，君子謂之無子。』

疏衰之喪，既葬，人請見之則見，不請見人。小功，請見人可也。大功不以執贄，唯父母之喪，不避涕泣而見人。

三年之喪，祥而從政。期之喪，卒哭而從政。九月之喪，既葬而從政。小功緦之喪，既殯而從政。庶人力役。

曾申問於曾子曰：『哭父〔一〕有常聲乎？』曰：『中路嬰兒失其母焉，何常聲之有？』卒哭而諱。王父母、兄弟、世父、叔父、姑、姊妹，子與父同諱。

父有服，宫中子不與於樂。母有服，聲聞焉，不舉樂。妻有服，不舉樂於其側。大功將

〔一〕今按：『父』，《十三經注疏》本《禮記・雜記》作『父母』。

至，辟琴瑟。小功至，不絶樂。

國禁哭則止，朝夕之奠，即位，自因也。國有大祭，喪者不哭，自即阼階下之位，因仍禮節之故事。童子哭，不偯，不踊，不杖，不菲，不廬。爲父後者則杖。孔子曰：『伯母叔母疏衰，踊不絶離地。姑、姊妹之大功，踊絶於地。如知此者，由文矣哉！由文矣哉！鄭氏曰：伯母叔母，義也。姑姊妹，骨肉也。』

嫂不撫叔，叔不撫嫂。

泄柳之母死，相者由左。泄柳死，其徒由右相。由右相，泄柳之徒爲之也。

悼公吊有若之喪，而子遊擯由左。由右相者，非死也，此記失禮所自始。

恤由之喪，哀公使孺悲之孔子。學士喪禮。《士喪禮》於是乎書。鄭氏曰：『時人轉而僭上，士之喪禮已廢矣。孔子以教孺悲，國人乃復書而存之。』

穆伯之喪，敬姜晝哭。文伯之喪，暮哭〔一〕。孔子曰：『知禮矣。』方氏曰：『寡婦不夜哭，遠嫌之道。』

公父文伯之喪，季康子母之死。文伯之喪，敬姜據其牀而不哭。曰：『朋友諸臣未有

〔一〕今按：『暮哭』，《十三經注疏》本《禮記·檀弓》作『晝夜哭』。

出吊〔一〕者，而内人皆行哭失聲。斯子也，必多曠於禮矣夫！』季康子之母死，陳褻衣。敬姜曰：『婦人不飾，不敢見舅姑。將有四方之賓來，褻衣何爲陳於斯？』命撤之。

有子之言，子游之言。有子與子游立，見孺子慕者。有子謂子游曰：『予壹不知夫喪之踊也。予欲去之久矣。情在於斯，其是也夫？』子游曰：『禮有微情者，有以故興物者，有直情而徑行者。戎狄之道也，禮道則不然。哭踊之物，所以殺情，故曰有微情者。衰絰之物，使以思哀，故曰有以故興物者。』

子思曰：『喪三日而殯。凡附於身者，必誠必慎，勿之有悔焉耳矣。三月而葬，凡附於棺者，必誠必慎，勿之有悔焉耳矣。』

喪三年以爲極，亡則不知忘矣。既葬曰亡。故君子有終身之憂，而無一朝之患。故忌日不樂。

臣喪

事親，有隱而無犯，左右就養無方，服勤至死，致喪三年。《檀弓》。

季康子之卒，陳莊子之死。《左傳·哀公二十七》：季康子卒，公吊焉，變禮。禮不備也，

〔一〕　今按：『吊』，《十三經注疏》本《禮記·檀弓》作『涕』。

言公多妄。《檀弓》：陳莊子死，赴於魯。魯人欲勿哭，召縣子而問焉。縣子曰：『古之大夫，束脩之問，不出境。雖欲哭之，安得而哭之？今之大夫，交政於中國。雖欲勿哭之，安得不哭？且臣聞之，哭有二道。有愛而哭之，有畏而哭之。』於是與哭諸縣氏。註：哭伯高於賜氏，義之所在也。哭莊子於縣氏，勢之所迫也。

僖伯之卒，衆父之卒。《隱公五年》：臧僖伯卒。公曰：『叔父有憾於寡人，寡人不敢忘。葬之，加一等加命服之等。』《隱公元年》：衆父卒，公子益師字。公不與小斂，故不書日。見上。

仲遂之卒，穆公之卒。《宣公八年》：有事于太廟，仲遂卒于垂。壬午，猶繹。又祭。萬入去籥。内舞去籥，惡其聲聞。《傳》：有事于太廟，襄仲卒而繹，非禮也。《僖公廿四年》〔一〕：許穆公卒于師，葬之以侯，禮也。凡諸侯薨于朝會，加一等。死王事，加二等。於是有以衮斂。

子思子之母死，樂正子之母死。子思之母死於衛，赴於子思。子思哭於廟。門人至曰：『庶氏之母死，何爲哭於孔氏之墓乎？』子思曰：『吾過矣！』遂哭於他室。子思母嫁於衛

〔一〕今按：『廿四年』，應爲『四年』。許穆公卒及葬之事，見於《左傳·僖公四年》。

庶氏。樂正子春之母死，五日而不食。曰：『吾悔之。自吾母而不得吾情，吾惡乎用其〔一〕情？』矯爲過情之禮，不用實情於母。

子上之母死，伯魚之母死。子上之母死，而不喪。門人問諸子思曰：『昔者子之先君子喪出母乎？』曰：『然。』『子之不使白也。喪之何也？』子思曰：『昔者吾先君子無所失道，道隆則從而隆，道污則從而污，伋則安能？安能乎。爲伋也妻者，是爲白也母。不爲伋也妻者，不爲白也母。』故孔氏之不喪出母，自子思始也。道之當隆，從而隆之。道之當殺，從而殺之。伯魚之母死，期而猶哭。夫子聞之，曰：『誰與哭者？』門人曰：『鯉也。』夫子曰：『嘻！其甚也。』伯魚聞之，遂除之。

曾子之喪，伯高之喪。曾子之喪，浴於爨室。舊説，曾子以曾元辭易簀，矯之以謙儉。然反席未安而没，未必有言。伯高之喪，孔氏之使者未至，冉子攝束帛乘馬而將之。孔子曰：『異哉！徒使我不誠於伯高。』雖君自責，實責冉子。伯高死於衛，赴於孔子。孔子曰：『吾惡乎哭諸？兄弟，吾哭諸廟。父之友，吾哭諸廟門之外。師，吾哭諸寢。朋友，吾哭諸寢門之外。所知，吾哭于野。於野則已疏，於寢則已重。夫由賜也見我，吾哭諸賜氏。』遂命子

〔一〕今按：『其』，《十三經注疏》本《禮記・檀弓》作『吾』。

貢爲之主。曰：『爲爾哭也，來者拜之。知伯高而來者，勿拜也。』

南宫姑之喪，子路姊之喪。南宫縚之妻之姑之喪，夫子誨之髽曰：『爾無從，從一爾。爾無扈，扈一爾。』蓋榛以爲笄，長尺，而總八寸。子路有姊之喪，可以除之矣，而弗除也。孔子曰：『何不除也？』子路曰：『吾寡兄弟而弗忍也。』孔子曰：『先王制禮，行道之人皆弗忍也。』子路聞之，遂除之。

曾子之謂子思，子思之謂曾子。曾子之謂子思曰：『伋，吾執親之喪也，水漿不入於口者七日。』子思曰：『先王之制禮也，過之者俯而就之，不至焉者跂而及之。故君子之執親之喪也，水漿不入於口者三日，杖而後能起。』

孔子之哭子路，曾子之吊子夏。孔子哭子路於中庭。有人吊者，而夫子拜之。既哭，進使者而問故。使者曰：『醢之矣。』遂命覆醢。子夏喪其子而喪其明。曾子吊之曰：『吾聞之也，朋友喪明則哭之。』曾子哭，子夏亦哭。曰：『天乎！予之無罪也。』曾子怒曰：『商，汝何無罪也？使西河之民疑汝於夫子，爾罪一也。喪爾親，使民未有聞焉，爾罪二也。喪爾子，喪爾明，爾罪三也。』

二連居喪，子皋執喪。《雜記》：『少連、大連，善居喪，三日不怠，三月不懈，期悲哀，三年憂，東夷之子也。』『高子皋之執親之喪也，泣血三年，未嘗見齒。君子以爲難。』

顔淵之喪，孔姊之喪。顔淵之喪，饋祥肉，孔子出受之。入，彈琴而後食之。出受之，仁也。彈琴而後食之，義也。孔子與門人立，拱而尚右。二三子亦皆尚右。孔子曰：『二三子之嗜學也，我則有姊之喪故也。』二三子皆尚左。

衛人之送葬，越人之吊喪。孔子在衛，有送葬者，而夫子觀之，曰：『善哉爲喪乎！足以爲法矣。小子識之。』子貢曰：『夫子何善爾也？』曰：『其往也如慕，其反也如疑。』將軍文子之喪，既除喪，而後越人來吊。主人深衣練冠，待于廟，垂涕洟。子遊觀之，曰：『將軍文氏之子，其庶幾乎？亡於禮者之禮也。其動也中。』

孔子之喪疑服，孔子之喪爲志。孔子之喪，門人疑所服。子貢曰：『昔者夫子之喪顔淵，若喪子而無服。喪子路亦然。請喪夫子若喪父，而無服。』孔子之喪，公西赤爲志焉。飾棺墻，置翣，設披，周也。設崇，殷也。綢練設旐，夏也。以繩維持刻繪爲崇牙，設長尋之旐。

長樂陳氏曰：顔淵之死，門人欲厚葬之。孔子以爲不可。子疾病，子路使門人爲臣，孔子以爲欺天。門人之葬孔子，則飾墻置翣，以至周披、殷崇、夏旐，而三代之禮，莫不兼周。豈孔子之心乎？蓋門人以孔子有所不可及之道，故報之以人所不可行之禮。是雖禮兼於三代，蓋亦稱情以爲文而已。故子貢六年於其墓，孟子不以爲非。門人三代之厚葬，君子不以爲過。

子張之喪，孔子之喪。子張之喪，公明儀爲志焉。褚幕丹質，蟻結于四隅，殷士也。疏曰：『褚者，覆棺之物。大夫以上，其形以幄。士則無褚。公明儀尊其師，故爲褚，不爲幄，但以幕形，故云褚。幕以丹布而爲之也。褚之四角畫蚍蜉之形，交結往來，故云蟻結于四隅。此殷禮。士葬，飾也。孔子之喪，二三子皆絰而出。群居則絰，出則否。二三子，蓋謂七十子。知師之深者也。』

曾子之説出祖，子遊之説出祖。曾子吊於負夏。衛地。主人既祖，撤奠推柩而反之，降婦人而后行禮。從者曰：『禮與？』曾子曰：『夫祖者，且也。且，胡爲其不可以反宿也？』從者又問諸子游曰：『禮與？』子游曰：『飯於牖下，小斂於户内，大斂於阼，殯於客位，祖於庭，葬於墓，所以即遠也。故喪事有進而無退。』曾子聞之，曰：『多矣乎！予出祖者。』曾子聞之，悟己説之非，乃言子游所説出祖之事，勝於我之所説出祖也。

曾子之襲裘而吊，子游之裼裘而吊。曾子之襲裘而吊，子游之裼裘而吊。曾子指子游而示人曰：『夫夫也，爲習於禮者，如之何其裼裘而吊也？』主人既小斂，袒，括髮。子游趨而出，襲裘帶絰而入。曾子曰：『我過矣，我過矣，夫夫是也。』疏曰：凡吊喪之禮，主人未變服之前，吊者吉服，袒去上服，以露裼衣。主人既變服之後，吊者雖着朝服，而加武以絰。

子夏之除喪，子張之除喪。子夏既除喪而見，予之琴，和之而不和，彈之而不成聲。作而曰：『哀未忘也。先王制禮，而不敢過也。』子張既除喪，予之琴，和之而和，彈之而成聲。作而曰：『先王制禮，不敢不至焉。』

公儀仲子之喪而檀弓免，司寇惠子之喪而子游衰。公儀仲子之喪，檀弓免焉。仲子舍其孫而立其子。檀弓曰：『何居？我未之前聞也。』趨而就子服伯子於門右，曰：『仲子舍其孫而立其子，何也？』云云。孔子曰：『否。立孫。』弓以仲子舍孫而立庶子故，爲過禮之免以吊而譏之。司寇惠子之喪，子游爲之麻衰牡麻絰。文子辭曰云云『敢辭』。子游曰：『禮也。』文子退，反哭。子游趨而就諸臣之位。文子又辭曰云云。子游曰：『固以請。』文子退，扶適子南面而立，曰：『子辱與弥牟之弟游，又辱爲之服，又辱臨其喪，虎也敢不復位？』子游趨而就客位。文子覺其譏矣，於是扶適子正喪主之位焉。長樂陳氏曰：『公儀仲子舍孫立子，而檀弓吊以免。司寇惠子舍嫡立庶，而子游吊以麻衰。』

子柳之母死，武叔之母死。子柳之母死，子碩請具。子柳曰：『何以哉？』子碩曰：『請鬻庶弟之母。』子柳曰：『如之何其鬻人之母以葬其母也？不可。』既葬，子碩欲以賻布之餘具祭器。子柳曰：『不可。吾聞之也，君子不家於喪，請班諸兄弟之貧者。』子柳，魯叔仲皮之子，子碩之兄。叔孫武叔之母死，尸出户，既小斂舉者，出袒，且投其冠括髮〔一〕。子游曰：『知禮，括髮當在小斂之後，尸出堂之前。武叔待尸出户然後袒，而去冠括髮，失禮節矣。』故註：以子游知禮之言，爲嗤之也。

母死而孺子泣，父死而爾次哭。弁人有其母死而孺子泣者。孔子曰：『哀則哀，而難爲繼也。夫禮，爲可傳也，爲可繼也。故哭踊有節。』曾子與客立於門側，其徒趨而出。曾子曰：『爾將何之？』曰：『吾父死，將出哭於巷。』曰：『反，哭於爾次。』曾子北面而吊焉。

公叔木有同母異父之昆弟死，問於子游。子游曰：『其大功乎？』狄儀有同母異父之昆弟死，問於子夏。子夏曰：『我未之前聞也。魯人則爲之齊衰。』狄儀行齊衰。今之行齊衰，狄儀之問也。鄭氏曰：『大功是。』

子思之母死，杜橋之母喪。子思之母死。柳若謂子思曰：『子，聖人之後也。四方於子乎觀禮，子盍慎諸？』子思曰：『吾何慎哉？吾聞之，有其禮無其財，君子弗行也。有其禮有其財，無其時，君子弗行也。吾何慎哉？』杜橋之母之喪，宫中無相以爲沽也。沽粗略也。

〔一〕今按：此句，《十三經注疏》本《禮記·檀弓》作『叔孫武叔之母死，既小斂，舉出户，出户袒，且投其冠，括髮』。

子皐之謂哭者，子游之問喪具。子蒲卒，哭者呼滅。子皐曰：『若是野哉！』哭者改之。滅，子蒲之名也。復則呼名，哭豈可呼名也？子游問喪具。夫子曰：『稱家之有無。』子游曰：『有無惡乎齊？劑量。』夫子曰：『有，毋過禮。苟無矣，斂首足形，還旋。葬。懸棺而窆，人豈有非之者哉？』

宋襄公之葬，孟獻子之喪。宋襄公葬其夫人，醯醢百甕。曾子曰：『既曰明器，而又實之。』夏禮專用明器，而實其半，虛其半。殷人專〔一〕用祭器，而實其半。周人兼用二器，則實人器而虛鬼器。孟獻子之喪，司徒旅歸四布。夫子曰：『可也。』疏曰：送終既畢，賻布有餘，其家臣司徒承主人之意，使旅下士歸還四方賻主人之泉布。時人皆貪，而獻子家獨能如此，故夫子曰『可也』。善其能廉。

孔子之喪，武子之喪。孔子之喪，有自燕來觀者，舍於子夏氏。子夏曰：『聖人之葬人，與人之葬聖人也，子何觀焉？』長樂陳氏曰：『君子之於喪禮，尤衆人之所欲觀者也。子思之喪母，滕世子之葬定公，四方猶且觀之，况聖人之門人葬聖人乎？此燕人所以來觀之。』季武子寢疾，蟜固不脱齊衰而入見。曰：『斯道也，將亡矣。士唯公門脱齊衰。』武子

〔一〕今按：『專』，《十三經注疏》本《禮記·檀弓》作『全』。

曰：『不亦善乎？君子表微。』及其喪也，曾點倚其門而歌。記者，善矯固之存禮，譏曾點之廢禮。

子張之死，有若之喪。子張死，曾子有母之喪，齊衰而往哭之。或曰：『齊衰不以吊。』曾子曰：『我吊也與哉？』友義隆重，不容不哭，又不可釋服而往。曾子失禮之事，不可盡信。有若之喪，悼公吊焉。子游擯由左。子游由公之左，公在右爲尊。

國昭子之母死，知悼子之未葬。國昭子之母死，問於子張曰：『葬及墓，男子婦人安位？』子張曰：『司徒敬子之喪，夫子相，男子西鄉，婦人東鄉。』註：男賓在衆主人之南，女賓在衆主人之南〔一〕，禮也。曰：『噫！毋。』〔曰：〕『我喪也斯覘人必覘視。爾專之，賓爲賓焉，主爲主焉。婦人從男子，皆西鄉。』註：徒爲賓主之辨，曾無男女之别，其失禮也，不亦甚乎？知悼子卒，未葬，平公飲酒，師曠、李調侍，鼓鐘。杜蕢升酌。曰：『曠師曠。飲斯。』又酌曰：『調飲斯。李調。』又飲之，趨而出。平公曰：『酌而飲寡人。』至于今畢獻，斯揚觶，謂之杜舉。

文子之卒，駘仲之卒。公叔文子卒，其子戍請謚於君，曰：『日月有時，將葬矣。請所以易其名者。』君曰云云。故謂貞惠文子。石駘仲卒，無適子，有庶子六人。卜所以爲後

〔一〕 今按：『女賓在衆主人之南』，《禮記述注》卷四作『女賓在衆婦之南』。

者。曰：『沐浴佩玉則兆。』五人者皆沐浴佩玉。石祈子曰：『孰有執親之喪而沐浴佩玉者乎？』不沐浴佩玉。石祈子兆，衛人以龜爲有知也。註：以兆言吉。

柳莊之死，仲遂之卒。衛有太史曰柳莊，寢疾。公曰：『若疾革，雖當祭必告。』公再拜稽首，請於尸曰：『有臣柳莊也者，非寡人之臣，社稷之臣也。聞之死，請往。』不釋服而往，遂以襚之。與之邑裘氏與縣潘氏，二邑。書而納諸棺曰：『世世萬子孫毋變也。』仲遂卒于垂。東門襄仲。壬午猶繹，萬入去籥。仲尼曰：『非禮也。卿卒不繹。』祭之明日，又設祭禮。尋繹昨日之祭謂之繹。用無聲之干舞以入，去有聲之籥舞不用。陳氏曰：『《春秋》之法，當祭而卿卒，則不用樂。明日，則不繹。故叔弓之卒，昭公去樂卒事，君子以爲禮。仲遂之卒，宣公猶繹而萬入，聖人以爲非禮。』

獻子之禫，孔子之祥。孟獻子之禫，懸而不樂，比御而不入。夫子曰：『獻子加於人一等矣。』孔子既祥，五日彈琴而不成聲，十日而成笙歌。

魯人之祥，子羔之襲。魯人有朝祥而暮歌者。夫子曰：『又多乎哉？逾月可也。』子羔之襲也，繭衣裳與稅衣纁袡裳下緣。爲一，素端一，皮弁一，爵弁一，玄冕一。曾子曰：『不襲婦服。』婦服，指纁袡而言。曾子非之，以其不合於禮也。

成誅之欲殺韋高，何曾之面質阮籍。秦皇初四年，京兆韋高慕阮籍爲人，居母喪，彈琴飲酒。成誅聞之而泣，持劍欲殺。高懼而逃。何曾之質阮籍於司馬昭座曰：『卿縱情背禮敗俗之人，不可長也。』因謂昭曰：『公方以孝治天下，而聽籍以重哀飲酒食肉於公座，何以訓人？宜擯之四裔，毋令污染華夏。』昭愛籍才，常擁護之。

蘇逢吉之不服，馬希聲之無戚。五代漢蘇逢吉繼母死，不爲服。後漢馬殷卒，子希聲居喪無戚容。葬殷之日，頓食鷄臛。無菜曰臛，有菜曰羹。其臣潘起曰：『昔阮籍居喪食蒸豚，何代無賢？』

黔婁之卒，獻之之卒。黔婁先生卒，曾西來吊。見尸在牖下，覆以布被。覆頭則足見，覆足則頭見。西曰：『斜其被則斂矣。』妻曰：『斜之有餘，不若正之不足。先生生而不斜，而死斜之，非其意也。』《高士傳》：王獻之卒，徽之奔喪。不哭，直上靈牀坐，取獻之琴，彈之久而不吊。嘆曰：『嗚呼子敬，人琴俱亡。』因頓絶，月餘亦卒。

王戎死孝，和嶠生孝。晋王戎，字濬仲，爲吏部尚書。丁母憂，性至孝，不拘禮制，飲酒食肉，容貌毁瘁，杖而後起。和嶠居父喪，以禮自持，量米而食，而哀毁不逾於戎。劉毅曰：『嶠雖寢苫食粥，乃生孝耳。至於王戎，乃死孝。陛下當先憂之。』

謝安之慘，陳壽之喪。謝安愛好聲律，期功之慘，不廢聲樂，頗以成俗。王坦之諫，不從。陳壽遭父喪。有疾，使婢丸藥。鄉黨貶議，沉滯累年。

趙宣誑時，灌夫。後漢陳蕃爲樂安太守，民有趙宣葬親，不閉埏隧，居其中，行服二十年。蕃與相見，問及妻子，而宣五子皆服中所生。蕃大怒曰：『寢宿冢藏而孕育其中，誑時惑衆，誣污鬼神。』遂致其罪。灌夫與竇嬰相得歡甚。夫相有服，過丞相蚡。蚡曰：『吾欲與仲孺過魏其侯。』會仲孺有服，曰：『將軍乃肯臨況魏其侯，夫安敢以服爲辭？』嬰與夫益市牛酒，夜飲極歡而去。

漢地節四年，詔有大父母、父母喪者勿繇。書法：『書志仁政也。』

《論》宰我問：『三年之喪，期已久矣。』子曰：『食夫稻，衣夫錦，於汝安乎？』曰：『安。』曰：『子生三年，然後免於父母之懷。予也有三年之愛於其父母乎？』

服制　君服

《儀禮·喪服》篇：爲君之長子不杖期。五服圖，臣從君服，世子齊衰期。

《檀弓》：事君有犯而無隱，左右就養有方，服勤至死，方喪三年。

唐高永徽元年詔衡山公主喪畢成昏，魏太和廿年詔聽大臣終三年喪。

太宗女應適長孫氏。有司以爲服既公除，欲以今秋成昏。于志寧言：『漢文立制，本爲百姓。公主服本齊衰，縱使服隨例除，豈可情隨例改？請俟三年，喪畢成昏。』從之。范氏曰：『君喪三年，自古以來未之改也。漢文率情變禮，雖欲曰損以使人，而不知使人入於夷狄也。自是以後，民不知戴君之義，而嗣君遂亦不爲三年之喪。唐之人主，鮮能謹於禮者，故有公除而議昏，諒闇而舉樂。忘父子之親，固不可矣。然漢文之制，志寧之議，是亦有父子而無君臣也。内無父子，外無君臣，而欲教化，行禮俗成難矣。爲國家者必務革漢文之薄制，遵三代之隆禮，教天下以方喪三年，則亦著於君臣之義矣。』書法：『喪必〔一〕成昏，常禮也。其書何？唐俗以公除昏嫁久矣，於是始定，故特書之。』

魏太和十一年，詔聽大臣終三年喪，詔復七廟子孫及外戚緦麻服已上，賦役無所與。二十年，詔群臣聽終三年喪。書法：『詔請大臣終喪，漢安桓世各書矣。然皆六年，而書復斷於是書。魏詔聽三年喪而終，魏之世無改焉，自上率之故也。』發明：『三年之喪，自天下達三代共之，後世乃斷其從子終喪之禮。此何理也？魏孝文能矯其弊，書之于册，蓋予之也。』吕氏曰：『三年之喪，嫡孫爲祖、爲長子、爲妻。』程伯子答萬正淳之問曰：『三年之喪，爲祖，爲長子、嫡子，爲祖從者言之。而爲妻三年者，爲天子辭期而言之也。』吕氏又曰：『所不臣者□〔二〕之。』後代之降王世子爲期者，無乃取於此論耶？

〔一〕今按：『必』，疑是『畢』。

〔二〕今按：疑是『服』字。《孝經衍義》引有吕大臨『所不臣者猶服之』之語。

《周禮・司服》：爲天王斬衰，爲王后齊衰。王爲三公六卿錫衰，爲諸侯緦衰，爲大夫士疑衰。

孟子告齊宣王曰：『君之視臣如手足，則臣視君如腹心。君之視臣如犬馬，則臣視君如國人。君之視臣如土芥，則臣視君如寇讎。』王曰：『禮，爲舊君有服，何如斯可爲服矣？』曰：『諫行言聽，膏澤下於民，有故而去，則君使人導之出疆，又先於其所往，去三年不反，然後收其田里。此之謂三有禮焉。如此，則爲之服矣。今也爲臣，諫則不行，言則不聽，膏澤不下於民，有故而去，則君搏執之，又極之於其所往。去之日，遂收其田里。此之謂寇讎。寇讎何服之有？』

《儀禮・喪服》篇傳曰：大夫爲舊君何以服齊衰三月也？大夫去君歸其宗廟，故服齊衰三月，言與民同也。何大夫之謂乎？言其以道去君，而猶未絶也。

《檀弓》穆公問於子思曰：『爲舊君反服，古與？』子思曰：『古之君子，進人以禮，退人以禮，故有舊君反服之禮也。今之君子，進人若將加諸膝，退人若將隊諸淵，毋爲戎首，不亦善乎？又何反服之有？』

私服　服問

傳曰：『母出，則爲繼母之黨服。母死，則爲其母之黨服。』爲其母之黨服，則不爲繼母之黨服。

鄭氏曰：『雖外親，亦無二統。』臨川吳氏曰：『母出，謂己母被出，而父再娶。己母義絶，子雖不絶母服，而母服之恩則絶矣。故加服繼母之黨。母死，謂己母死，而父再娶，己母附廟，是父之初配。雖有繼母，而子仍服死母之黨。其服繼母之身，雖同己母，而繼母之黨，則不同於己母之黨，故不服也。』

貞觀之詔定，神龍之表請。唐貞觀十四年，詔更定服制，禮官奏請加高祖父服齊衰五月，嫡子婦服期，嫂叔弟妻夫兄舅皆服。上從之。范氏曰：『人莫不有本。自高祖以上，推而至於無窮。苟或知之。何可忘其所從來也？然既遠矣，則服有時而絶。而先王之意，非以服盡而親絶也。後世不達於禮者，或益之，或損之，皆出於私意，不足法也。嫂叔之無服，豈獨於此無恩乎？傳曰：其夫屬乎父道者，妻皆母道也。嫂不可爲，母則無屬，而又不可以屬乎妻道也？故遠之以明人倫也。凡喪服，從先王之禮，則正矣。』神龍元年，韋后表請，令士庶喪出母三年。書法：『此天后表十二事之故步也。而皆從之，父子一轍矣。』

《記・檀弓》：子上之母死而不喪。又曰：孔氏之不喪出母，自子思始也。

《喪服・小記》：爲父後者爲出母，無服。

上元元年天后之表，開元七年盧履冰之言。天后表請，自今，父在，爲母服齊衰三年。

胡氏曰：『五服，聖人所制。其輕重隆殺，皆有義理。豈可以私增損？武氏之爲此請也，蓋太宗加高祖父母有以啓之也。古父在爲母齊衰期，豈聖人因薄於母哉？天無二日，土無二王，家無二主，尊無二上，實于一也。今躋地尊天，持陰敵陽，其欲陵蔑夫宗、獨御四海之意，豈特履霜而已哉？不獨高宗懵然，而其失至今未改也。必欲得正，其必以古爲法乎！』開元七年，右補闕盧履冰言：『禮，父在，爲母服周年。則天改服三年，今請從舊。』上下其議。褚無量是履冰議。敕：自今五服並依《喪服傳》文。然士大夫議論猶不息，行之各從其意。

開元二十四年之奏，天寶六載之令。開元二十四年，太常韋縚奏請加外祖父母爲大功，姨舅皆小功，堂舅、堂姨、舅母並加至袒免。兵部侍郎崔沔曰：『正家之道，不可以貳。總一定義，理歸本宗。是以內有齊斬，外皆緦麻。尊名所加，不過一等。此先王不易之道也。願守八年明旨，一依古禮，以爲成法。』職方郎中韋述曰：『母黨比於本族，不可同貫，明矣。請依《儀禮・喪服》爲定。』禮部員外郎楊仲昌曰：『昔子路有姊之喪而不除。孔子曰：「先王制禮，行道之人皆不忍也。」此則聖人援事抑情之明禮也。』敕姨舅小功，舅母緦麻，堂姨舅袒免。書法：『書增加，何譏也？母黨有常服，於是又增加焉，非矣。增也者，不宜增者也。加也者，不宜加者也。』

天寶六載，令天下嫁母服三載。發明：『夫嫁母，於義已絶。猶增重如此，則建事之母當如何耶？此於理不可以强推者，是亦獨知母而不知父而已。』曾子曰：『小功不稅，則是遠兄弟終無服也。而可乎？』《檀弓》。

服術有六：一曰親親，二曰尊尊，三曰名，四曰出入，五曰長幼，六曰從服。親親者，父母妻子伯叔。尊尊者，君公卿大夫。名者，伯叔母子婦弟婦。出入者，女在室爲入，適人爲出。長幼者，成人諸殤從服者，下文六等。

從服有六：有屬從，有徒從，有從有服而無服，有從無服而有服，有從重而輕，有從輕而重。屬，親屬也。徒，空也。子從母而服母黨，妻從夫而服夫黨，夫從妻而服夫黨，臣從君而服君之黨，妻從夫而服夫之君，妾服女君之黨，庶子服君母之父母，子服母之君母。如公子之妻爲父母期，而公子爲君所壓，不得服外舅外姑。是妻有服，而公子無服。如兄有服，而嫂無服，公子爲君所壓，不得爲外兄弟服。而公子之妻則服之。妻爲夫之昆弟無服，而服娣姒妻爲其父母期重也。夫從妻而服之三月，則爲輕。母爲其兄弟之子大功，重也。子從母而服之三月，則爲輕。公子爲君所壓，自爲其母練冠，輕矣。而公子之妻爲之服期。

起復

胡氏曰：『喪不二事，故《春秋》於背喪而即戎者，皆深譏之。惟其門庭之寇，存亡繫焉。然後從權制而無避。此《費誓》所以得列於典謨、命誥之後也。』

若李存勖夾寨之戰，君子深有取者，與是類爾。梁置夾寨，距晉陽不百里，可謂危急之勢矣。使存勖於是焉，勢哀戚之常情，忽國家之大計，上黨淪陷，則晉陽不存。又豈所以爲孝？是以審緩急，量輕重，出奇制勝，以走梁師，然後霸基復安。君子美之，垂訓大矣。《記》：喪有四制，變而從宜。註：四制者，恩、理、節、權也。恩仁，理義，節禮，權智也。又曰：門内之治，恩掩義。注：若《公羊傳》所言是也。又曰：門外之治，義斷恩。註：若《曾子問》所言也。

重奪孝子之情，望慕充窮。《公羊傳注》。

君子之事親孝，故忠可移於君。《孝經》。

抑情殉務，其來已久。《燕許公集》。

頃奪禮於苴麻，俾從權於韎韐。常相制。

墨縗治事。韋彤疏。

古者臣有大喪，則君三年不呼其門。已練，可以弁冕，服金革之事。君使之，非也。臣行之，禮也。閔子要絰而服事孔子，蓋善之也。《公羊傳》。

李公之謝，鄭公之辭。李宗諤云：『先公用〔一〕顯德末，翰林學士起復，裹素紗軟脚幞頭，黲紫公服。每入朝，猶佩魚袋。或曰魚袋者，取事君夙夜匪懈之義。然以金爲飾，亦身之華也。居喪奪情，不當有金寶之飾。』公遽謝不佩。《談録》。富鄭公、韓魏公同在中書。鄭公母老矣，宰相有起復視事者。魏公曰：『此非朝廷盛事。』已而鄭公居母憂，朝廷屢詔起之。上章三辭貼黄，言：『臣在中書，日與韓琦言之，決不當起。』魏公嘆曰：『吾但以實言之，不料以爲怨。』《龍川志》。

《記》子夏問曰：『三年之喪卒哭，金革之事無避也者，禮與？初有司與？當初有司逼遣之與。』孔子曰：『夏后氏三年之喪，既殯而致事。殷人既葬而致事。《記》曰：「君子不奪人之親，亦不可奪親也。」此之謂乎？』不奪人喪親之心，不可奪其喪親之孝。

子夏曰：『金革之事無避也者，非與？』孔子曰：『吾聞諸老聃曰：「昔者魯公伯禽有爲爲之也。」今以三年之喪從其利者，吾不知也。』

臨川吴氏曰：『武王崩之年，武庚叛周，徐戎應之。周公東征定殷亂，遣伯禽之國，鎮遏東方。元年征徐戎。蓋此時王室危急，伯禽雖有私喪，不敢辭避也。』

〔一〕今按：『用』，當爲『周』。

嚴陵方氏曰：『致事，與大夫七十而致事之致事同義。彼以老而不勝事，此以喪而不勝事。故皆致事於君也。凡事皆然，又況金革之事可以無避乎？』

伯禽之有爲，志寧之自奪。見上。

貞觀十五年，起復于志寧爲太子詹事。承乾。書法：『未有書起復者。書起復何？譏也。非有金革之事，奪人之喪，自奪其喪，皆非矣。書起復，始此。』

富韓公之辭，譙王丞之吊。至和間，富韓爲相。以母喪，去位。昭陵必欲起復。詔再下，再力辭。切責有云：『以相公之重，而守匹夫之節，任天下之重，而爲門内之私，朕所不取也。且命中人督公起復。』公復抗章言：『天下無事，宰相奉行常務，豈可與太宗時比？韓琦等平居，皆常與臣論起復，不是好事。今在嫌疑之地，必不宜爲。』上知其不可奪，乃已。《石林過庭録》。晋長沙吴悝遭母喪，譙王丞爲長史。往吊之曰：『王室方危，金革之事，古人所不辭。將何以教之？』

魏太和十二年秘書丞李彪之言，唐貞元十三年拾遺蔣乂之疏。李彪曰：『朝臣遭喪，衣錦乘軒，假滿赴職，從祀陪燕，傷人子之道，虧天地之經。愚謂，凡遭大父母之喪者，非有軍旅之警，皆宜聽其終服。若無其人，職業有曠，則優旨慰諭，起令視事。國之吉慶，無所與焉。』貞元十三年，起復張茂宗爲左衛軍，尚公主。茂宗許尚義章公主，未成昏，母卒。遺表請終嘉禮，上許之。拾遺蔣乂疏曰：『古有墨衰，以從金革之事者，未聞駙馬起復尚主也。昏因喪紀，人之大倫，吉凶不可瀆也。委巷之家，不知禮教，其女孤貧無恃，或有借吉從人，未聞男子借吉娶婦者也。』上不悦。街里委曲所爲也。

書法：『凡書起復，譏也。書起復尚公主，譏之譏也。』

德宗之初立也，有縣主將嫁。會上從姊妹卒，命罷之。有司奏：『供帳已備。』上曰：『爾愛其寶，我愛其禮。』始則愛禮於縣主，今則於己女不愛焉。前後相反，如二人矣。於是張母遺表請成昏，不書。書起復，蔽其失於德宗也。

發明：『苫塊不可以处内，縗絰不可以吉服。躃踊哭泣，不可以歌笑宴樂。歠粥飲水，不可以觴酒斗肉。有人心者，宜於此焉變矣。書起復張茂宗尚公主，不惟瀆亂吉凶之禮，而亦陷人於罪逆不孝之地。德宗乖僻若此，尚可與之論人道乎？』

袁粲去職，蘇頲固辭。宋主勖元徽元年，尚書令袁粲以母喪去職。書法：『此其書何？嘉守禮也。』發明：『是時主少國危，姦雄伺隙。躬受托孤之命，所繫甚重。特筆書之，非美之也。』二年，以袁粲爲中書監。固辭，求反居墓所。不許。書法：『不書起復何？予粲也。凡書起復，譏也。是故袁粲以國亂不書，杜暹以金革不書開元十二年。』唐景龍四年，蘇瓌卒。制起復瓌子頲爲工部侍郎。頲固辭，上乃聽其終制。

隋大業元年詔天下公除，唐開元廿一年起復張九齡同平章事。

謂已成服，除之以從公家之事，不待終制也。書法：『此何以書？著欺也。身行弒逆，而詔使天下公除，已猶淺色鐵帶。吾誰欺？欺天乎？』

開元二十一年，起復張九齡同平章事。居母喪。胡氏曰：『宰相師表百僚，其進必以禮，退必以義。然後人心服，而政教行。當是時，朝廷非有金革危之事，而起九齡。九齡非有無所避焉之義，而釋衰麻于衰服之中。於岩廊之上，上下交失也。而在九齡，則尤甚矣。』書法：『杜暹爲都護，不書起復。此何以書？非有金革之事，而奪人之喪，皆可譏也。』發明：『夫于志寧起復爲東宮，猶且不可，况宰相師表四海者乎？』

方進之爲丞相，蘇威之爲僕射。翟方進爲丞相，封高密侯。後母既葬二十六日，除服起視事。以爲身備漢相，不敢逾國家之制。隋蘇威爲右僕射，以母憂去職，柴毁骨立。上勑威曰：『德行高人，情意殊重。必須抑割，爲國惜身。朕之於卿，爲君父，宜依朕旨，以禮自存。』未幾，起令視事。

山濤就職，玄齡復職。山濤居母喪，負土成墳，手植松柏。詔奪情，以濤爲吏部尚書。濤不得已，就職。唐太傅房玄齡以母憂，罷未幾，起復本職。

伐櫻桃，刺林甫。蕭穎士居廣陵。居母喪，衰麻詣京師，謁李林甫於政事堂。林甫大惡，即令斥去。穎士大怒，乃著《伐櫻桃賦》刺林甫。有曰：『擢無用之瑣職，專岩廊之右地。』

奔喪

此亦《禮經》三十四之一，録之如左。

嚴陵方氏曰：『四方男子，所有事者，有事於四方，安能免離親哉？然則奔喪之事，不幸而時亦有焉。此先王所以作爲之禮也。』

奔喪之禮，始聞親喪，以哭答使者，盡哀。問故，又哭盡哀。遂行，日行百里，不以夜行。唯父母之喪，見星而行，見星而舍。若未得行，則成服而后行。過國至境，哭，盡哀而止。哭避市朝。望其國境哭。

至於家，入門左，升自西階，殯東，西面坐，哭盡哀，括髮袒，降，堂東即位，西向哭，成踊。襲經于序東，絞帶，反位，拜賓，成踊。送賓，成踊〔一〕。有賓後至者，拜之，成踊，送賓皆如初。衆主人兄弟皆出門，出門哭止，闔門，相者告就次。於又哭，括髮袒，成踊。於三哭，猶括髮袒，成踊。三日成服，拜賓送賓皆如初。

〔一〕今按：『成踊』，《十三經注疏》本《禮記·奔喪》作『反位』。

奔喪者非主人，則主人爲之拜賓送賓。奔喪者，自齊衰以下，入門左，中庭北面，哭盡哀。免麻于序東，即位袒，與主人哭，成踴。於又哭、三哭皆免袒。有賓，則主人拜賓送賓。丈夫婦人之待之也，皆如朝夕哭位，無變也。

奔母之喪，西面哭盡哀，括髮袒，降，堂東即位，西向哭，成踴。襲、免、絰于序東。拜賓送賓，皆如奔父之禮。於又哭，不括髮。

婦人奔喪，升自東階，殯東，西面坐，哭盡哀。東髽，即位，與主人拾踴。拾，更也。

奔喪者不及殯，先之墓，北面坐，哭盡哀。主人之待之也，即位於墓左，婦人墓右，成踴，盡哀，括髮，東即主人位。絰絞帶，哭，成踴，拜賓，反位，成踴。相者告，事畢。遂冠，歸入門左，北面，哭盡哀，括髮袒，成踴，東即位。拜賓，成踴。賓出，主人拜送。有賓後至者，則拜之，成踴，送賓如初。衆主人兄弟皆出門，出門哭止。相者告就次。於又哭，括髮，成踴。於三哭，猶括髮、成踴。三日成服，於五哭，相者告事畢。爲婦〔一〕所以異於父者，一括髮，其餘免以終事。他如奔父之禮。

齊衰以下，不及殯，先之墓。西面，哭盡哀。免麻于東方，即位，與主人哭，成踴，襲。

〔一〕今按：『婦』，《十三經注疏》本《禮記·奔喪》作『母』。

有賓，則主人拜賓送賓。賓有後至者，拜之如初，相者告事畢。遂冠，歸入門左，北面，哭盡哀，袒免〔一〕，成踊，東即位，拜賓，成踊。賓出，主人拜送。於又哭，免袒，成踊。於三哭，猶免袒成踊。三日成服，於五哭，相者告事畢。

聞喪不得奔喪，哭盡哀。問故，又哭盡哀。乃爲位，括髮袒，成踊，襲絰絞帶，即位。拜賓，反位，成踊。賓出，主人拜送于門外，反位。若有賓後至者，拜之，成踊，送賓如初。於又哭，括髮袒，成踊。於三哭，猶括髮袒，成踊。三日成服，於五哭，拜賓送賓如初。

若除喪而後歸，則之墓，哭，成踊。東括髮袒，絰，拜賓，成踊。送賓，反位，又哭盡哀，遂除，於家不哭。主人之待之也，無變於服，與之哭，不踊。

自齊衰以下，所以異者免麻。

凡爲位，非親喪，齊衰以下皆即位。哭盡哀，而東免、絰，即位，袒，成踊。襲，拜賓，反位，哭，成踊，送賓，反位。相者告就次。三日五哭，卒，主人出送賓，衆主人兄弟皆出門，哭止，相者告事畢。成服，拜賓。若所爲位家遠，則成服而往。

齊衰望鄉而哭，大功望門而哭，小功至門而哭，緦麻即位而哭。

〔一〕今按：『袒免』，《十三經注疏》本《禮記·奔喪》作『免袒』。

哭父之黨於廟，母、妻之黨於寢，師於廟門外，朋友於寢門外。所識於野張帷。凡爲位不奠。

哭天子九，諸侯七，卿大夫五，士三。大夫哭諸侯，不敢拜賓。諸侯〔一〕在他國，爲位而哭，不敢拜賓。與諸侯爲兄弟，亦爲位而哭。凡爲位者一袒。爲位之日。

所識者吊，先哭于家而後之墓，皆爲之成踊，從主人北面而踊。

凡喪，父在，父爲主。父没，兄弟同居，各主其喪。親同，長者主之，不同，親者主之。

聞遠兄弟之喪，既除喪而后聞喪，免袒，成踊。拜賓則尚左手。

無服而爲位者，唯嫂叔，及婦人降而無服者麻。

凡奔服〔二〕，有大夫至，袒，拜之，成踊，而後襲。於士，襲而後拜之。

哀喪鄰喪

《檀弓》：『孔子食於有喪者之側，未嘗飽也。』又見《論語》。

《論》子曰：『臨喪不哀，吾何以觀之哉？』

〔一〕今按：『諸侯』，《十三經注疏》本《禮記・奔喪》作『諸臣』。

〔二〕今按：『奔服』，《十三經注疏》本《禮記・奔喪》作『奔喪』。

《雜記》：『君於卿大夫，比葬不食肉，比卒哭不舉樂。爲士，比殯不舉樂。鄰有喪，舂不相。里有殯，不巷歌。』

楚民有言，無穢虐士。死者。《左》。

杞孝公之卒，衛襄公之卒。《襄公廿三》：杞孝公卒，晋悼夫人喪之。平公不撤樂，非禮也。《昭公七》：衛襄公卒，晋大夫言於范獻子曰：『衛事晋爲睦，晋不禮焉。詩曰：「脊令在原，兄弟急難。」又曰：「死喪之威，兄弟急難〔一〕。」』宣子悦。使獻子如衛吊。

衛齊惡，告喪于周。王使成簡公且追命。襄公曰：『叔父陟恪在我先王之左右，以佐事上帝，余敢忘高圉亞圉？周先。』

平公之卒，子皮之幣。《昭公十年》：晋平公卒，鄭子皮將以幣行。子産曰：『喪焉用幣？』子皮固請以行。既葬，諸侯之大夫欲因見新君。叔向辭之曰：『大夫之事畢矣。而又命孤，孤斬焉在衰絰之中，其以嘉服見，則喪禮未畢；其以喪服見，是重受吊也。』子皮盡用其幣。

〔一〕今按：『急難』，《十三經注疏》本《左傳》作『孔懷』。

伐喪

齊主巒之殂，魏孝文之還。齊主巒殂，魏主下詔稱：『禮不伐喪。』引兵還。

秦之伐晋，楚之伐陳。《成公十三年》：晋侯使吕相絶秦曰：『無禄，文公即世，穆公爲不吊。蔑死我君，寡我襄公，伐我保城。』《襄公四年》：楚人將陳，聞喪乃止。軍禮不伐喪。陳人不聽命。楚彭名侵陳，陳無禮故也。

曹操之欲伐吴，夏王之欲攻秦。曹操聞孫策死，欲因喪伐之。張紘〔一〕諫曰：『乘人之喪，既非古義。不如因而厚之。』操表權爲討虜將軍。西秦乞伏公府弑其君乾歸。世子熾磐立，秦人勸秦主興乘亂取熾磐。興曰：『伐人喪，非禮也。』夏王勃勃欲攻之，王買德曰：『熾磐，吾之與國今遭喪亂，吾不能恤，而又伐之，匹夫且猶耻爲，况萬乘乎！』勃勃乃止。

秦興之不伐，崔浩之諫取。見上。魏主聞宋主裕殂，議發兵取洛陽。崔浩曰：『乘喪伐之，雖得之，不足爲美。宜遣人存其孤弱，恤其凶灾，使義聲布於天下，則江南不攻自服矣。』

〔一〕今按：『紘』，《三國志》作『紘』。

崇恩反

衆父之卒，僖伯之卒。《隱公元年》：衆父卒，公子益師字。公不與小斂，故不書日。杜預曰：『禮，卿佐之喪，小斂大斂，君皆親臨之。崇恩厚也。始死，情之所篤，禮之所崇。故以小斂爲文。』

五年，臧僖伯卒。公曰：『叔父有憾於寡人，寡人不敢忘。恨諫觀魚不聽。葬之加一等。加命服之等。』

仲遂之卒，康子之卒。《宣公八年》：有事于太廟，仲遂卒于垂。壬午，猶繹。萬入，去籥。傳：有事于太廟，襄仲卒而繹，非禮也。《哀公廿七年》：季康子卒，公吊焉。降禮，禮不備也。言公之多妄。

叔弓之卒，柳莊之卒。昭公去樂卒事，君子以爲禮。衛公以諸侯之命服而襚大夫。書封邑之券而納諸棺，皆非禮矣。餘見上。

哭祭遵之喪，哭道根之喪。喪至河南，車駕素服臨之，望哭哀痛。梁普通元年，左將軍馮道根卒。梁主春祠二廟，既出宫，有司以道根訃聞。梁主問朱异曰：『吉凶同日，可乎？』對曰：『昔衛獻公聞柳莊死，不釋祭服而往哭。道根有劳王室，臨之，禮也。』梁主即幸其宅，哭之慟。

哭魏徵之薨，哭王猛之卒。魏徵薨，給羽葆鼓吹，陪葬昭陵。其妻裴氏曰：『徵平生儉素，葬以羽葆，非其志也。』悉辭不受，以布車載柩而葬。上登苑西樓，望哭盡哀。自製碑文，並爲書石。王猛卒，秦主苻堅比斂三臨，哭曰：『天不欲使吾平一六合耶！何奪吾景略之速也？』葬如漢霍光故事。

哭公謹之卒，哭士廉之卒。張公謹卒，上出次發哀。有司奏，辰日忌哭。上曰：『君臣猶父子也，情發於哀，安避辰日？』遂哭之。白樂天詩曰『張謹哀聞辰日哭』是也。高士廉卒，上入東苑，南望而哭，涕下如雨。及柩出，登樓望哭。

惜裴延齡之死，聽郭崇韜之葬。貞元十二，裴延齡死。中外相賀，上獨悼惜。後唐明宗聽郭崇韜歸葬。書法：『予存厚也。』

追念

漢元帝之追念，趙王勒之輒嘆。蕭望之自殺，元帝追念。每歲時，遣使祠祭其家，終帝之世。張賓卒，趙王勒哭之慟，曰：『天不欲成吾事耶！何奪吾右侯之早也？』程遐代爲右長史，勒每與遐議，有不合，輒嘆曰：『右侯捨我去，豈非酷乎？』

哭王雄之卒，祠楊震之葬。秦東海王雄卒，秦主健哭之嘔血，曰：『天不欲吾平四海耶！何奪吾元才之速也？』漢順帝葬故太尉楊震，祠以中牢，詔以震二子爲郎，贈錢百萬，以禮改葬。葬日，大鳥高丈餘，集震喪前。郡以狀上。帝感震忠直，詔祠以中牢。書法：『葬臣不書，此何以書？嘉禮賢也。』

樊豐敗而後祠楊震，宦官敗而後祭陳竇，靈帝。遼水敗而後祀魏徵，太宗。禄山反而後祭九齡，玄宗。皆事後之思也。

吳主之詔，宋主之憂。吳主休改葬諸葛恪，有乞爲恪立碑者。詔曰：『無尺寸之功，不可謂能。死於豎子之手，不可謂智。』遂寢。孫峻構恪殺之，峻從弟廢亮立休。綝諫，改葬恪。宋主登石頭城，有憂色，曰：『檀道濟若在，豈使胡馬至此？』

杜如晦卒，唐太宗流涕；張九齡卒，唐玄宗惜賢。太宗語及流涕。玄宗雖以九齡忤旨逐之，然愛重其人。每宰相薦士，輒問曰：『風度得如九齡不乎？』書法：『書，惜賢也。』

仁傑之卒，太后之嘆。狄仁傑卒，太后嘆曰：『天奪吾國老，何太早耶？』

國殤

無存之死，汪乘之死。《定公九年》：齊侯伐晋夷儀，敝無存先登，死於霤下。乃得其尸，公三襚之，與之犀軒與直蓋，而先歸之。坐引者，以師哭之，親推之三。

《哀公十一年》：齊師伐我。不狃之伍曰：『走乎？』不狃曰：『誰不如？我不如誰而欲走。』曰：『然則止乎？』不狃曰：『惡賢？』徐步而死。止戰，烏足爲賢？魯非無壯士，但季孫不能使。

《檀弓》：戰于郎，公叔禺人與其鄰童汪踦皆死焉。魯人欲勿殤重汪琦，問於仲尼。仲尼曰：『能執干戈以衛社稷，可無殤也。』時人疑童子當殤。

歸國子元，歸先軫元。《哀公十一年》：公會吴伐齊，大敗齊師。公使太史固歸國子之元，置之新篋，褽薦之以玄纁，加組帶焉。置書于其上曰：『天若不識不衷，善也。何以使下國？』杜註：『天識不善，故殺國子。』

《楚辭·國殤》：操吴戈兮被犀甲，車錯轂兮短兵接。旌蔽日兮蔽〔一〕若雲，矢交墜兮士争先。凌余陣兮躐余行，左驂殪兮右刃傷。霾兩輪兮縶四馬，援玉枹兮擊鳴鼓。天時懟兮威靈怒，嚴殺盡兮棄原壄。出不入兮往不[反]〔二〕，平原忽兮路超[遠]〔三〕。帶長劍兮挾秦弓，首雖〔四〕離兮心不懲。誠既勇兮又以武，終剛强兮不可凌。身既死兮神以靈，魂魄毅兮爲鬼雄。

〔一〕今按：『蔽』，當爲『敵』，《楚辭·國殤》作『敵』。
〔二〕今按：『反』，據《楚辭·國殤》補。
〔三〕今按：『遠』，據《楚辭·國殤》補。
〔四〕今按：『雖』，當爲『身』，《楚辭·國殤》作『身』。

埋死

《周禮·蜡人》：若有死於道路者，則埋而置揭焉。註：揭，欲令其識取之，今時揭櫫，是也。書其日月焉，懸其衣服任器于有地之官，以待其人。

吊禮

殷既窆而吊，周反哭而吊。

孔子曰：『殷已悫，吾從周。』

君臨臣喪，以巫祝桃茢[執戈]〔一〕，惡之也。所以異於生也。桃性辟惡，茢所以除穢。

子夏之吊，子游之吊。衛司徒敬子死，子夏吊焉。主人未小斂，絰而往。子游吊焉，主人既小斂，出絰反哭。子夏曰：『聞之也與？』曰：『聞諸夫子，主人未改服，則不絰。』

泄柳之喪，相者由右；有若之喪，子游由左。其徒由右，相者由右，泄柳之徒爲之也。悼公吊有若之喪，而子游擯，由左。則由右相者，非禮也。有若之喪，悼公吊焉，子游擯，由左。子游由左，公在右爲尊。

〔一〕今按：『執戈』，據《禮記·檀弓》補。

子張死而曾子哭，獻公喪而穆公吊。子張死，曾子有母之喪，齊衰而往哭之。或曰：『齊衰不以吊。』曾子曰：『我吊也與哉？但往哭，而不行吊禮耳。』晉獻公之喪，秦穆公使人吊公子重耳，且曰：『亡國恒於斯，得國恒於斯。喪亦不可久也，時亦不可失也。』舅犯曰：『喪人無寳，仁親以爲寳。』重耳對客曰：『君惠吊亡臣重耳，身喪父死，不得與於哭泣之哀，以爲君憂。父死之謂何？或敢有他志以辱君義。』稽顙而不拜，哭而起，起而不私。穆公曰：『仁夫！公子重耳。夫稽顙而不拜，則未爲後也，故不成拜。哭而起，則愛親〔一〕也。起而不私，則遠利也。』

哀公之吊蕢尚，莊公之吊杞梁。《檀弓》：哀公使人吊蕢尚，遇諸道。闢於路，畫宫而受吊焉。除闢道路，以畫宫室位。曾子曰：『蕢尚不如杞梁之妻之知禮也。』齊莊公襲莒于兑〔二〕，杞梁死焉。其妻迎其柩於路而哭之哀。莊公使人吊之。對曰：『君之臣不免於罪，則將肆諸市朝，而妻妾執。君之臣免於罪，則有先人之敝廬在，君無所辱命。』《雜記》：吊者即位于門西，東面。其介在其東南，北面西上，西於門。主孤西面。相

〔一〕今按：『親』，《十三經注疏》本《禮記》作『父』。
〔二〕今按：『兑』，《十三經注疏》本《禮記》作『奪』。

者受命曰：『孤某使某請事。』客曰：『寡君使某，如何不淑。』相者入告，出曰：『孤某須矣。』吊者入，主人升堂，西面。吊者升自西階，東面，致命曰：『寡君聞君之喪，寡君使某，如何不淑。』子拜稽顙。吊者降，反位。此言列國遣使吊喪之禮。

吊，非從主人也。四十者執紼，鄉人五十者從反哭，四十者待盈坎。

韓王之吊，謝竣之吊。信陵君卒，韓王往吊。其子榮之以告子順。子順曰：『禮，鄰國君吊，君爲之吊。今君不命，則子無所受命矣。』齊永明九年，散騎常侍裴昭明、侍郎謝竣如魏吊，欲以朝服行事。主客曰：『吊有常禮，以朱衣入凶庭，可乎？』昭明等曰：『受命本朝，不敢輒易。』魏主命著作郎成淹與之言。『魏朝不聽使者朝服，出何典禮？』淹曰：『羔裘玄冠不以吊，此童稚所知也。』昭明曰：『齊皇帝之喪，魏遣李彪來吊。初不素服。』淹曰：『齊不能行亮陰之禮，逾月即吉。今皇帝仁孝，居廬食粥。』魏主嘉淹之敏，遷侍郎，賜絹百匹。

魏蘇綽之卒，吴壽夢之卒。魏蘇綽卒，宇文泰酹酒言曰：『爾知吾心，吾知爾志。方欲共定天下，遽舍吾去，奈何？』舉聲慟哭，不覺卮落於手。《襄公三年》：吴壽夢卒。臨於周廟，禮也。凡諸侯之喪，異姓臨外，同姓於宗廟，同宗於祖廟，同族於禰廟。

《論》：『羔裘玄冠不以吊。』『子於是日哭，則不歌。』

《記》：君使人吊，致命曰：『君聞子喪，使某吊，如何不淑。』主人哭拜稽首，成踊。

五十無車者，不越疆而吊人。

吊於人，是日不樂。婦人不越疆而吊人。

吊於葬者，必執引。

婦人非三年之喪，不逾封而吊。

大夫之喪，庶子不受吊。

知生者吊，知死者傷。知生而不知死，吊而不傷；知死而不知生，傷而不吊。

死而不吊者三：畏、壓、溺。行吊之日，不飲酒肉焉。

魯昭公之如晋，鄭游吉之如晋。《昭公二年》：晋少姜卒，公如晋。及河，晋侯辭曰：『非伉儷也，請君無辱。』《昭公三年》：鄭游吉如晋，送少姜之葬。梁丙曰：『甚矣哉！子之爲此來也。』

琴張之吊，子路之死。《昭公廿年》：琴張聞宗魯死，將往吊之。仲尼曰：『齊豹之盜，而孟縶之賊，汝何吊焉？』孔子哭子路於中庭。人有吊者，而夫子拜之。

楊震之葬，大鳥流涕而去；陶侃之喪，雙鶴冲天而去。

王祥之薨，謝安之葬。王祥之薨，奔赴者非朝廷之賢，則親戚故吏而已，門無雜吊之賓。謝安既葬，羊曇至西門，慟哭而去。

張翰之哭，孫楚之哭。顧榮好琴，張翰哭之。上床鼓琴數曲，撫琴而嘆曰：『顧彦先能復賞此否？』因又哭，不吊喪主而去。孫楚有才，少所推服，惟雅敬王濟。喪時，名士無不至者。子荆後來，臨時慟哭，賓客無不垂涕。哭畢，向靈牀曰：『卿嘗好我作驢鳴，今我爲卿作。』體似聲真。

孫楚驢鳴，見上。王粲驢鳴。王粲好驢鳴，文帝臨其喪，謂同遊曰：『可作一聲送之。』坐客皆作驢鳴。

衛玠之亡，阮籍之喪。衛玠之亡，謝幼輿發哀於武昌，感慟不自勝。曰：『棟梁折矣，何得不哀？』阮籍喪母，裴楷往吊，阮箕踞不喪。裴下席哭吊。或問裴：『凡吊，主人哭，乃爲禮。阮既不哭，君何爲哭？』裴曰：『阮方外之人，故不崇禮制。我俗中之人，以儀軌自居。』

殷妃之薨，符后之死。宋殷貴妃薨。上至墓，謂劉德願曰：『卿哭貴妃若悲，當厚賞。』德願應聲號慟。上悦，以爲豫州刺史。又令醫羊志哭。志亦嗚咽曰：『我爾日自哭妄〔一〕

〔一〕今按：『妄』，當爲『亡』，據《資治通鑑》卷一百二十九改。此條引文删略嚴重。《資治通鑑》卷一百二十九原文爲：上既葬殷貴妃，數與群臣至其墓，謂德願曰：『卿哭貴妃，悲者當厚賞。』德願應聲慟哭，撫膺擗踊，涕泗交流。上甚悦，故用豫州刺史以賞之。上又令醫術人羊志哭貴妃，志亦嗚咽極悲。他日，有問志者曰：『卿那得此副急泪？』志曰：『我爾日自哭亡妾耳。』

妾耳。』符后死，慕容熙制百僚於門内哭，使有司按驗，無泪者哭之〔一〕。群臣莫不含辛以爲泪。《通鑒》。

吉黄之吊，陳烈之吊。吉黄爲長陵令，時科禁長吏擅去官。而司徒趙温薨，自以爲故吏奔喪，遂伏法死。蔡君謨死〔二〕，陳烈往吊，自其家匍匐而進，曰：『此《詩》所謂「凡民有喪，匍匐救之」者也。』《石林燕語》。

徐鉉之吊，衛靈之吊。丁晋公言，見常武太原王公言，先太師傾背時，朝賢來吊。徐鉉獨携一麻袍角帶，於客位内更易後入吊，以此知士大夫具朝服臨哀吊問，深不可也。先太師即祐也。史魚將卒，命其子曰：『吾不能進蘧伯玉退彌子瑕，我死，置尸牖下。』靈公吊焉，愕然易容曰：『夫子死，以尸諫。』於是召蘧伯玉，退彌子瑕。徙喪正室成禮。

天子之哭諸侯也，爵弁絰。

曾子襲裘而吊，子游裼裘而吊。

〔一〕今按：『哭之』，據《資治通鑒》，當爲『罪之』。《資治通鑒》卷一百一十四：『夏四月癸丑，苻氏卒，熙哭之懣绝，久而复苏，喪之如父母。服斩衰，食粥，命百官于宫内設位而哭。使人按檢哭者，無泪则罪之，群臣皆含辛以为泪。』

〔二〕今按：此句，《古今事文類聚》作『蔡君謨母死』。

葬禮

《釋名》：葬不如禮曰埋。埋，痗也，趣使腐朽而已。不得埋曰棄，不得其尸曰捐。葬下棺曰窆。

祖載者，始載於庭，乘軸車辭祖禰，故曰祖載。《白虎通》。

君葬

附禺之山，蒼梧之野。大荒之中，附禺之山，帝顓頊與九嬪葬焉。爰有鳥獸瑶碧，皆出衛于山。在其山邊。《山經》。舜葬於蒼梧之野，蓋三妃未之從也。《檀弓》。舜葬蒼梧野，鳥含青沙珠。左思《吴都賦》曰『象耕鳥耘』，此之自與是也。舜葬蒼梧，象爲耕；禹葬會稽，鳥爲耘。

《檀弓》國高子曰：『葬者，藏也。藏者，欲人之不得見也。是故衣足以飾身，棺周於衣，椁周於棺，土周於椁。』

《曲禮》：『助葬必執紼。』從前曰紼。紼，發也，發車使行也。

《易》：古之葬者厚，衣之以薪，葬之中野，不封不樹，喪期無數。後世聖人易之以棺椁，蓋取諸《大過》。

《左》：唯是春秋窀穸之事。註：窀，厚。穸，夜。厚夜，長夜也。

《穀梁傳》：廞不如棺，塗之曰殯。

張説《祭文》：廞車既展，祖奠斯聞。

號護墻翣。《白集》。

既舉葬紖。《柳集》。

柳車翣靈，飛旐翩靈。《權集》。

槁殯邙阜，槁瘞城隅。謂權葬也。《燕碑》。

介士送葬，即封征虜之墳；單于入朝，當祭度遼之墓。《燕集》。

式墓表文終之德，象山昭去病之勳。《詔》。

昨日玉魚蒙葬地，早時金碗出人間。《杜詩》。

天子之寢，用大木爲碑，謂之豐碑。諸侯謂之桓楹。

《春秋·隱公元年》：天子七月而葬，同軌畢至。諸侯五月，同盟至。大夫三月，同位至。士逾月，外姻至。

惠公改葬，桓公緩葬。《隱公元年》：十月，改葬惠公。惠公之薨也，有宋師。太子少，葬故有闕，是以改葬。五年夏，葬衛桓公。衛亂，是以緩葬。

敬嬴之葬，文公之葬。《宣公八年》：冬，葬敬嬴。旱無麻，始用葛茀。雨，不克葬，禮也。《左傳》。十月己丑，葬我小君敬嬴。雨，不克葬。庚寅，日中而克葬。胡傳：『敬嬴逆天理、拂人心之狀慘矣。其於終事，雨，不克葬，著咎徵焉。而謂無天道乎？此皆直書，以見人心與天理之不可誣者也。』《成公二年》：宋文公卒，始厚葬，用蜃灰，益車馬，始用殉。重器備，椁有四阿，棺有翰檜。君子謂：『華元、樂舉於是乎不臣。君生則縱其惑，死又益其侈，是棄君於惡也。何臣之爲？』

成公之葬，襄公之葬。《成公十八年》：八月，公薨于路寢，言道也。十二月，葬我君成公。書順也。《襄公二年》：齊姜薨。初，穆姜使擇美檟，以自爲櫬與頌琴。季文子取以葬。君子曰：『非禮也。禮無所逆，婦，養姑者也。虧姑以成婦，逆莫大焉。』

定姒之葬，齊公之葬。《襄公四年》：定姒薨。成公妾，襄公母。不殯于廟，無櫬不虞。匠慶謂季文子曰：『子爲正卿，而小君之喪不成，不終君也。君長，誰受其咎？』初，季孫爲己樹六檟於蒲圃，匠慶請木。季孫曰：『略。』匠慶用蒲圃之檟，季孫不御。止。君子曰：『志所謂「[多]〔一〕行無禮，必自及也」，其是之謂乎？』註：文子無禮於穆姜，取其櫬以葬齊姜。匠慶無禮於

〔一〕今按：『多』，據《左傳·襄公四年》補。

季孫，取其櫝以葬定姒。《襄公廿五》：崔氏側莊公于北郭，葬諸士孫之里。四翣，不蹕。蹕，止行人。下車七乘，不以兵甲。

周靈王之日卑，宋元公之無及。《襄公廿九》：葬靈王，鄭子展使印段往。伯有曰：『弱，不可。』子展曰：『與其無往，弱不猶愈乎？王事無往〔一〕，何常之有？』傳言周衰，卑於晋楚。《昭公廿五》宋元公曰：『若以群子之靈，獲保首領以没，唯是楄柎所以藉幹者，請無及先君。』楄柎：棺中靈牀。幹：骸骨。欲自貶損。

定公之葬，昭公之葬。《定公十五》：葬定公，雨，不克襄事，禮也。雨而成事，若汲汲於欲葬。《定公元年》：六月癸亥，公之喪至自乾侯。季孫使役如闞，闞魯群公墓所在也。公氏將溝焉。公氏，昭公墓宅。溝絶兆域，不與先君同。榮駕鵝曰：『生不能事，死又離之，以自旌章。也。縱子忍之，後必或耻之。』乃止。七月癸巳，葬昭公于墓道南。孔子之爲司寇也，溝而合諸墓。

使避游氏之墓，不毁司墓之室。《昭公十二》：鄭簡公卒，將爲葬除。除葬道。及游氏之

〔一〕今按：『往』，《左傳・襄公二十九年》作『曠』。

廟，將毁焉。子太叔使其除徒執用毁具。以立，而無庸毁。曰：『子産過汝，而問何故不毁，乃曰不忍墓〔一〕也。諾，將毁矣。』既如是，子産乃使避之。司墓之室有當道者，毁之則朝而堋，下棺。不毁則日中而堋。子太叔請毁之。子産遂不毁。君子謂：『子産於是乎知禮。』

唐高之葬，武氏之葬。貞觀九年，太上皇崩。詔山陵，依漢長陵故事。虞世南疏以爲：聖人薄葬其親，非不孝也。深思遠慮以厚葬，適足爲親之累，故不爲耳。願依《白虎通》爲三仞之墳，節損制度，刻石陵旁，藏書宗廟，用爲子孫之法。不報。神龍元年，武氏崩，將以合葬乾陵。給事中嚴善思疏曰：『神明之道，體尚幽玄。今欲啓之，恐致驚黷。况合葬非古，宜於陵旁更擇吉地。』不從。發明：『丘濬曰：「其於李氏，固已義絶，葬不可以列李氏之園陵，祭不可以入李氏之宗廟。」』二年，葬則天皇后於乾陵。書法：『其書何？罪大臣也。武氏得罪宗廟，溝而絶之可矣，乃合葬焉。特書「於乾陵」，所以譏大臣之不能斷也。』

共世子之葬，梁武帝之葬。惠公改葬共世子，臭達于外。國人誦之曰：『貞之爲報也，歲之二七，其每有微乎？若翟公子，吾是之依兮。』郭偃曰：『重耳其入乎！』《晋語》。

〔一〕今按：『墓』，《左傳·昭公十二年》作『廟』。

郭氏之葬，成帝之陵。宣宗大中二年，太皇太后郭氏暴崩于興慶宫。憲宗后，宣宗嫡母。上不欲郭后附葬憲宗。檢討官王皡奏『宜合葬附墓〔一〕』，坐貶句容令。書法：『暴崩何？弑也。故地異其文者，異其辭也。於是宣宗之惡微而顯矣。』

葬懿安皇后於景陵之側。書法：『宣宗之惡，亦不可掩矣。』發明：『此與季孫意似絶昭公兆域何異？特筆書之，甚其惡也。』

成帝昌陵，制度奢泰，久而不成。劉向疏曰：『文帝嘗美一口椁之固，張釋之曰：「使其中有可欲，雖錮南山，猶有隙。」夫死者無終隙〔二〕，而國家有廢興，故釋之之言爲無窮計也。黄帝、堯、舜、禹、湯、文武、周公，丘隴皆小，葬且甚微。其賢臣孝子亦承命順意而薄葬之，此誠奉君父忠孝之至也。孔子葬母于防，墳四尺。延陵季子葬其子，封墳掩坎，其高可隱。故仲尼孝子而延陵慈父，舜禹忠臣周公弟臣〔三〕，其葬君親骨肉皆微薄，非苟爲儉，誠便於體也。秦皇葬於驪山，下錮三泉，上崇山墳。數年之間，項籍燔其宫，牧兒持火照求亡羊，失火燒其藏椁。是故德彌厚者葬彌薄，智愈深者葬愈微。無德寡智，其葬愈厚。陛下

〔一〕今按：『附墓』，《御批歷代通鑒輯覽》作『祔廟』。
〔二〕今按：『終隙』，《資治通鑒》作『終極』。
〔三〕今按：『弟臣』，《資治通鑒》作『弟弟』。

始營初陵，其制約小。及徙昌陵，積土爲山，發民墳墓云云。』詔曰：『朕執德不固，謀不盡下，其罷昌陵，反故陵。』

建武之初作壽陵，孝章之欲爲原陵。建武廿六，初作壽陵，地不過二三頃，無爲山陵，陂池裁令流水而已。帝即位二十六年矣，始作壽陵。制度簡易，故特書「初」，美之也。書法：『皇帝踐阼，即起陵邑，漢舊制也。』孝章欲爲原陵光武，顯節陵，起縣邑。東平王蒼疏曰：『園邑之興，始自强秦。古者丘隴且不欲其著明，豈况築郭邑建都郛哉？』帝乃止。

章帝遺詔：無起寢廟，一如先帝法制。

魏作壽陵，魏葬獻帝。章武二年，魏作壽陵。王幼學《集覽》：『書之，譏非禮也。』魏主表，首陽山東爲壽陵，務從儉薄，不藏金玉，用瓦器。建興十二，魏葬獻帝于禪陵。書法：『書魏葬，與存厚也。』

曹操西陵，劉曜壽陵。曹操築銅雀、金虎、冰井三臺，鑄銅雀一丈五尺，置之樓頂。臨終遺令，施繐帳于上，朝晡使宫人歌吹帳中，望吾西陵。庾信賦曰『知西陵而誰望』是也。趙喬豫和苞〔一〕諫曰：『又營壽宫，周圍四里，銅椁金飾，其深二十五丈，殆非國内之所能辯

〔一〕今按：『趙喬豫和苞』，喬豫，仕前趙劉曜，爲侍中。喬苞，喬豫之弟，與喬豫並領諫議大夫。

也。自古無不亡之國、不掘之墓，故聖人之斂葬，乃深遠之慮也。』曜下詔曰：『壽陵制度，一遵霸陵之法。』

龍山之葬，漳水之葬。宋大明六年，武。殷淑儀卒。葬於龍山，民不堪役。書法：『卒殷氏何？譏厚葬也。卒妃妾始此。』東魏高澄虚葬齊獻武王其父。漳水之西，而潛鑿鼓山石窟佛頂之旁爲穴，納其柩而塞之，殺群匠。及齊亡，一匠之子發石取金而逃。

仁壽之葬，貞觀之葬。仁壽元年，蕭吉爲皇后，擇葬地。得吉處云：『卜年三千，卜世二百。』帝曰：『吉凶由人，不在於地。』吉告三千者，三十也。人曰二百者，二傳也。貞觀十一年二月，預爲山陵終制。上以漢世預作山陵，免子孫倉卒勞費，又志在儉葬，恐子孫奢靡。自爲終制，因山爲陵，容棺而已。

范氏曰：『厚葬之制，古今所明知。然後之人主爲之賈禍，迹相接而莫之或戒也。太宗雖自爲終制，而昭陵之葬，亦不爲儉。及唐之末，不免暴露。豈非高宗之過乎？』

臣葬

孔子曰：『大夫致事，終身不仕，死則葬之以士禮。降大夫一等。』《家語》。

文子之欲葬，平子之欲葬。公叔文子升於瑕丘，蘧伯玉從。文子曰：『樂哉斯丘！死則吾從〔一〕葬焉。』伯玉曰：『吾子樂之，則瑗請前。』刺其欲害人良田。《記》。季平子卒，將以君之璠璵斂，贈以珠玉。欲用君之玉器同葬。子爲中都宰，歷級而救曰：『送而以寶玉，是猶曝尸於中原也。其示民以奸利之病〔二〕，而有害於死，安用之？且孝子不順情以危親，忠臣不託奸以陷君。』不順人情以危已死之親，不開奸盜之端以害其君。乃止。不用寶玉。

王孫倮葬，齊國厚葬。《揚子》或問，楊王孫倮葬以矯世。曰：『矯世以褸〔三〕，倮乎？如矯世，則葛溝尚矣。』古者裹之以葛，投諸溝壑。

齊國好厚葬，布帛盡於衣衾，材木盡於棺椁。桓公患之，以告管子：『布帛盡，則無以爲幣。材木盡，則無以守備。而人厚葬之不休，奈何？』管仲對曰：『凡人之有爲也，非名之，則利之也。』乃下令曰：『棺椁過度，戮其尸，罪當喪者。』《韓子》。

趙岐之葬，安定真之葬。漢趙岐，建安六年卒。先自爲壽藏，圖季札、子産、晏嬰、叔向四像居賓位，又自畫其像居主位，皆爲讚頌。敕其子曰：『我死之日，墓中聚沙爲牀，布簟白衣，散髮其上，覆以單被，即日便下。下訖便掩坎。』《本傳》。安定真善算術。成帝時，真

〔一〕今按：『從』，《十三經注疏》本《禮記》作『欲』。
〔二〕今按：『病』，《孔子家語》作『端』。
〔三〕今按：『褸』，《諸子集成》本《揚子法言》作『禮』。

自算其年七十三。至期果死。又曰：『北邙青龍上，孤墳之西四丈所鑿之七尺，吾葬地也。』依言往，掘得古時空槨，即以葬焉。《西京雜記》。

懷光之葬，姚勖之葬。德宗貞元元年，赦懷光一子收葬其尸。書法：『書予，存厚也。懷光，反者。厚之，則曷爲予之？懷光之反，盧杞激之也。《綱目》正本，故其死不書「伏誅」，於是而赦其子，俾之收葬，足嚴爲厚矣。』姚崇、孫勖自爲壽藏於萬安山麓祖塋之傍。署兆曰『寂居穴』，墳曰『復真堂』。中刻土爲臺曰『化臺』。《唐史》。

預爲冢棺，詔賜墳塋。唐司空圖預爲冢棺。遇勝日，引客坐壙中，曰：『生死一致。』唐高宗詔賜勣墳塋一所。時敕猶在。

傅脩期之永宅，贅世翁之繭室。傅永，字脩期，嘗登北邙山，奮矛躍馬。欲附葬於祖墓。云：『此吾之永宅也。』本朝王樵，淄川人，自號贅世翁。預卜爲窌，名繭室。中置石榻，刻石其上曰：『生前殺軀以虞不備，没後寄魄以備不虞。』《澠水燕談》。

更葬，合葬。死人之骨，西階之下。文王作靈臺，掘地得死人之骨。王曰：『更葬之。』季武子成寢。杜氏之葬在西階之下，請合葬焉。武子曰：『合葬，非古也。』

太子之葬，梁鴻之葬。長安宣政殿每夜見數騎，高宗使巫祝劉明奴王湛然問其所由。鬼云：『我是漢楚王戊太子，死葬於此。』明奴因許與之改葬。鬼曰：『天子斂我玉魚一雙，今猶未朽，必以此送。』有敕改改〔一〕，玉魚宛然。《西京記》。杜詩曰『昨日玉魚蒙葬地，異時金碗出人間』是也。梁鴻疾，告主人曰：『昔季子葬子於嬴博之間，慎勿令我持喪歸去。』及卒，臯伯通等爲求葬地於要離冢傍。咸曰：『要離烈士，伯鸞清高，可令相近。』

梁商之葬，庾亮之葬。梁商薨，賜以東園朱壽之器，銀鏤，黄腸。晋庾亮薨，將葬。何充嘆曰：『埋玉樹於土中，使人情何能已？』

劉昌瘞將士之骨，光武葬温序之尸。唐吐蕃劫盟後，將士骸骨不藏，節度劉昌命瘞之。夕夢若謝者〔二〕。昌具以聞。德宗下詔哀痛，出衣數百稱，官爲賽具，斂以棺槨，分建二冢。將曰『旌義冢』，士曰『懷忠冢』。於淺水原，詔學士爲銘〔三〕。温序爲護羌校尉，爲隗囂將所拘，伏劍而死。主簿從事持尸歸殮。光武憐之，送葬洛陽，賜城旁爲冢。長子壽夢序告曰：『久客思鄉里。』壽即棄官，上書乞骸骨歸葬。帝許之。乃返舊塋。

趙咨之告，皇甫規之命。東漢趙咨將終，告故吏朱祇等曰：『薄斂素棺，藉以黄壤，欲

〔一〕今按：『改改』，當爲『改葬』。
〔二〕今按：『夕夢若謝者』，《新唐書·列傳第九十五》作『夕夢若詣昌厚謝者』。
〔三〕今按：『詔學士爲銘』，《新唐書·列傳第九十五》作『詔翰林學士爲銘識其所』。

令速朽，且歸厚土〔一〕。不聽子孫改之。』後漢皇甫規遺命曰：『地祇〔二〕冥冥，長無曉期，而復纏以纊綿，牢以釘漆，爲不喜耳。幸有前窀，朝隕夕下，措尸靈牀，幅巾而已。奢非晋文，儉非王孫。推情從意，庶無咎吝。』諸子從之。

周盤之命，金樓子之命。後漢周盤堅伯。云：『命終之日，桐棺足以周身，外椁足以周棺，斂形懸封，濯衣幅巾。寫《堯典》一篇置棺前，示不忘聖道。』學者以爲知命。《金樓子》：『吾之亡也，可以一卷《孝經》，一帙《老子》，陶華陽劍一口以自隨。外此，珠玉不入，銅錫勿藏也。田國讓求葬於西門豹側，杜元凱求葬於路仲冢邊，曹子臧求葬於蘧伯玉側，梁伯鸞求葬於要離之旁。彼四子者，異乎吾之意也。金蠶無吐絲之實，瓦鷄無司晨之用。謹毋以血膻膋腥爲祭也。』『棺椁之造，起自軒轅。周室有墻翣之飾，晋文公請隧，桓司馬石椁，甚無謂也。』

原涉之葬，元伯之葬。漢原涉，字巨先。父爲南陽太守，死，讓還南陽賻贈。涉自以身

〔一〕　今按：『且歸厚土』，《後漢書・趙咨傳》作『早歸后土』。
〔二〕　今按：『地祇』，《後漢書・張奂傳》作『地底』。

得其名，先墓儉約，大治冢舍，周閣重樓〔一〕。初，武帝時京兆尹曹氏葬茂陵，人謂其道爲『京兆阡』。涉慕之，買地開道，立表曰『南陽阡』。人不肯從，謂之『原氏阡』。范式，字巨卿。張邵，字元伯。相與爲友。元伯卒，巨卿忽夢元伯呼曰：『吾以某日死，以某時葬。』巨卿服朋友之服，馳往赴之。或未及到，而喪已發引。至壙將窆，柩不肯進。其母撫之曰：『元伯豈有望耶？』停柩移時，見素車白馬，號哭而來。母曰：『是必巨卿也。』式因執紼而引柩，於是乃前。《本傳》。

李建勳戒勿封，韋玄成乞骸骨。唐致仕李建勳，且致死，戒家人曰：『時事如此，吾得良死，幸矣！勿封土立碑，聽人耕種於其上，免爲他日開發之標。』及江南亡，貴人高大之冢無不發者，惟建封莫知其處。韋賢葬平陵。子玄成，後徙杜陵。病且死，自白曰：『願乞骸骨，歸葬父塋。』上許焉。

太公反葬，孔子合葬。太公封於營丘，比及五世，皆反葬於周。君子樂，樂其所生，禮不忘其本。古之人有言曰：『狐死必首丘』，仁也。孔子少孤，不知其墓，殯于五父之衢。

〔一〕今按：此句引文有删略，文字略有出入。《漢書·遊俠傳》原文爲：『涉自以爲前讓南陽賻送，身得其名，而令先人墳墓儉約，非孝也，乃大治冢舍，周閣重門。』

問於曼父之母，然後得合葬於防。曰：『吾聞之，古也墓而不墳。今丘也，東西南北之人也，不可以不識也。』於是封之，崇四尺。《檀弓》。

韓信葬母，郭璞葬母。韓信葬母，行營高燥地，令旁可置萬家者。《本傳》。郭以母憂去職，卜葬地於暨陽，去水百步許。人以近水爲言。璞曰：『當即爲陸矣。』其後沙漲，去墓數百里〔一〕。璞嘗爲人葬，明帝微服觀之，因問主人曰：『何以葬龍角？此法當滅族。』主人曰：『郭璞云此葬龍耳，不出三年，當致天子也。』

季康之母死，陶侃之母死。季康子之母死，公輸若方小。斂，般請以機窆〔二〕，將從之。公肩假曰：『不可。夫魯有初。自有故事。公室視豐碑，三家視桓楹。豐碑，天子之制，桓楹，諸侯之制。般，爾以人之母嘗巧，則豈不得已，其母〔三〕以嘗巧者乎？則病者乎？噫！』弗果從。晋周訪微時，與陶侃結友。侃丁艱，家失牛，遇一老父曰：『前岡見一牛，眠山污中，其地若葬，位極人臣。』又指一山云：『此亦其次，當世出二千石。』言訖不見。侃尋牛得之，因葬其母以所指。别山與訪之父葬焉。訪果爲刺史，三世爲益州。

〔一〕　今按：『去墓數百里』，《晋書·郭璞傳》作『去墓數十里皆爲桑田』。
〔二〕　今按：『窆』，《十三经注疏》本《禮记·檀弓下》作『封』。
〔三〕　今按：『母』，《十三經注疏》本《禮記·檀弓下》作『毋』。

孔子曰：『衛人之附也，離之。魯人之附也，合合葬。之。善夫！』

莊子將死，弟子欲厚葬之。曰：『吾以天地爲棺椁，以日月爲連壁，星辰爲珠璣，萬物爲賫送。吾葬具豈不備耶？』弟子曰：『吾恐烏鳶之飡夫子也。』莊子曰：『在上爲烏鳶食，在下爲螻蟻食，奪彼與此，何其偏也！』

孔子曰：『卜其宅兆而安厝之。』

程子曰：『卜其宅兆者，卜其地之美惡也。地之美者則神靈安，子孫盛，若培植其根而枝葉茂。』又曰：『父祖子孫同氣，彼安則此安，彼危則此危。』

朱子曰：『葬之爲言藏也，所以藏其祖考遺體也。以子孫而藏其祖考之遺體，則必致其謹重誠敬之心，以爲安固久遠之計，使其形體全而神靈得安，則其子孫盛而祭祀不絶。』又曰：『其或擇之不精，地之不吉，則必有水泉、螻蟻、地風之屬，以賊其内，使其形神不安，而子孫亦有死亡絶滅之憂，甚可畏也。』

《周禮·閭師》：『不樹者無椁，不績者不衰，耻不勉。』

殤葬

《檀弓》：『周人以殷人之棺椁葬長殤，以夏后氏之堲周葬中殤，以有吳氏之瓦棺葬無服之殤。』

曾子問曰：『下殤土周窆乎園，遂輿機而往，塗邇故也。今墓遠，則其葬也如之何？』孔子曰：『吾聞諸老聃曰：「昔者史佚有子而死，下殤也，墓遠。召公謂之曰：『何以不斂棺於宫中？』史佚曰：『吾敢乎哉？』召公言於周公。周公曰：『豈不可？』史佚行之。」下殤用棺衣棺，自史佚始也。』見上。

《雜記》：『有父母之喪，尚功衰，而附兄弟之殤，則練冠附於殤，稱陽童某甫，不名，神也。』三年喪練冠之衰，升數與大功同，故云功衰也。此言居父母之喪，猶尚身着功衰，而小功兄弟之殤，又當祔祭，則仍用練冠而行禮，不改服也。祝辭稱陽童者，庶子之殤祭於室之白處，故曰陽童。宗子爲殤，則祭於室之奥，故稱陰童。

魏女之葬，魏子之葬。魏主叡幼女淑卒，追謚立廟，葬于南陵。取甄后從孫黄與之合葬，追封黄爲列侯，爲之置後襲爵。欲自送葬，陳群諫曰：『八歲下殤，禮所不備，况未期月，而爲之制服，舉朝喪衣，朝夕哭臨，自古以來未有此比。欲自往視陵，親臨祖載乎？』不聽。曹操幼子倉舒卒，邴原有女早亡。操欲與合葬，原辭曰：『嫁殤，非禮也。』王焕之卒，孫霄之諫。晋琅耶王焕卒，營起園陵，元帝備吉凶衣服。孫霄諫，不聽。書法：『書焕卒何？譏也。』

殉葬

殉葬，以人從葬也。

子游曰：『塗車芻靈，自古有之。用土爲車，束草爲人。然今人或有偶，刻木爲偶。是無益於喪。』

子曰：『爲芻靈者善矣，爲偶人者不仁。不殆於用人乎？』《家語》。

《孟子》孔子曰：『始作俑者，其無後乎？』爲其象人而用之也。

陳子車之殉，燕荇氏之殉。《記》：陳子車死於衛，其妻與其家大夫謀以殉葬。陳子亢曰：『以殉葬，非禮也。雖然，則彼疾當養者，孰若妻與宰？得已，則吾欲已，不得已，則吾欲以二子者之爲之也。』於是弗果用。二子，妻與宰。燕主熙，其母荇氏卒，以其嫂張氏爲殉。

陳乾昔之使婢以殉，吴夫差之驅民以殉。陳乾昔寢疾，屬其兄弟，而命其子尊己曰：『如我死，則必大爲我棺，使吾二婢子夾我。』陳乾昔死，其子曰：『以殉葬，非禮也。况又同棺乎？』弗果殺。吴王夫差爲無道，至驅一市之民以葬闔廬。

成公二年宋文公之卒，定公三年邾莊公之卒。《成公二年》：八月，宋文公卒，始用殉。君子謂：『華元、樂舉，於是乎不臣。是棄君於惡也，何臣之爲？』〔一〕《定公三年》：邾莊公

〔一〕今按：此條引文有較多删略。《左傳·成公二年》原文爲：八月，宋文公卒，始厚葬。用蜃炭，益車馬，始用殉。重器備，椁有四阿，棺有翰檜。君子謂：『華元、樂舉，於是乎不臣。臣治煩去惑者也，是以伏死而争。今二子者，君生則縱其惑，死又益其侈，是棄君於惡也。何臣之爲？』

爛，遂卒。先葬以車五乘，殉五人。

武子嬖妾之爲殉，晉侯小臣之爲殉。《宣公十五年》：初，魏武子有嬖妾，無子。疾病，則曰：『必以爲殉。』陳氏曰：『魏顆之病，欲以妾爲殉。陳乾昔之病，欲以婢夾己。此不忘乎利己者也。』《成公十年》：晉侯卒，小臣有晨夢負公以登。及日中，負晉侯出諸厠，遂以爲殉。

秦穆公之殉三子，唐武宗之從才人。《左·文公六年》：秦伯任好卒，以子車氏之三子奄息、仲行、鍼虎爲殉。皆秦之良也。國人哀之，爲之賦《黄鳥》。君子曰：『秦穆之不爲盟主也，宜哉！死而棄民。先王違世，猶詒之法，而况奪之善人乎？今縱無法以遺後嗣，而又收其良以死，難以在上矣。君子是以知秦穆之不復東征也。』唐武宗才人，寵冠後宫，欲立。武宗疾，顧之曰：『我死，汝當如何？』對曰：『願從陛下於九原〔一〕。』武宗以巾授之，才人自縊。宣宗矜之，贈貴人，葬於端陵柏城之南。

秦國人之詩，杜樊川之詩。

交交黄鳥，止于棘。誰從穆公，子車奄息。維此奄息，百夫之特。臨其穴，惴惴其慄。

〔一〕今按：『九原』，《资治通鉴》卷二百四十八作『九泉』。

彼蒼者天，殲我良人。如可贖兮，人百其身。

交交黄鳥，止于桑。誰從穆公，子車仲行。維此仲行，百夫之防。臨其穴，惴惴其慄。彼蒼者天，殲我良人。如可贖兮，人百其身。

交交黄鳥，止于楚。誰從穆公，子車鍼虎。維此鍼虎，百夫之禦。臨其穴，惴惴其慄。彼蒼者天，殲我良人。如可贖兮，人百其身。

樊川《奉陵宫人》：『相如死後無詞客，延壽亡來絶畫工。玉顔不是黄金少，泪滴秋山入壽宫。』

明器

《檀弓》孔子曰：『之死而致死之，不仁而不可爲也。之死而致生之，不智而不可爲也。是故竹不成用，瓦不成味，木不成斫，琴瑟張而不平，竽笙備而不和，有鐘磬而無筍虡〔一〕。其曰明器，神明之也。』

長樂陳氏曰：『不曰「神明之器」，特曰「明器」者，以神之幽，不可不明故也。《周官》凡施於神者，皆曰明，故水曰明水，火曰明火。以至明齍、明燭、明竁者，皆神明之也。蓋其有

〔一〕今按：『筍虡』，《十三經注疏》本《禮記·檀弓上》作『簨虡』。

竹瓦木之所用，琴瑟竽笙鐘磬之所樂者，明之也。所用非所用，所樂非所樂，神之也。宋襄公葬其醯醢百甕，豈理也哉！』

孔子謂爲明器者，知喪道矣，備物而不有〔一〕用也。哀哉！死者而用生者之器也，不殆於用殉乎哉！其曰明器，神明之也。塗車芻靈，自古有之。明器之道也。孔子謂爲芻靈者善，謂爲俑者不仁，不殆於用人乎哉！

嚴陵方氏曰：『喪之爲道，所以致之於死生之間。明器者，若前經所謂「竹不成用，瓦不成味」之類是矣。《孟子》引孔子之言曰：其言「始作俑者，其無後乎」，蓋本於此。』

仲憲之言於曾子，襄公之葬其夫人。仲憲原憲。言於曾子曰：『夏后氏用明器，示民無知也。殷人用祭器，示民有知也。』曾子曰：『其不然乎！其不然乎！夫明器，鬼器也。祭器，人器也。夫古之人，胡爲而死其親乎？』明器、祭器是人鬼之不同，用夏用殷是文質之有變。宋襄公葬其夫人，醯醢［百甕］〔二〕。曾子曰：『器曰明器矣，而又實之。』夏禮專用明器，而實其半，虛其半。殷人專用祭器，亦實其半。周人兼用二器，則實人器而虛鬼器。

〔一〕今按：『不有』，《禮記正義・檀弓下》作『不可』。
〔二〕今按：『百甕』，據《禮記正義・檀弓下》補。

方相氏猶言放相可畏怖之貌

方相氏掌蒙熊皮，黄金四目，玄衣朱裳，執戈揚盾，帥百隸而時難，以索室驅疫。大喪先柩，及墓入壙。以戈擊四隅，驅方良。罔兩。

挽章

《搜神器》〔一〕：『挽歌者，喪家之樂，執紼者，相和之聲。』梁商《韰露》歌，田横《蒿里》曲。梁商以上已讌于洛水。酒闌，繼以讌于之歌〔二〕。周舉曰：『此所謂哀樂失時，非其所也。殃將及乎！』杜祐《通典》：田横自殺，門人隨柩叙哀歌，名曰《韰露蒿里》，後代呼爲挽歌。武帝時，李延年分爲二曲，《韰露》送王公貴人，《蒿里》送士大夫。其詩曰：『韰上朝露何易晞，露晞明朝更復落，人事一去何時歸？蒿里誰家地，聚斂精魂無賢愚。鬼伯一何相催促，人命不得久踟蹰。』

譙子法訓，杜預左註。譙子《法訓》云：高帝召田横，至於尸鄉，自刎。從者不敢

〔一〕今按：《搜神器》，當爲《搜神記》。

〔二〕今按：此句，《後漢書·周舉傳》作『繼以《韰露》之歌』。

曲〔一〕，而不勝哀，故爲歌以寄哀音。《左傳》：魯哀公會吴伐齊，其將公孫［夏］歌《吴殯》。杜預曰：『《吴殯》送葬歌樂，必死也。』然則挽歌之來久矣，非始起於田横。

紼謳以生，必於斥苦。莊子註曰：『紼，引柩索也。斥疏緩也，苦用力也。引紼有謳歌者，爲人用力不齊，故促急之也。』

武陵王之爲挽歌，袁山松之行路難。武陵王晞未敗四五年中，喜爲挽歌《續陽秋》，自摇大鈴，使左右倡和。晋袁山松少有才名，善音樂，舊歌有《行路難》曲，辭疏質，山松好之，乃文其辭句，婉其節奏，每因醉歌之，聽者流涕。初，羊曇善唱樂，桓伊能挽歌，及山松《行路難》繼之，時謂之三絶。時張湛好於齊前種松柏，山松出遊好作挽歌。人謂：『湛屋下陳尸，山松道上行殯。』裴啓《語林》。

徐鉉之詞，亞之之夢。徐鉉作吴王挽詞，太宗每對宰臣稱鉉忠義。挽詞云：『青松洛陽陌，荒草建康宫。』《類苑》。沈亞之夢爲秦穆公女弄玉婿。公主死，作挽歌曰：『泣葬一枝紅，生同死不同。金鈿墮芳草，香袖滿春風。舊日聞簫處，高樓明月中。梨花寒食夜，深閉翠微宫。』

〔一〕今按：『不敢曲』，《太平御覽》卷五百五十二作『不敢哭』。

山濤之哭嵇康，杜甫之哭嚴武。山濤哭嵇康曰：『白雲泱泱，我心悲傷。』杜甫詩曰：『哭友白雲長。』杜牧詩曰『巨源哭處雲空斷』是也。甫《嚴僕射歸櫬》：『素幔隨流水，歸舟返舊京。老親如宿昔，部曲異平生。風送蛟龍雨，化爲龍而風送雨。天長驃騎營。營無將而天獨蒼。一哀三峽暮，遺後見君情。』

賈島之詩，賓王之咏。賈島：『蘭無香氣鶴無聲，哭盡秋天月不明。自從東野先生死，側近雲山得散行。』賓王：『返照寒無影，窮泉咽〔一〕不流。居然同物化，何更欲藏舟。』

誄文

誄，壘也，壘述前人之功德。

《禮》：小史，掌讀誄也。

《説文》：『誄，謚也。』

莊公之誄卜國，哀公之誄孔子。

魯莊公及宋人戰于乘丘。縣賁父御，卜國爲右。馬驚敗績，公墜，佐車授綏。公曰：『末之卜也。卜國微末無勇。』縣賁父曰：『他日不敗績，而今敗績。是無勇也。』遂死之。圉人

〔一〕今按：此詩，《駱丞集》作『返照寒無影，窮泉凍不流。居然同物化，何處欲藏舟』。

浴馬，有流矢在白肉。股間之肉。公曰：『非其罪也。』遂誄之。士之有誄，自此始也。有誄則有謚矣。』

方氏曰：『誄之爲義，發善之實，而不欲飾者也。謚則因誄之，言而別之。』

長樂陳氏曰：『春秋無義戰。則莊公乘丘之戰，非義也。流矢中馬而敗績，非御與佐之罪。而罪之，非智也。以成德之誄而加之未成德之上，使與士喪同，非禮也。非義與智，則貽害於一時。非禮，則亂法於萬世。貽害於一時，其罪小。亂法於萬世，其罪大。記人即其罪大者記之，故曰士之有誄，自此始也。』

《哀公十四年》〔二〕：夏四月己丑，孔丘卒。公誄之曰：『旻天不吊，不慭遺一老，俾屏蔽予一人以在位，煢煢予在疚。嗚呼哀哉尼父！無自律。』子貢曰：『君其不没於魯乎？夫子之言曰：「禮失則昏，名失則愆。」失志爲昏，失所爲愆。生不能用，死而誄之，非禮也。稱一人，非名也。君兩失之。』

《曾子問》：『賤不誄貴，幼不誄長，禮也。唯天子稱天以誄之，諸侯相誄，非禮也。』誄之爲言累也，累舉其平生實行，爲誄而定其謚，以稱之也。稱天以誄之者，天子之尊

〔二〕　今按：『十四年』，當爲『十六年』。《左傳》記孔子卒於哀公十六年。

無二。惟天在其上，故假天以稱之也。人君之事多稱天，不獨誄也。

韓文：陸先生矜語其客曰：『某，胥也，某，商也。其生某任之，其死某誄之。某與某可人也，任與誄也，非罪與？』皆曰：『然。』愈曰：『某之胥，某之商，其得任與誄也，有由乎？抑有罪，不足任而誄之耶。』先生曰：『否，吾惡其初。不然，任與誄也，何尤？』愈曰：『苟如是，先生之言過矣。』

《周》：祝，大史，遣之日讀誄。小史，卿大夫之喪，賜謚，讀誄。

魯哀公誄孔丘曰：『旻天不遺耆老，莫相予位焉。嗚呼哀哉，尼父！』鄭氏曰：『尼父，因其字以爲之謚也。』

謚法

謚，死者易名之稱號也。

《史》：謚者，行之迹號者，功之表，車服者位之章。是以大行受大名，細行受細名。行出乎己，名生于人，名謂謚號也。

婦人之謚，太子之謚。《穆天子傳》：盛姬卒，謚爲淑人。婦人謚始此。申生卒，晋人謚爲恭。太子謚始此。

文子之卒，無駭之卒。衛公叔文子卒，其子戌請謚于君曰：『日月有時，將葬矣，請所以易其名者。』君曰：『衛國凶饑，夫子爲粥以與餓者，是不亦惠乎？衛國有難，夫子以其死衛寡人，不亦貞乎？夫子聽衛國之政，修其班制，以與四鄰交，衛國之社稷不辱，不亦文乎？故謂夫子貞惠文子。』《隱公七年〔一〕》：無駭卒，羽父請謚。公問族於衆仲。對曰：『天子建德，因生以賜姓，祚之土而命之氏。諸侯以字爲謚，因以爲族。官有世功，則有官族，邑亦如之。』公命，以字爲展氏。

成王之謚，共王之謚。《文公元年》：楚太子商臣以宫甲圍成王。丁未，王縊，謚之曰靈，不瞑。《襄公十三年》：楚子疾，告太子〔二〕曰：『不穀不德，少主社稷，若以大夫之靈，獲保首領，以没於地，唯是春秋窀穸之事，所以從先君於禰廟者，請爲「靈」若「厲」。』楚共王卒，子囊謀謚。大夫曰：『君有命矣。』曰：『君命以「共」，若之何毁之？請謚之「共」。』大夫從之。〔三〕

〔一〕今按：『七年』，當爲『八年』。『無駭卒』載于《左傳·隱公八年》。
〔二〕今按：『太子』，當爲『大夫』。《左傳·襄公十三年》作『大夫』。
〔三〕今按：此條删略較多。《左傳·襄公十三年》原文爲：楚子疾，告大夫曰：『不穀不德，少主社稷。生十年而喪先君，未及習師保之教訓而應受多福，是以不德。而亡師于鄢以辱社稷，爲大夫憂，其弘多矣。若以大夫之靈，獲保首領以没於地，唯是春秋窀穸之事，所以從先君於禰廟者，請爲「靈」若「厲」。大夫擇焉。』莫對。及五命乃許。秋，楚共王卒。子囊謀謚。大夫曰：『君有命矣。』子囊曰：『君命以「共」，若之何毁之？赫赫楚國，而君臨之，撫有蠻夷，奄征南海，以屬諸夏，而知其過。可不謂共乎？請謚之「共」。』大夫從之。

衛之賜謚，唐之賜謚。《昭公廿年》：衛侯賜北宫喜謚曰『貞子』，賜析朱鉏謚曰『成子』，而以齊氏之墓與之。未死而賜謚及墓田。唐貞元十五年，故唐安公主賜謚莊穆。則公主謚，自此始。及考唐高祖華陽公主〔一〕，起兵參佑，已謚爲昭。齊高帝女妻沈攸之子文和，已謚爲興憲。則公主賜謚，又非自唐安始矣。

漢之末謚，秦之除謚。漢高祖尊先母爲昭靈夫人。明帝葬陰太后，建光烈之稱，然猶未以謚名也。其後，母后止有二謚。至宋仁宗時，劉太后崩，謚莊憲明肅。則母加四謚自此謚。秦皇制曰：『死以行爲謚，則是子議父，臣議君，甚無謂。自今除謚法。朕爲始皇帝，後世以計數，二世三世，至千萬世傳之無窮。』

胡氏曰：『子議父，臣議君，而非其禮，罪不容誅矣。考德行之實，而以天誅之，臣子亦安得而誅之哉？然後世謚法雖存，而公道不彰。爲臣子者，往往加美謚於君親，使死受所不當得，取世訕笑，則又不若不謚之爲愈也。』

《謚法解》：『惟周公旦開嗣王業，太公望建功牧野，終將葬，乃制謚。』『諸侯既葬，言謚曰類。』《曲禮》。誄先君之善，而請謚於天子，故曰類。

〔一〕今按：『華陽公主』，《淵鑒類函》、《山堂肆考》作『平陽公主』。

《表記》子曰：『先王謚以尊名，節以一惠，耻名之浮于行也。』一，專也。惠，善也。善行雖多，難以枚舉。但節其大者，以專其善。故曰『節以一惠』也。

王儉之卒，蕭瑀之卒。王儉卒，禮官欲謚『文獻』。王晏與儉不平，啓上曰：『此謚自宋以來不加異姓。』因改謚『憲』。蕭瑀，後梁明帝之子。歸唐，封宋國公。及卒，太常議謚曰『德』。尚書議曰『肅』。太宗改謚『貞褊』，以其性忌也。

許敬宗之曰繆，更議曰恭；宋慶禮之曰專，改議曰敬。許敬宗奸迴取容。及卒，太常謚曰『繆』。敬宗孫彦伯請改謚。詔五品以上更議，謚曰『恭』。唐宋慶禮卒，太常以其奸巧自是，謚曰『專』。張九齡曰：『慶禮在邊埵二十年，邊亭晏然，不當加以醜謚。』改曰『敬』。

名與實爽曰繆，過而能改曰恭。咸亨三年，許敬宗卒。太常博士以敬宗嘗奏，流其子於嶺南，又以女嫁蠻酋，多納其貨，謚法：名與實爽曰繆，請以謚之。敬宗孫彦伯訟請改謚。博士王福畤通子。曰：『何曾，以日食萬錢，得謚爲「繆」。謚之曰「繆」，無負許氏矣。』禮部尚書楊思敬曰：『過而能改曰恭，請謚曰「恭」。』從之。

晋何曾之曰繆，唐袁昂之曰穆。何曾厚自奉養，過于人主。及卒，博士秦秀按謚法宜謚『繆醜』。晋主策謚曰『孝』。大同六年，梁司空袁昂卒。遺疏不受贈謚。梁主不許，謚曰

『穆王』。

曰『穆』之加，縱梁主之好德；曰『孝』之策，奈晋帝之獎奸。

君子已孤暴［貴］〔一〕，不爲父作謚。《曲禮》。

文王雖爲西伯，不爲古公王季作謚。周公成文武之德，亦不敢加太王、王季以謚也。

《樂記》：『聞其謚知其行。』

《檀弓》：『死謚，周道也。』

賈充之憂，秦秀之請。賈充老病，自憂謚傳。從子模曰：『是非久自見，不可掩也。』卒無嗣，妻郭槐欲以外孫韓謐爲世孫。曹軫諫曰：『禮無異姓爲後之文。』帝許之。仍詔：『自非功如太宰，始封、無後者不得以爲比。』及太常議謚，博士秦秀曰：『充悖禮溺情，以亂大倫。昔鄫養外孫莒公子爲後，《春秋》書「莒人滅鄫」。絶父母〔二〕之血食，開朝廷之亂原。

〔一〕今按：『貴』，據《禮記·曲禮》補。
〔二〕今按：『母』，《資治通鑒》卷第八十一作『祖』。

按《謚法》，「昏亂紀度曰荒」，請謚「荒公」。』帝更曰『武』。〔一〕

發明：『充雖元惡，然老病垂死，自憂謚傳，則是小人之心，未始安於爲惡也。』

史記《謚法解》：『謚者，行之迹。傳者，以生存之行悉録之，可傳於後也。』故曰：『行出於己，名生於人。』賈充生存，悖理溺情，恐人録之，是以自憂。

《春秋・襄六年》：莒人滅鄫。

《穀梁傳》：莒人滅鄫，非滅也，立異姓以莅祭祀，滅亡之道也。註：莒是鄫甥，立以爲後，非其族類。神不歆其祀，故言滅鄫。

碑文

《祭統》：『銘之義，稱美而不稱惡。此孝子孝孫之心也。』

〔一〕　今按：此條删略較多。《資治通鑑》卷第八十一原文爲：魯公賈充老病，上遣皇太子省視起居。充自憂謚傳。從子模曰：『是非久自見，不可掩也。』夏四月庚午，充薨。世子黎民早卒，無嗣。妻郭槐欲以充外孫韓謐爲世孫。郎中令韓咸、中尉曹軫諫曰：『禮無異姓爲後之文。今而行之，是使先公受譏於後世而懷愧於地下也。』槐不聽。咸等上書，求改立嗣，事寢不報。槐遂表陳之，云充遺意。帝許之，仍詔：『自非功如太宰，始封、無後者不得以爲比。』及太常議謚，博士秦秀曰：『充悖禮溺情，以亂大倫。昔鄫養外孫莒公子爲後，《春秋》書「莒人滅鄫」。絶父祖之血食，開朝廷之亂原。按《謚法》：「昏亂紀度曰荒」，请謚「荒公」。』帝不从，更謚曰『武』。

勒銘因於麗牲，神道起於懸棺。

《記·祭義》：『君牽牲既入廟，麗于碑。』註：麗牲之碑，在廟之中庭。

《喪大記》：天子之窆，用大木爲碑，謂之豐碑。

故人南郡去，去索作碑錢。本賈爲文活〔一〕，翻令室室中飢。倒懸。《斛斯六官》。

冠冕通南極，文章落上臺。詔從三殿去，碑到百蠻開。《張司馬南海勒碑》，杜詩。

劉乂之持金，韓弘之寄絹。劉乂持韓愈金數斤去，曰：『此諛墓中人之金耳，不若爲劉君爲壽。』愈不能止。《閑話》。韓愈撰淮西碑，韓弘寄絹五百匹。

令五品以上螭首龜趺，降五品爲碣，方趺圓首，高四尺，置銘當窾，勒銘於隧。唐《燕公集》。

立碑穿隧，以彰盛美。楊。

琢石書德，用圖不朽。柳。

崔玄亮之戒，元魯山之碑。崔玄亮晦叔遺戒云：『吾玉磬琴留別樂天，請爲墓誌。』元魯山碑，唐建中立，李華文，顏真卿書，李陽冰篆額，時人謂之四絶。

〔一〕今按：『本賈爲文活』，《全唐詩》卷二二六杜甫詩《聞斛斯六官未歸》作『本賣文爲活』。

蔡邕爲碑文，孫綽爲碑文。蔡邕謂盧植曰：『吾爲碑銘多矣，皆有慚色。唯郭有道碑無愧色耳。』温郤王庾諸公之薨，必須孫綽爲碑文，然後刊石焉。

陶潛之文，傅弈之誌。『陶子將辭逆旅之館，永歸於故宅。羞以嘉蔬，薦以清酌。』此則祭文也，非碑文也。繫于此門者，旁以類聚也。傅弈嘗醉卧，自爲碑誌曰：『傅弈，青山白雲之人也，因醉酒死，嗚呼哀哉！』

熊安生之訟，柳公權之書。熊安生學爲儒宗。或誑之曰：『某村古冢，是晋將軍熊光，去安生七十三世，舊有碑，爲村人埋匿。』安生掘地求之不得，連年訟焉。冀州刺史鄭讙判曰：『七十三世，乃是羲皇上人。河南將軍，晋無此號。』安生猶率族人向冢而哭。柳公權善書。大臣家廟誌，非其筆，人以爲不孝。外夷入貢，皆别署貨貝曰：此求柳書。《唐書》。

文帝不立秦王碑，貫文豈撰裴均銘。隋秦王俊卒，僚佐請立碑。文帝曰：『欲求名，一卷史書足矣，何用碑爲？若子孫不能保家，徒與人作鎮石耳。』唐韋貫之，裴均子嘗持萬縑，請撰先銘。貫之曰：『吾寧餓死，豈爲是哉！』

書張説之碑額，刻姚崇之碑文。唐張説嘗自爲其父碑。玄宗書其額曰：『嗚呼！積善之墓。』姚崇張説同位宰輔。崇病，戒諸子曰：『張相與吾釁隙甚深，然稍奢侈。吾没之後，當來吊。盛陳服玩寶器於前，彼若寓目，當致此玩，以神道碑請得其文，即時録進，仍先礱諸子悉依教戒碑文。張料事遲我，數日後必追悔。』姚没後，張果至，目其服玩者數四。諸子悉依教戒碑文。說極筆曰：『八柱承天，高明之位列；四時成歲，亭毒之功存。』數日，果取其本，欲重删改，碑已攻畢。說悔恨曰：『死姚崇猶算生張說。』《雜録》。

韓維之爲富弼誌，君實之爲景仁傳。富韓公之薨也，神宗惜之曰：『富某平生强項，死矣，誌其墓亦必一强項人也。』已而自曰：『方今强項者，莫如韓維。必維爲之矣。』時持國方知汝州。其弟玉汝丞相具聞此語，亟遣介走，報持國曰：『雖其家以是相囑，謹勿許之。』書未到，富果以墓誌囑持國。既諾之矣，復書曰：『平生受厚恩，嘗恨未有以報。今其見託，義無以辭。雖因此獲罪，所甘心也。』卒爲之。初，持國年幾四十，猶未出仕。富鎮并州，辟以帥幕。《却掃編》。熙寧、元豐間，士大夫論天下賢者，必曰君實、景仁。二公既約更相爲傳，而後死者則誌其墓。君實爲景仁傳，其略曰：『吕獻可之先見，范京仁〔一〕之勇決，皆予所不及也。』

吕獻可之託墓誌，范文正之作墓銘。吕獻可病，託温公以墓誌。一日手書，温公省之，已瞑目矣。温公呼之曰：『更有以見囑乎？』獻可張目曰：『天下事尚可爲，君實勉之。』故

〔一〕今按：『范京仁』，當爲『范景仁』。

温公誌其墓，論獻可爲中丞時，有幸臣棄官家居者，天子引參大政。獻可抗章，條其過失，曰：『誤天下蒼生者，必此人也。』誌未成，劉航仲通自請書。既見其文，遲迴不敢書。時安石在相位也。仲通之子安世曰：『成吾父之美，可乎？』代書之。安石得之，掛壁間。曰：『君實之文，西漢之文也。』范文正爲人作銘，未嘗受遺。後作范忠獻銘，其子欲以金帛謝，拒之。乃獻以所蓄書畫，公悉不收，獨留《道德經》。而還書戒之曰：『此先君所藏，世之所寶。仲淹竊爲宗家惜之，毋爲人得也。』

歐陽公之作碑，歐陽公之作文。歐陽公初以希文事得罪於吕相，坐黨人，遠貶三峽。吕公罷相，公被進擢，後爲范公作神道碑。言西事時吕公擢用，希文盛稱公之賢能，釋私憾而共戮。希文子純仁大以爲不然，削去此一節遺事。歐陽公作尹師魯銘文，不辨獲罪之冤，但稱文章簡而有法。或以爲不盡。公怒曰：『簡而有法，惟《春秋》當之。脩於師魯之文，不薄矣。』《聞見録》。

作文受書，自晋以來有之，至唐始盛。《李邕傳》：邕尤長碑頌。中朝衣冠，天下寺觀，多持金帛往求其文。前後所製，凡數百首。受納饋遺，亦至巨萬。時議以爲鬻文獲罪，自古未有如邕者。

皇甫湜之作碑，蕭俛之辭撰。皇甫湜爲裴度作福先寺碑，度贈以車馬繒綵。湜大怒曰：『碑三千字，一字三縑，何遇我薄耶？』度笑酬絹以九千匹。穆宗詔蕭俛構成德王士真碑。俛辭曰：『王承宗事無可書。又撰進之後，例得貺遺。若黽勉，則非平生之志。』帝從其請。

白居易之修記，蘇東坡之未銘。白居易《修香山寺記》曰：『予與元微之定交於生死之間。微之將薨，以墓誌文見託。既而元氏之老狀其臧獲、輿馬、綾帛洎銀鞍玉帶之物，價當六七十萬，爲謝文之贄。予念平生分，贄不當納。往反再三，訖不得已，回施茲寺。凡此利益，功德，應歸微之〔一〕。』至宋，此風猶存。唯東坡未嘗銘墓，獨銘五人，皆盛德故。謂富韓公、司馬公、趙清獻公、范蜀公、張文定公也。此外，趙康靖公、滕元發二銘，乃代文定所爲

〔一〕今按：此條删略較多。原文爲：予早與故元相國微之定交於生死之間，冥心於因果之際。去年秋，微之將薨，以墓誌文見託。既而元氏之老狀其臧獲、輿馬、綾帛洎銀鞍玉帶之物，價當六七十萬，爲謝文之贄，來致於予。予念平生分，文不當辭，贄不當納。往反再三，訖不得已，迴施茲寺。因請悲智僧清閑主張之。命謹干將士復掌治之。始自寺前亭一所，登寺橋一所，連橋廊七間。次至石樓一所，連樓一所，連廊六間。次東佛龕大屋十一間，南賓院堂一所，大小屋共七間。凡支壞補缺、壘損覆漏，圬墁之功必精，赭堊之飾必良。雖一日必葺，越三月而就。譬如長者壞宅，鬱爲導師化城。於是龕像無燥濕陊泐之危，寺僧有經行宴坐之安。遊者得息肩，觀者得寓目。關塞之氣色，龍潭之景象，香山之泉石，石樓之風月，與往來者耳目，一時而新。士君子、佛弟子，豁然如釋憾刷耻之爲者。清閒上人與予及微之皆夙舊也，交情願力，盡得知之。感往念來，歡且贊曰：『凡此利益，皆名功德。而是功德，應歸微之。』

者。在翰林日，詔撰樞密趙瞻神道碑，亦辭不作。

杜詩：『憶昔李公存，詞林有根抵。聲華當健筆，聲與筆副。洒落富清製。風流散金石，追琢山岳鋭。精窮造化理〔一〕，森然起凡例。得《春秋》凡例體。蕭蕭白楊路，洞撤真珠〔二〕惠。照映幽冥如惠寶珠。龍宫塔廟涌，浩劫浮雲衛。宗儒俎豆事，故吏去思計。眄睞已皆虚，虚己待之。跋涉曾不泥。跋涉而來曾不留滯。向來映當時，豈特勸後世。豐屋珊瑚鈎，騏驎織成罽。紫騮隨劍几，義取無虚歲。富貴之家閏筆之物。』

杜詩：『再讀徐孺碑，猶思理烟艇。』九齡作徐孺子碑，當時傳誦。今讀其碑，欲乘舟往吊。『青熒雪嶺東，碑碣舊製存。斯文散都邑，高價越璵璠。』牛頭山下，有閭丘均撰瑞聖寺碑文。

劉公敞之爲碑，曾子開之作銘。梅聖俞堯臣與劉公敞親且舊。既卒，其家不能自存。公哀之，未有以助也。聖俞嘗欲書程丞相神道碑，病不果，劉公爲成之。程氏喜，餉白金五百兩，公發封〔三〕，盡以賜梅氏。曾子開與彭器資爲友。彭之亡曾作銘，彭之子以金帶縑帛

〔一〕　今按：『精』，當爲『情』。《杜詩詳註》爲『情窮造化理，學貫天人際。干謁走其門，碑版照四裔。各滿深望還，森然起凡例。』

〔二〕　今按：『真珠』，《杜詩詳註》作『寶珠』。

〔三〕　今按：『公發封』，劉攽《劉公行狀》作『公不發封』。

爲謝。却之至再，曰：『此文本以盡朋友之義，若以財見投，非足下所以事父執之道也。』彭子惶懼而止。《容齊隨筆》。

唐主之薨，徐鉉之碑。南唐後主薨，太宗詔侍臣撰碑。時有與徐鉉争名，欲中傷之，因言：『知吴王事迹，莫若徐鉉。』太宗詔鉉爲之。鉉遽請對，泣曰：『臣舊事李煜，陛下容臣存舊主之義，臣敢奉詔。』太宗許之。鉉爲碑，但推言曆數已盡，天命有歸。有曰：『東鄰遘禍，南箕扇疑。投杼致慈親之惑，乞火無束緼之談。始勞因壘之師，終後塗山之會。』太宗覽讀嘆賞。東鄰，謂錢俶也。《類苑》。

魂魄

《淮南子》：『天氣爲魂，地氣爲魄。』

《抱朴子》：『人有賢愚，皆知己身之有魂魄。魂魄分去則人病，盡去則人死。故分去，則術家有拘録之法。盡去，則禮典有招呼之義。此之爲物至近者也。然與人俱生，至乎終身，莫或有聞見之者也。豈可遂以不聞見之？而云：無之乎！』

三魂七魄。人有三魂：一曰爽靈，二曰胎光，三曰幽精。常呼念其名，則魂安人身也《太微靈書》。

胎光延生，爽靈益禄，幽精絶死。《七籤》。

一名尸狗，二名伏矢，三名雀陰，四名呑賊，五名非毒，六名除穢，七名臭肺。此七魄之名，身中之濁鬼也上。

《左傳》樂祈曰：『心之精爽，是謂魂魄。魂魄去之，何以能久？』

魂魄者，何謂也？魂者猶伝伝行不休也。少陽之氣，故動不息於外也。魄者猶迫迫，着于人也。此少陰之氣，象金石着人不移也。魂者，芸也。情以除穢。魄者，迫也。性以治内。《白虎通》。

魄，白也。魂，芸也。白，明白也。芸，芸動也。形有體質，取明白爲義。氣唯噓吸，取芸動爲義。《孝經説》。

魄問於魂曰：『道何以爲體？』曰：『以無有爲體。』魄曰：『無有，有形乎？』魂曰：『無有。』魄曰：『無有，何得而聞也？』魂曰：『吾直有所遇之耳。視之無形，聽之無聲，謂之幽冥。幽冥者，所以喻道，而非道也。』魄曰：『言者獨何爲者？吾將反吾宗矣。』魄反顧，魂忽然不見。反而自存，亦以淪于無形矣。《淮南子》。

子産曰：『人生始化曰魄。既生魄陽曰魂。用物精多，則魂魄强。是以有精爽，至於神明。匹夫匹婦强死，其魂魄猶能憑依於人，以爲淫厲。』《左・昭七》。

師言欲求長生，勤服大藥，欲得通神。當金水分形，形分，則自見其身之三魂七魄，而天靈地祇，皆可接見，山川之神，皆可使役也。地真。

漢高之謂沛父，越王之問范子。高祖謂父老曰：『萬歲之後，吾魂魄猶樂思沛也。』《史》。越王問范子曰：『寡人聞之，失其魂魄者死，得其魂魄者生。物皆有之，人亦有之。』范子曰：『人有之，萬物亦然。天地之間，人爲貴。以生人與物之生穀爲貴，魂魄無異也。』《越絶書》。

南平王鑠之無魂，東海王妃之招魂。南平王鑠，元凶弑立，以鑠爲侍中。後歸孝武最晚，常懷憂懼。語家人云：『我自覺無復魂守。』《南史》。東海王越妃，痛越棺柩被焚，乃招魂，葬越於丹徒。中宗以爲非禮也，下詔曰：『夫冢以藏形，廟以安神。今世招魂葬者，是埋神也。其禁之。』《晋中興書》。

郭偃曰：『公子重耳其入乎？其魄兆于民矣。魄，形也。』《晋語》。

招魂

惟郢路之遼遠兮，魂一夕而九逝。《楚辭》。

《招魂》者，宋玉之所作也。宋玉憐哀屈原，厥命將落，作《招魂》，欲以復其精神，延其年壽也。

朕幼清以廉潔兮，身服義而未沬。主此盛德兮，牽於俗而蕪穢。上無所考此盛德兮，長罹殃而愁苦。帝告巫陽曰：『有人在下，我欲輔之。魂魄離散，汝筮與之。』巫陽對曰：『掌夢，上帝其命難從。若必筮與之，恐後謝之怠惰，不能復用巫陽焉。』乃下招曰：魂兮歸來！去君之恒幹，常體。何爲兮四方些？舍君之樂處，而罹彼不祥些。魂兮歸來！東方不可以托些。長人千仞，唯魂是索些。十日代出，流金鑠石些。彼皆習之，魂往必釋些。歸來歸來，不可以托些。魂兮歸來，南方不可以止些。雕題黑齒，得人肉以祀，以其骨爲醢些。蝮蛇蓁蓁，聚。封狐千里些。長千里。雄虺九首，往來儵忽，吞人以益其心些。歸來歸來，不可以久淫些。魂兮歸來，西方之害，流沙千里些。旋入雷泉，爢散而不可止些。幸而得脱，其外曠宇些。赤蟻若象，玄蜂若壺些。五穀不生，叢菅是食些。其土爛人，求水無所得些。彷徉遊行無所倚，廣大無所極些。歸來歸來，恐自遺賊些。魂兮歸來，北方不可以止些。增冰峨峨，飛雪千里些。歸來歸來，不可以久止些。魂兮歸來，君無上天些。虎豹九關，啄害下人些。一夫九首，拔木九千些。豺狐從目，往來侁侁些。懸人以嬉，投之深淵些。致命於帝，然後得眠〔一〕些。歸來歸來，往恐危身些。魂兮歸來，君無下此幽都些。土

〔一〕今按：『眠』，《昭明文選・招魂》作『瞑』。

伯九約，屈。其角觺觺些。敦脄背。血拇，逐人駓駓些。參目虎首，其身若牛些。此皆甘人，歸來歸來，恐自遺災些。魂兮歸來，入脩門些。工視〔一〕招君，背行先些。秦篝齊縷，鄭綿絡些。招具該備，永嘯呼些。魂兮歸來，反故居些。天地四方，多賊奸些。像設居〔二〕室，静閒安些。高堂邃宇，檻層軒些。層臺累舍〔三〕，臨高山些。網户朱綴，刻方連些。冬有突夏，夏寒室些。溪〔四〕谷經復，流潺湲些。光風轉蕙，氾崇蘭些。經堂入奥，朱塵筵些。砥室翠翹，挂〔五〕曲瓊些。翡翠珠被，爛齊光些。蒻席。阿拂壁，羅幬張些。纂組綺縞，結奇璜些。室中之觀，多珍怪些。蘭膏明燭，華容備些。二八侍宿，射遞代些。九侯宿女〔六〕，多迅衆些。盛鬋鬢。不同制，實滿宫些。容態好比，順彌代些。弱顔固植，堅志。謇其有意些。姱容脩態，絙洞房些。蛾眉曼長。睩，視。目騰光些。靡顔膩理，遺視矊些。離榭脩

〔一〕今按：『視』，《昭明文選·招魂》作『祝』。
〔二〕今按：『居』，《昭明文選·招魂》作『君』。
〔三〕今按：『舍』，《昭明文選·招魂》作『榭』。
〔四〕今按：『溪』，《昭明文選·招魂》作『川』。
〔五〕今按：『挂』，《昭明文選·招魂》作『絓』。
〔六〕今按：『宿女』，《昭明文選·招魂》作『淑女』。

幕，侍君之閒〔一〕些。翡帷翠幬，飾高堂些。紅壁沙版，軒版。玄玉之梁些。仰觀刻桷，畫龍蛇些。坐堂伏檻，臨曲池些。芙蓉始發，雜芰荷些。紫莖屏風，文緑波些。文異豹飾，侍陂陁些。軒輬既低，步騎羅些。蘭薄户樹，瓊木籬些。魂兮歸來，何遠爲些。室家遂宗，食多方些。稻粢穱麥，挐黄粱些。大苦鹹酸，辛甘行些。肥牛之腱，臑若芳些。和酸若苦，陳吴羹些。胹煮。鼈炮羔，有柘漿些。鵠酸臇膗。鳧，煎鴻鶬些。露栖。鷄臛羹。蠵，厲烈。而不爽些。粔籹蜜餌，有餦餳。餭些。瑶漿蜜勺，實羽觴些。挫糟凍飲，酎清涼些。華酌既陳，有瓊漿些。歸來歸來反故室，敬而無妨些。肴羞未通，女樂羅些。陳鍾按鼓，造新歌些。涉江採菱，發陽〔二〕河些。美人既醉，朱顔酡些。嬉光眇視，目層波些。被文服纖，麗而不奇些。長髮曼鬋，艷陸離些。二八齊容，起鄭舞些。衽若交竿，撫案下些。竽瑟狂會，搷擊。鳴鼓些。宫庭震驚，發激楚些。吴歈蔡謳，秦大吕些。士女雜坐，亂而不分些。放陳組纓，班班然。其相紛些。鄭衛妖玩，來雜陳些。激楚之結，頭髻。獨秀先些。菎蔽玉著。象碁，有六簙些。分曹絃進〔三〕，遒相迫些。成梟而牟，呼五白些。晋制犀比，集。費光。白日

〔一〕今按：『閒』，《昭明文選·招魂》作『閒』。
〔二〕今按：『陽』，《昭明文選·招魂》作『楊』。
〔三〕今按：『絃進』，《昭明文選·招魂》作『並進』。

些。鏗鐘摇虚〔一〕，揳撫。梓瑟些。娛酒不廢，沉日夜些。蘭膏明燭，華鐙錯些。結撰至思結撰。博思至心以思賢人，蘭芳喻賢。假些。人有所極，同心賦誦。些。酎飲既盡歡，樂先先祖。故故舊。些。魂兮歸來，反故居些。亂曰：獻歲發春，汩疾。吾南征些。菉蘋齊葉兮，白芷生些。路貫廬江兮，左長薄。廬江長薄，皆地。倚沼畦區。瀛池。兮，遥望博。平陸。青驪結駟兮，齊千乘。懸火延起兮，玄烟烝。步及驟處兮，誘導。騁先。抑騖若順。通兮，引車右還。與王趨夢草中。兮，課後先。君王親發兮，憚青兕。朱明承夜兮，時不可〔二〕淹。皋蘭被徑兮，斯路漸。没。賢处山野，而君不用，亦將殘害。湛湛江水兮，上有楓。目極千里兮，傷春心。魂兮歸來，哀江南。

擬招

求放心，復常性。吕大臨。

上帝若曰：哀我人斯，資道之微。肖天之儀，神明精粹。降爾德兮，予無汝欺。視聽食息，皆有則兮，予何敢私？顧弱喪以流徙，返故居兮謬迷。圈豚放馳，散無適歸。蟻慕羊

〔一〕今按：『虚』，《昭明文選·招魂》作『簴』。

〔二〕今按：『可』，《昭明文選·招魂》作『見』。

膻，聚附不離。予哀若時，魂莫予追。乃命巫陽，爲予招之。陽拜稽首，敢不祗承上帝之耿命！退而招之以辭。辭曰：

魂兮來歸，魂無東。大明朝生兮啓群蒙，萬物揺蕩兮隱以風，遷流正性兮失厥中。

魂兮來歸，魂無南。離明燭照兮萬物瞻，文章焕發兮不可緘，夸淫侈大兮志不厭。

魂兮來歸，魂無西。日入昧谷兮草木萎，實落材成兮雖有時，志意凋謝兮與物衰。

魂兮來歸，魂無北。幽都闇黯兮深閉塞，歸魂獨有兮專静默，有心獨藏兮各爲德。

魂兮來歸，魂無上。清陽朝撤兮文惚恍，絶類離群兮入無象，杳然高舉兮極驕亢。

魂兮來歸，魂無下。素位安行兮以時舍，沉濁下流兮甘土苴，固哉成形兮不知化。

魂兮來歸，反故居。盍歸休兮復吾初？

範博厚以爲宫兮，戴高明以爲廬。植大中以爲常産兮，藴至和以爲厨。動震雷以鼓聽〔一〕兮，守艮山以止隅。秉離明以爲燭兮，御巽風以行惠〔二〕。守吾坎以禦侮兮，開吾先以

〔一〕　今按：「聽」，朱熹《楚辭後語》收録吕大臨《擬招》作「昕」。

〔二〕　今按：「惠」，當爲「車」。本段以「盧、厨、隅、趨、儲、塗、虚、如、餘、居」爲韵，「惠」字於韵不合。朱熹《楚辭後語》收録吕大臨《擬招》作「車」。

進趨。資粮械器惟所用兮，何物之不儲？上下四方〔一〕惟所之兮，何適而非塗？雖備物以致用兮，廓吾府而常虚。縱奔騖以終日兮，燕吾居而晏如。惟寂惟寞〔二〕，疑有疑無。其尊無對，其大無餘。曷自苦兮一方拘？魂兮來歸反故居！

鬼神

《説文》：天曰神，地曰祇〔三〕，人曰鬼。鬼之言歸也，慧也。

《列子》：精神離形，各歸其真，謂之鬼。

《禮記·祭義》宰我曰：『吾聞鬼神之名，不知其所謂。』子曰：『氣也者，神之盛也。魄也者，鬼之盛也。合鬼與神，教之至也。衆生必死，死必歸土，此之謂鬼。骨肉斃于下，陰爲野土。其氣發揚于上爲昭明，焄蒿凄愴，此百物之精也，神之著也。因物之精，制爲之極，明命鬼神，以爲黔首則法，百衆以畏，萬民以服。』

《中庸》子曰：『鬼神之爲德，其盛矣乎？視之而弗見，聽之而弗聞，體物而不可遺，使

〔一〕今按：『上下四方』，朱熹《楚辭後語》收録吕大臨《擬招》作『四方上下』。
〔二〕今按：『惟寂惟寞』，朱熹《楚辭後語》收録吕大臨《擬招》作『惟寞惟寂』。
〔三〕今按：『祇』，當爲『祇』。

天下之人齊明盛服，以承祭祀。洋洋乎如在其上，如在其左右。詩曰：「神之格思，不可度思，矧可射思！」夫微之顯，誠之不可掩，如此夫！』

程子曰：『鬼神，天地之功用，而造化之迹也。』

張子曰：『鬼神者，二氣之良能也。』

朱子曰：『以二氣言，則鬼者陰之靈也，神者陽之靈也。以一氣言，則至而伸者爲神，反而歸者爲鬼。其實一物而已。』

周氏曰：『鬼者，盡人道者也。神者，盡天道者也。』

《禮運》孔子曰：『鬼神以爲徒，故事可守也。』註：徒如徒侶之相依，郊社、宗廟、山川、五祀之禮，皆與政事相依。如此行政，則凡事悠久不失也。

《少儀》：『神不可瀆。』神不可瀆，必敬而遠之。

《莊公卅二》：有神降于莘虢地。惠王問諸内史過曰：『是何物也？』對曰：『國之將興，明神降之，監其德也。將亡，神又降之，觀其惡也。故有神而興，亦有以亡。虞夏商周皆有之。』王曰：『若之何？』對曰：『以其物享焉。其至之日，亦其物也。』若以甲乙日至，祭先脾，玉用蒼，服尚青。王從之。内史過往，聞虢請命，反曰：『虢必亡矣。虐而聽於神。』聽於神求賜土田之命。神居莘六月，虢公使祝應、宗區、史嚚[享]〔一〕焉。神賜之土田。史嚚曰：『虢其亡乎？吾聞之，國將興，聽於民。將亡，聽於神。神，聰明正直而一者也，依人而行。唯德是與。虢多涼德，其何土之能得？』《昭公七年》：鄭人相驚以伯有，曰『伯有至矣』，則皆走，不知所往。襄公三十一年，鄭殺伯有。鑄刑書之歲二月，或夢伯有介甲。而行。曰：『壬子，余將殺帶也。明年壬寅，余又將[殺]〔二〕段也。』及壬子，賜〔三〕帶卒，國人益懼。壬寅，公孫段卒，國人愈懼。子產立公孫泄及良止以撫，乃止。公孫泄，子孔之子。良止，伯有之子。子太叔問其故。子產曰：『鬼有所歸，乃不爲鬼〔四〕。吾爲之歸也。』

子文將死，且泣曰：『鬼猶求食，若敖氏之鬼不其餒而！』

民，神之主也。若百姓困也，鬼神乏主也。

社宮之鬼謀以亡曹，莘邑之神降而滅虢。

庾信賦：『鬼同曹社之謀。』

〔一〕今按：『享』，據《左傳・莊公三十二年》補。
〔二〕今按：『殺』，據《左傳・昭公七年》補。
〔三〕今按：『賜』，《左傳・昭公七年》作『駟』。
〔四〕今按：『鬼』，《左傳・昭公七年》作『厲』。

鬼神無常享，享于克誠。《書》。

不善之家，禍實由己。有道之日，神不傷人。《類函》。

鬼神享德，禱祀貴誠。同。

周神之止，宋神之降。武王伐紂都洛，天大雨雪。甲子朔，五神車騎止王門之外。王曰：『諸神各有名乎？』師尚父曰：『南海神名祝融，北海神名玄冥，東海神名勾芒，西海神名蓐收，河伯名馮脩。』神皆敬而見武王曰：『天伐殷立周，謹來受命。』《太公陰謀》。大中祥符，有神降，自稱宋祖，名玄朗。《宋朝事實》。

齊莊公之公子，梁武帝之蔣帝。《左・莊公八》：齊侯田于貝丘，見大豕。從者曰：『公子彭生也。』公怒曰：『彭生敢見！』射之。豕人立而啼。公懼，墜于車，傷足喪屨。蓋彭生，桓公十年爲襄公所殺者。梁武帝以京師旱甚，詔於蔣帝廟求雨。十旬不降。帝怒，欲焚蔣帝廟並神影。是日，欲起火，忽驟雨如注。《曹景宗傳》。

興宋之鬼，亡宋之鬼。江南李後主時，大宋將興。忽見州城上有神現，頭如車輪，額上有珠，光粲如日月。今天王樓是也。宋丞相史彌遠薨已久。一夕，忽有人叩其門曰：『丞相歸。』家人莫不怪。入門升堂，一如平生。乃宋將亡，陰勝陽微之兆也。未幾，宋果亡。

繆侯之神，天王之神。關壯繆侯羽，初不聞爲神。至隋世，於荊州玉泉寺見靈迹。宋崇寧時，蚩尤神主鹽池。帝敕天師召羽勝之，鹽池始復，故封羽爲崇靈真君。按：黄帝殺蚩尤，血化爲鹵，今之海池是也。天寶元年，西蕃五國來寇安西。上詔不空三藏入内特念。不空誦護國陀羅尼方二七遍，帝忽見神人五百，帶甲荷戈在殿前。帝問不空，對曰：『此毗沙門天王往救安西也。』安西奏，城東北三十里有神，長丈餘，皆被金甲，鼓角大鳴，地動山摇，蕃寇大潰。城樓上有光如天王。因敕諸道節鎮，各置天王形像。

鄒湛之葬舒仲，蒻琛之遷項羽。晋鄒湛，見一人自稱甄舒仲。乃悟曰：『宅西有積土敗瓦，必有死人舒仲者。』檢之果然，厚加斂葬。梁蒻琛爲吴興守。郡有項羽廟，前後二千石，皆以牛充祭，而避居他室。琛至，着履登廳事，嘗聞室中有叱聲。琛曰：『生不能與漢祖争中原，死據此廳事，何也？』遷之。

顧劭之與談，茅士之叱出。顧劭爲豫章，禁淫祠，毁諸廟。至廬山廟，一郡悉諫。不從。夜有人狀若方相，要之入坐，與談《春秋》。燈盡，燒《左傳》以續之。鬼欲陵劭，劭神氣湛然。鬼反和遜，求復廟。劭笑而不答。鬼怒曰：『三年内，君必衰。』劭果病，咸勸復廟。劭曰：『邪豈勝正？』終不聽，遂卒。《商芸小説》。茅處士得襄陽劉庫部之第。夜聞呼曰：『庫部來！』叱茅曰：『我第，汝何敢據？』茅叱曰：『汝昔爲人，今爲鬼。爾子不肖，不能保有先人舊廬，售貨於我，尚敢逐我耶？』叱令速出。鬼遂遁去。《括異志》。

阮子無鬼，阮子無鬼。阮宣子論鬼神有無。或以人死有鬼，阮子獨以爲無。曰：『今見鬼者云，着生時衣服。若人死有鬼，衣服亦復有鬼乎？』《世説》。阮瞻素執無鬼論。忽有一客通名詣瞻。寒温畢，聊談名理。客有才辯，瞻與之言良久，及鬼神之事，反覆甚苦。客遂屈，乃作色曰：『鬼神，古今聖賢所共傳，君何得言無耶？僕便是鬼。』於是變爲異形，須臾消滅。

陸雲之宿，劉諷之宿。晋陸雲逗宿故人家，夜暗迷路，忽望草中有光，至一家寄宿。見一年少，共談《老子》，音致深遠。向曉辭去，至故人家。却尋昨宿處，乃王弼家。雲本無玄學，自此談玄殊進。劉諷夜宿空館，有三女娘歌曰：『明月清風，良宵會同。星河易翻，歡娱不終。緑尊翠爵，爲君斟酌。今夕不飲，何時歡樂？』忽有黄衣曰：『婆提王屈娘子速來！』明朝，拾得翠釵數隻。

梁之奇鬼，宋之怪鬼。梁國之北地名黎丘，有奇鬼焉，善效人之子姪昆弟，好扶邑丈人，而道苦之。黎丘丈人之市，醉而歸者。黎丘之鬼扶而道苦之。丈人酒醒而誚其子。其子泣而觸地曰：『孽無苦也。』其父信之，曰：『噫！是必扶奇鬼也。我固聞之。』明日，復飲于市，欲遇而刺之。明朝而醉，其真子恐其父之不能反也，遂迎之。丈人望其真子，拔劍刺之。而不知惑於似其子者，而殺其真子。《戰國策》。張平子賦曰『梁叟患其黎鬼，丁厥子而剸刃』是也。宋尚書省多有鬼怪。尚書周確卒於此省，徐孝先代確，即居之。經兩載，妖變皆息。時人咸以爲正直所致。

魏元忠之不信，馬公亮之大書。魏元忠公正寬厚，不信邪鬼。未達時，家貧，獨一婢。老猿爲看火。公曰：『猿閒我闕僕，爲我執爨耳。』嘗呼蒼頭，犬代呼之。公曰：『孝順狗也，能代我労。』群鼠拱之於前。公曰：『求食於我耶？』乃令飼之。夜有鵂鶹。公曰：『何須傷之？』又夜半，有婦女數人。公曰：『能徙吾牀於堂下乎？』婦人竟擡舁於堂下。公曰：『可復徙堂中乎？』群女乃復移牀。公曰：『能徙吾牀至街市乎？』群女再拜而去。公曰：『此寬厚長者，可同常人玩之哉！』《見異録》。少保馬公亮少時，臨窗燭下閱書，忽有大手如扇，自窗前伸入。次夜又至。公以筆濡雄黄水大書花字。將曉，哀鳴，手終不縮。公以手滌去花字，遂謝而去。《括異志》。

宋巡檢之見，姚康城之見。宋潛爲甘渡巡檢。故人趙當訓其子弟，忽見婦人立燈下。唱曰：『郎行久不歸，妾心傷亦苦。低迷羅帕風，泣背西囪雨。』滅燈就寢。其父往觀視，一燈槳焚之。《雲齊廣録》。姚康城夜宿廢宅，見三人入廊房内賦詩。一人細長而黑，吟曰：『昔日炎炎都自知，今無烽竈欲何爲？可怜長柄全無用，曾見人人未下時。』一人細長，面多創孔，吟曰：『當時得意氣填心，一曲君前直萬金。今日不如庭下竹，風來猶得學龍吟。』一人肥短，鬢髪散垂，吟曰：『集頭積秃但心存，力盡塵埃不復論。莫道今來同腐草，曾經終日捍柴門〔一〕。』明日尋之，見鐵銚子一柄，破笛一管，一秃黍穰箒。《靈怪録》。

僧全清之符，向子集之射。越僧全清，善書符壓絞鬼神之術。市人王姓兒婢染邪氣，全清縛草人長丈餘，結壇，立草人于上，咒之良久，嗚咽而語，唯稱乞命。全清乃取一甕側卧，以鞭驅納草人入甕中，呦呦有聲。符緘甕口，埋于桑下。其婢即日病差。亂後甕破，雉飛作人語曰：『被這和尚禁却，今日方見日光。』《葆光録》。魏韋英卒，妻梁氏嫁向子集。嫁日，英歸至庭，呼：『阿梁卿忘我耶？』子集張弓射之，變爲桃人茅馬。《雜俎》。

梁范雲與高祖，郭侍郎之老吏。梁范雲，少與高祖同宿顧嵩舍。妻聞有鬼在外語曰：『此中有王有相。』後果然。郭侍郎承嘏，嘗寶法書一軸，每携以隨身。初應舉就雜文試，寫畢，以紙緘裹，置于篋中。及納試，而誤納所寶書帖。忽有老吏，具以實告吏曰：『某能换之，然某家貧，居興道里，倘换得，願以錢三萬見酬。』賁程試入，而以書帖出，授公。明日，詣興道里。對曰：『主人死，已三日奠，未辯周身之具。』公方知棘圍所見，乃鬼也。遂以錢贈其家。《嘉話録》。

權會誦易，郭公題頰。北齊權會，夜獨乘驢，出城東門，鍾漏已盡。忽有一人牽頭，一

〔一〕　今按：此四句，《太平廣記・姚康成》作『頭焦髮秃但心存，力盡塵埃不復論。莫笑今來同腐草，曾經終日掃朱門』。

人隨後，有異生人，漸漸失路。誦《易經》上篇一卷，前後二人忽然離散。郭代公山居。中夜，二人面如盤，瞋目出于燈下。公染翰題頰曰：『久戍人偏老，長征馬不肥。』題畢吟之。其物遂滅。《酉陽雜俎》。

皇華驛之婦人，都下倉之進士。廣州〔一〕崔慶成，抵皇華驛，夜見美婦人，擲書云：『川中狗，百姓眼，馬撲兒，御厨飯。』及還，婦人來曰：『十二字能辨否？』婦人乃作詩曰：『妖魄才魂自古靈，多情心膽似平生。知君不是風流物，却上幽原怨月明。』擲地〔二〕于地，燈花俱滅。丁晋公曰：『川中狗，蜀犬也，獨字。百姓眼，民目也，眠字。馬撲兒，瓜子也，孤字。御厨飯，官舍也，館字。』楊愿監都下倉。有通謁云：『江州進士吕口。』既相見，投短啓云：『幽室微光，寒泉涸滴，楊誼之庖屢空，孔緒之車何適？』愿曰：『孔緒之車，何故事也？』其人曰：『楊三楊三，汝楊邁之孫，楊中之子。孔緒之事，何必問也？』愿怒，欲擊之。其人溘然仆地，惟露帕頭巾子。愿遽鋤地。化爲大鼠，走入倉下。

南方人，有軍人。南方有人，朱衣縞帶，赤蛇繞頂，惟食惡鬼。朝三千，暮八百，名赤

〔一〕今按：『廣州』，劉斧《摭遺》（又名《青瑣摭遺》）作『唐州』。
〔二〕今按：『地』，《山堂肆考》作『擲紙』。

郭。有軍人〔一〕，月色朗然，見一獨足橋欄上卧。軍人乃抱之。其鬼即云：『放我，當有相酬。』曰：『有何物？』曰：『有一銀盞。』軍人捨之。其妻在家，見一少年叩門云：『賢夫令盞將歸〔二〕。』授其妻而去。夫曰：『適見其盞，有似家内樣，莫是偷我者將來否？』妻往取視，果失之矣。妻愕然曰：『大是俊鬼子。』

吴中之鬼，驛中之鬼。吴中有鬼，《菽園雜記》。善淫，懷春之女多被污之。與之善者，金帛首飾，皆爲盜致。吾昆真義民家，一女將被污。女曰：『西某家女貌美，何不往彼，而來此？』鬼云：『彼女心正。』女怒曰：『吾心獨不正耶？』遂去，更不復來。乃知邪不干正之説有以也。劉元方，嘗宿湖岸驛中。夜間歌聲。朝閲，楹間題云：『爺娘送我青楓根，不記青楓幾迴落。當時手刺衣上花，今日爲灰不堪着。』

永叔之宿采石，吴宰之飲酒肆。歐陽永叔舟宿采石，聞呼聲曰：『去未？』舟尾有答者曰：『參政船宿次，不可擅去。齋料幸爲携至。』五鼓，聞岸上曰：『道場不潔，無所得。』永叔異之。後遊金山，僧言：『某夜水陸，有施主携室至，忽乳一子。俄覺腥風滅燭，大衆恐懼。』

〔一〕今按：『有軍人』，《葆光録》卷三作『有軍人早出』。
〔二〕今按：『令盞將歸』，《葆光録》卷三作『令將盞歸』。

其時即歐陽宿采石之夜。論者謂，永叔自參知政事，除蔡州，求退甚速，豈其前知然耶？吴宰，宋時撫州人。嘗飲酒肆。娼中一人，乃吴故妾也，已死十餘年矣。乃引宰至暗處，語曰：『吾雖死，爲陰司所録，今賣酒于市。今市，十之二三皆鬼也。』言畢不見。《輟耕録》。

劉惔之謂干寶，王忳之聞女子。干寶兄弟嘗病，氣絶，積日不冷。後遂悟，云見天地間鬼神事，如夢覺，不自知死。寶以此遂撰集古今神祇靈異人物變化，名爲《搜神記》，以示劉惔。惔曰：『卿，可謂鬼之董狐。』《本傳》。後漢王忳，爲郿令。到官，至斄亭。有鬼，數殺過客。夜聞女子稱冤。忳曰：『有枉狀，可前來理。』曰：『妾夫爲涪令。此亭長殺妾家十餘口，埋在樓下，悉盜財貨。』忳問亭長姓名，曰：『即今門下遊擊也。』明朝詰問，具服。同謀十餘人，並伏辜。《史》〔一〕。

〔一〕　今按：《史》，出處誤，此條不見於《史記》，出自《後漢書》，文字有較多删略。《後漢書・獨行列傳・王忳傳》相關原文爲：（王忳）除郿令。到官，至斄亭。亭長曰：『亭有鬼，數殺過客，不可宿也。』忳曰：『仁勝凶邪，德除不祥，何鬼之避！』即入亭止宿。夜中聞有女子稱冤之聲。忳咒曰：『有何枉狀，可前求理乎？』女子曰：『無衣，不敢進。』忳便投衣與之。女子乃前訴曰：『妾夫爲涪令，之官過宿此亭，亭長無狀，枉殺妾家十餘口，埋在樓下，悉盜取財貨。』忳問亭長姓名。女子曰：『即今門下游徼者也。』忳曰：『汝何故數殺過客？』對曰：『妾不得白日自訴，每夜陳冤，客輒眠不見應，不勝感恚，故殺之。』忳曰：『當爲汝理此冤，勿复殺良善也。』因解衣于地，忽然不見。明旦，召游徼詰問，具服罪。即收繫及同謀十餘人，悉伏辜。

黄牛峽廟，司馬門像。夷陵黄牛峽，有黄陵廟。相傳，神佐禹治水，諸葛建祠于此。一名黄牛廟。翁仲，姓阮，身長一丈二尺。少爲縣吏，爲督郵所笞。嘆曰：『人當如是耶？』遂入學究書史。秦始皇併天下，使翁仲將兵，守臨洮。聲振匈奴，秦人以爲瑞。翁仲死，遂鑄銅像置咸陽司馬門外。

周公爲北帝師，召公爲南明公。季札爲北明公，顔回爲明晨侍郎，後爲三天司直，又爲修文郎。鬼谷子、王詡爲太玄師，白居易爲海山院主，陶侃爲西河侯，紀瞻爲修文郎。莊周爲太玄博士，蔡邕爲修文郎。

帝宸八人：徐庶、厖德、爰愉、李廣、王嘉、何晏、解結、殷浩，如世之侍郎。

東方爲華陽洞，宋田晝爲淮陽土神。杜少陵、李青蓮，稱散仙。厖籍作王屋山道君，劉沆爲九江真人。

王平甫之夢，許收之夢。夢至水殿，榜曰『靈芝宫』。有人邀平甫，恍然夢覺。平甫每自負，爲詩曰：『萬頃波濤木葉飛，笙簫宫殿號靈芝。揮毫不似人間世，長樂鍾聲夢覺時。』後四年，平甫卒。《東軒筆録》。許收夢烏衣吏奉六封書曰：『府君當爲北斗君，陳康伯爲北斗簿。』《幽冥録》。

石曼卿之主芙蓉城，丁度之往芙蓉城。歐公《詩話》：石曼卿卒後，有人見之如夢，言：『我今爲仙，主芙蓉城。』張師古《括異志》：有朝士見美女三十，並馬而行，觀文丁度按轡於後。朝士問曰：『觀文將宅眷何往耶？』曰：『非也。諸御女迎芙蓉〔一〕。』俄聞丁卒。東坡詩曰『芙蓉城中花冥冥，誰其主者石與丁。』是也。

韓滉之自憶，張亞子之著應。《神仙感遇録》：唐韓滉廉問浙西，嘗有不軌之志。有李順夜漂船，及明，泊一山下。上岸，見一烏巾古服，引至一宫。有一人自簾下語曰：『欲寄韓公一書，顧以煩君。』順受書，問贊者曰：『此爲何處？』答曰：『此東海廣桑山也。是魯國仲尼得道爲真官理于此。韓公，即仲尼〔二〕之後身也。性强，夫子恐綴刑網，致書諭之。』順還，投書，皆科斗之書。有一客自言識古文，奉書賀曰：『此孔宣父科斗文也，曰告韓滉謹臣節，勿妄動。』韓了然自憶，克保終始。帝君姓諱亞子，其先越巂人。因報母讎，徙居保寧府梓潼縣。自秦伐蜀以後，世著靈應。吴曦家素事梓廬，自璘玠以來有禱輒應。曦夢神坐堂上，已被赭玉，遂謁。因告以逆，且祈十年之修永。神不答，第曰：『蜀土已悉付安丙矣。』又曰：『安丙才足辯此。』既悟，大喜。蓋丙判隆慶府，曦僞受爲丞相

〔一〕今按：『迎芙蓉』，《括異志》卷七作『迎芙蓉館主耳』。
〔二〕今按：『仲尼』，《太平廣記・韓滉》作『仲由』。

長史，託以腹心。丙陽順而陰圖之，結李好義等，勒兵誅曦。

《周禮・春官》：以神仕者，掌三辰之法，以猶人面。鬼神祇〔一〕之居。辨其名物，以冬日至致天神人鬼，以夏日至致地祇物魅，以禬國之凶荒，民之札喪。

《國語》曰：『古者，民之精爽〔二〕不攜貳者，而又能齊肅中正，其智能上下比義，其聖能光遠宣朗，其明能光照之，其聰能聽徹〔三〕之，如是則神明降之，在男曰覡，在女曰巫，是使制神之處位次主，而爲之牲器時服。』巫既知神如此，又能居以天法，是以聖人用之。今之巫祝，既闇其義，何明之見？何法之行？正神不降，惑於淫厲，苟貪貨食，遂誣人神，令此道滅，痛矣！

韓愈《原鬼》曰：『有嘯於梁，從而燭之，無見也，斯鬼乎？』曰：『非也，鬼無聲。』『有立於堂，從而視之，無見也，斯鬼乎？』曰：『非也，鬼無形。』『有燭吾躬，從而執之，無得也，斯鬼乎？』曰：『非也，鬼無聲與形。』曰：『鬼無聲也，無形也，無氣也，果無鬼乎？』曰：『有形而無聲者，物有之矣，土石是也。有聲而無形者，物有之矣，風霆是也。有聲與形者，物

〔一〕今按：『祇』，《十三經注疏》本《周禮》作『示』。

〔二〕今按：『喪』，《國語・楚語》作『爽』。

〔三〕今按：『徵』，《國語・楚語》作『徹』。

有之矣，人獸是也。無聲與形者，物有之矣，鬼神是也。』曰：『然則有怪而與民物接者，何也？』曰：『是有二：有鬼，有物。漠然無形與聲者，鬼之常也。民有忤於天，有違於民，有爽於物，逆於倫而感於氣，於是乎鬼有形於形，有憑於聲以應之，而下殃禍焉。皆民之爲之也。其既也，又反乎其常。』曰：『何謂物？』曰：『成於形與聲者，土石、風霆、人獸是也。反乎無聲與形者，鬼神是也。不能有形與聲，不能無形與聲者，物怪是也。故其作而接於民也無恒，故有動於民而爲禍，亦有動於民而爲福，亦有動於民而莫之爲禍福。適丁民之有是時也。作《原鬼》。

韓曰『儒譏墨《明鬼》』，而孔子『祭如在』，譏祭如不祭者。曰：『我祭則受福』，不明鬼哉！公於是作《原鬼》。

賈生詩：『宣室求賢訪逐臣，賈生才調更無倫。可憐夜半虛前席，不問蒼生問鬼神。』

懷古

《堯典》，《舜典》。曰若稽古，帝堯曰放勳，欽明文思安安，允恭克讓。克明俊德。曰若稽古，帝舜曰重華，協于帝。濬哲文明，温恭允塞，玄德升聞。

《大禹謨》，《皋陶謨》。曰若稽古，大禹曰：『文命敷于四海，祗承于帝。』曰若稽古，皋陶曰：『允迪厥德。』

《伊訓》，《盤庚》。曰：『嗚呼！古有夏先后，方懋厥德。』『古我先王，亦惟圖任舊人。』上。『嗚呼！古我前后，罔不惟民之承。敬。』中。『古我先后，既勞乃祖乃父。』中。『古我先王，暨乃祖乃父。』上。『古我先王，將多于前功。』下。

《泰誓》之言文考，《武成》之言先王。『嗚呼！惟我文考，若日月之照臨。』王若曰：『嗚呼！群后，惟先王建邦啓土。公劉克篤前烈，至于太王，肇基王迹，王季其勤王家。』

《召誥》之言古，《無逸》之言昔。『相古先民有夏，天迪從子保。今相有殷，天迪格保。』周公曰：『嗚呼！昔在殷王中宗，嚴恭寅畏天命，自度。其在高祖時，作其即位，乃或亮陰，三年不言。其在祖甲，作其即位，爰知小人之依，能保惠于庶民。』周公曰：『嗚呼！厥亦惟我周太王、王季，克自抑畏。文王卑服，即康功田功。』

《君奭》之言昔，《立政》之言古。

公曰：『君奭，我聞在昔成湯既受命，時則有若伊尹，格于皇天。在太甲，時則有若保衡。在太戊，時則有若伊戚〔一〕、臣扈，格于上帝，巫咸乂王家。在祖乙，時則有若巫賢。在武丁，時則有若甘盤。』

〔一〕今按：『伊戚』，《十三經注疏》本《尚書正義·君奭》作『伊陟』。

公曰：『君奭，在昔上帝，割申勸寧王之德，其集大命于厥躬。惟文王尚克修和我有夏，亦惟有若虢叔，有若閎夭，有若散宜生，有若泰顛，有若南宮括。武王惟兹四人，尚迪有禄。後暨武王，誕將天威，咸劉厥敵。惟兹四人，昭武王，惟冒丕單稱德。』

周公曰：『嗚呼！古之人迪惟有夏，乃有室大競，吁俊尊上帝，灼知〔一〕沈恂于九德之行，乃敢告教厥后曰：『拜手稽首，后矣！』『亦越文王武王，克知三有宅心，灼見三有俊心。』

《周官》之言昔，《顧命》之言昔。王曰：『若昔大猶，制治于未亂，保邦于未危。』曰：『唐虞稽古，建官惟百。』王曰：『嗚呼！昔君文王武王宣重光，奠麗陳教。』

《冏命》之言昔，《吕刑》之言古。王若曰：『伯冏，昔在文武，聰明齊聖。』王曰：『若古有訓，皇帝清問下民。』

《楚辭・天問》曰：『邃古之初，誰傳道之？』

杜詩：『淒其望吕葛，不復夢周孔。濟世各〔二〕嚮時，斯人各枯冢。』

〔一〕今按：『灼知』，《十三經注疏》本《尚書正義・立政》作『迪知』。

〔二〕今按：『各』，《全唐詩》、《杜詩詳注》、《九家集注杜詩》皆作『數』。

『應經帝子渚，同泣舜蒼梧。』

『悠悠迴赤壁，浩浩略蒼梧。』

『枕戈憶勾踐，渡浙想秦皇。』

『冥冥九疑葬，聖者骨已朽。』

『萬古一骸骨，鄰家遞歌哭。』

『眼前今古意，江漢水東流。〔一〕』

『江山故宅空文藻，雲雨荒臺豈夢思。』

〔一〕　今按：『江漢水東流』，《全唐詩》作『江漢一歸舟』。

卷之四十二

六極　一章

次九曰威用六極

蔡沈曰：『六極曰威，所以徵也。』臨川吴氏曰：『六極，人心所同畏避也。君之所畏在此，而常恐民之至此極，則凡可以致極者，靡不戒矣。』

六極　二章

一曰凶　短折

蔡沈曰：『凶者，不得其死也。短折者，横夭也。』夭，屈也。

凶

三君强死，齊侯非疾。《文公十年》：『初，范巫矞似謂成王與子玉、子西曰：「三君皆將强死。」』皆將不得以壽終。《文公十八》：『春，齊侯戒師期，而有疾。將伐魯。醫曰：「不及秋，將死。」惠卿令龜，告龜。卜楚丘占之，曰：「齊侯不及期，非疾也。」』見弑。

周歂遇疾，慶氏不義。《僖公三十》：『衛侯使賂周歂、治廑，曰：「苟能納我，吾使爾爲卿。」周、治殺元咺及子適、子儀。子適，公子瑕，元咺立。子儀，瑕母弟。公入，祀先君。周、治既服將命，註：服，卿服。將入廟受命。周歂先入，及門，遇疾而卒，治廑辭卿。見周歂死而懼。』《襄公廿三》：『陳殺其大夫慶虎、慶寅。』《傳》君子謂：『慶氏不義，不可肆也。』不可放在人上。

吴札之謂穆子，鄭僑之數公孫。《襄公廿九》吴公子札謂穆子曰：『子其不得死乎！好善而不能擇人。吾聞君子務在擇人。吾子爲魯宗卿，而任其大政，不慎舉，何以堪之？禍必及子！』《昭公二年》公孫黑將作亂，子産使吏數之曰：『人誰不死？凶人不終，命也。作凶事，爲凶人。不助天，其助凶人乎？」』

羽父之弑，彭生之殺。《隱公十一年》：『公祭鍾巫，神。齊于社圃，館于寪氏。羽父使賊弑公于寪氏，立桓公，而討寪氏，討弑君之罪。不書葬，不成喪也。』《桓公十八》：『公薨于車。彭生多力，齊侯使拉公幹，脅而殺之。魯人告于齊，齊人殺彭生。』

無知之弑，齊人之殺。《莊公八年》：『齊侯襄公。游于姑棼，地。田于貝丘。地。見大豕，從者曰：「公子彭生也。」公見豕，而從者見彭生，皆妖鬼也。彭生蓋桓公十八年襄公所殺者。公怒曰：「彭生敢見！」射之，豕人立而啼。公懼，墜于車，傷足喪屨。返，遇賊于門，見公之足于户下，遂弑之。而立無知。』《莊公九年》：『齊人殺無知。』弑君而立，未列於會，故未列於會。

宋昭公之書弑，楚子麇之書卒。《宣公十六年》〔一〕：『昭公將田孟諸。夫人王姬使帥甸攻而殺之。襄王姊，故稱王姬。書曰「宋人弑其君」，君無道也。』《昭公元年》：『楚公子圍入

〔一〕 今按：當爲『文公十六年』，據《十三經注疏》本《左傳》，事在文公十六年。

問王疾，縊而弑之。殺其二子幕及平夏。』以虐疾赴於諸侯〔一〕。

靈王之弑，子干之葬。《昭公十三》：『楚公子比弑其君虔于乾溪。』『癸亥，王縊于芋尹申亥氏。二子皆自殺。不書弑君，位未定也。棄疾即位，葬子干公子比于訾。殺囚，衣之王服而流諸漢，乃取而葬之，以靖國人。他年，申亥以王柩告，改葬之。』

吕后之病掖，魏髦之隕車。吕后七年，祓，還，過軹道，見物如蒼犬，來撠掖，撠，音戟，拘持也。掖，肘脅之間也。卜之，曰趙王如意爲祟。［太后］遂病掖崩〔二〕。髦拔劍乘輦〔三〕，率宿衛鼓譟而出。賈充曰：『司馬公畜養汝等，正爲今！』成濟抽戈前刺［帝］，隕于車下。昭言：『成濟大逆，夷三族。』發明：『唱逆者，賈充。抽刀者，成濟。今但歸獄於昭，何哉？趙穿親舉桃園之難，而春秋正色書首，况昭久操國命，特借成濟之手而已，雖葬以王禮，夷濟三族，天下豈可以文欺哉！』

伏氏發壁之弑，太宗土囊之禍。建安十九，皇后藏壁中，華歆壞户發壁，牽后出。書法：『漢許后嘗弑矣，猶隱之也，未有取於帝側而親弑之如操者，是可忍也，孰不可忍也，故

〔一〕今按：此句，《左傳·襄公七年》作『子駟使賊夜弑僖公，而以虐疾赴于諸侯。』

〔二〕今按：『掖崩』，《資治通鑒》卷十三作『掖傷』。

〔三〕今按：此句，《資治通鑒》卷七十七作『帝遂拔劍升輦』。

正名罪之。』簡文大寶二年，景使王偉、彭儁、王脩纂進酒，太宗知將殺己，盡醉而寢。儁進土囊，脩纂坐其上而俎。

張衡之被殺，汝陰之滅族。大業八年，張衡放廢，衡妾告衡怨望，詔賜自盡，臨死大言曰：『我爲人作何等事，而望久活！』監刑者塞耳，促令殺之。書法：『張衡何？親行弑逆者也。曷爲不書伏誅？所以蔽罪於楊廣也。』宋昇明元年，齊主道成弑汝陰王，滅其族。書法：『書滅其族何？重罪齊也。』

楊震之飲鴆，靈運之棄市。安帝收楊震印綬，遣歸故郡，至夕陽亭，慷慨曰：『吾蒙恩居上司，疾奸臣巧猾而不能誅，惡嬖女傾亂而不能禁。身死之日，以雜木爲棺，勿歸冢次，勿設祭祀。』飲鴆而卒。謝靈運興兵逃逸，作詩曰：『韓亡子房奮，秦帝魯連耻。』詔棄市。書法：『靈運之罪，薄昭之比也，書誅宜矣。』發明：『既仕宋朝而食其禄，已與子房異矣，興兵逃逸，將何爲哉？』

蕭懿之賜死，周憬之見斬。茹法真〔一〕説齊主曰：『蕭懿將行陸〔二〕昌故事。』徐曜甫勸

〔一〕今按：『真』，《梁書》卷二十三作『珍』。
〔二〕今按：『陸』，《梁書》卷二十三作『隆』。

懿奔，懿曰：『自古皆有死，豈有叛走尚書令耶？』齊主賜藥死。王同皎與周憬謀殺武三思，廢皇后，皆坐斬。憬亡入比干廟，大言曰：『比干知吾此心。三思與皇后淫亂，傾危國家，行當梟首都市，恨不及見耳！』遂自剄。

短折

《昭公二十年》晏子曰：『所以夭昏孤疾者，爲暴君使也。』註：爲暴虐之君所使。

曹瞞之子，邴原之女。曹操幼子蒼舒卒，掾邴原有女早亡，操欲與合葬，原辭曰：『嫁殤，非禮也。』《禮·媒氏》：『禁嫁殤者，生不以禮相接，死而合之，是亦亂人倫者也。』

魏主幼女，甄后從孫。魏主叡幼女淑卒，取甄后從孫黄與之合葬。

元帝之葬，孫昭〔一〕之諫。晋琅耶王焕卒。生二年矣，元帝備吉凶儀服，營起園陵，右常侍孫昭諫，不聽。書法：『書焕卒何？譏也。梓宫未返，而越禮過情於無服之喪，是以譏之。』

《韓詩外傳》傳曰：『不肖者精。』

〔一〕今按：『孫昭』，《資治通鑒》卷九十作『孫霄』。

揚子《法言》：『苗而不秀者，吾家之童烏乎！九歲與吾論玄〔一〕。』

潘岳賦：『天赤子於新安，坎路側而瘞之。亭有千秋之號，子無七旬之期。雖勉勵於延吴，實慘慟乎余慈。』

杜詩：『瘞夭追潘岳。』

六極　三章

二曰疾

蔡沈曰：『疾者，身不寧也。』

《周禮·地官》：『以保息養萬民。五曰寬疾。』寬養之，保息，安之，使蕃息也。

《周禮》：『大札則令邦國移民。』大札，疾疫也。移民，避灾也。

《禮記》：『癈疾非人不養者，一人不從政。』瘖、聾、跛躄、侏儒，百工各以其器使〔二〕

〔一〕今按：此語，中華書局版韓敬譯注本《法言·問神》作『育而不苗者，吾家之童烏乎！九齡而與我玄文』。

〔二〕今按：『使』，《十三經注疏》本《禮記·王制》作『食』。

之。』方氏曰：『百工，則凡執一藝者是也。先王之時，瘖者以之實土，聾者以之司火，刖者以之守囿，侏儒以之扶盧，以至陶者之治埴，匠者之治木，冶氏之攻金，玉人之切玉，所以各以其器食之也。』《荀子》曰『五疾，上收而養之，材而使之』，蓋謂是矣。先王之政，必如是，何也？所以使在下者無廢才，而人人各得其養；在上者無虚用，而事事各極其精而已。是能也，而曰器者，以隨其大小長短而用之，故謂之器矣，孔子之所謂『使人也器之』是矣。

《曲禮》：『父母有疾，冠者不櫛，行不翔，不爲容也。言不惰，琴瑟不御，食肉不至變味，飲酒不至變貌，笑不至矧，怒不至詈。』齒本曰笑，笑而見矧，大笑也。怒罵曰詈，怒而至詈，甚怒也。猶可食肉，不至厭飫味變；猶可飲酒，不至醺酬乞變。

『君有疾飲藥，臣先嘗之；親有疾飲藥，子先嘗之。醫不三世，不服其藥。』

《周官・司徒》：『以世事教能者，良以此也。』

楚莊寢疾，卜之曰：『河爲祟。』大夫曰：『請用牲。』莊王曰：『止，古者聖王，祭不過望。濉、漳、江、漢，楚之望也。雖不得〔一〕，河非所以獲罪也。』遂不祭，三日而疾瘳。《韓詩外傳》。

〔一〕今按：『得』，《韓詩外傳》卷三作『德』。

人主之疾，十有二發：痿、蹶、逆、脹、滿、支、膈、盲、煩、喘、痺、風。輕刑，則痿不作；無使小民飢寒，則蹶不作；無令財貨上流，則逆不作；無令倉廪積腐，則脹不作；無使府庫充實，則滿不作；無使群臣縱恣，則支不作；無使下情不上通，則膈不作；上材恤下，則盲不作；法令奉行，則煩不作；無使下怨，則喘不作；無使賢伏匿，則痺不作；無使百姓歌吟誹謗，則風不作。夫衆臣〔一〕群下者，人主之心腹支體也。心腹支體無疾，則人主無疾矣。

《易》：『損其疾，使遄有喜。』『介疾有喜』，『往得疑疾』。

《書》：『無有遘自疾。』『痌瘝乃身。』『遘癘虐疾。』『厥疾不瘳。』『疾大漸惟幾，病日臻，既彌留。』

晋平公之疾，晋平公之病。鄭伯使公孫僑如晋聘，且問疾。叔向問焉，曰：『寡君之疾病，卜人曰「實沈、臺駘爲祟」，敢問此何神也？』子産曰：『實沈，參神也。臺駘，汾神也。抑此二者，不及君身。山川之神，臺駘。水旱癘疫之灾，於是乎禜之。日月星辰之神，雪霜風雨之不時，於是乎禜之。若君身，則出入飲食哀樂之事也，山川星辰之神，又何爲焉？僑

〔一〕今按：『衆臣』，《韓詩外傳》卷三作『重臣』。

聞之，君子有四時，一日四時。於是乎節宣其氣，勿使有所壅閉湫底，以勞〔一〕其體。兹心不爽，明。而昏亂百度。今無乃一之，則生疾矣。惑於女色，日其四時。僑又聞之，内官嫁御不及同姓，其生不殖，美先盡矣，則相生疾，君子是以惡之。男女卞姓，禮之大司也。今君内實有四姬焉，其無乃是也乎？由是生疾。若由是二者，弗可爲也已。』晉侯問〔二〕子產之言，曰：『博物君子也。』重賄之。晉侯求醫於秦，秦伯使醫和視之，曰：『疾不可爲也。是謂近女室，疾如蠱，非鬼非食，惑以喪志。良臣將死，天命不祐。』公曰：『女不可近乎？』對曰：『節之。天有六氣，淫生六疾。淫，過也。陰淫寒疾，陽淫熱疾，風淫末疾，四支。雨淫腹疾，晦淫惑疾，明淫心疾。女，陽物而晦時，淫則生内熱惑蠱之疾。今君不節不時，能無及此乎？』趙孟曰：『誰當良臣？』對曰：『主是謂矣。』趙孟曰：『何爲蠱？』對曰：『淫溺惑亂之所生也。於文，皿蟲爲蠱，穀之飛亦爲蠱。在《周易》，女惑男，風落山，謂之《蠱》，皆同物也。』趙孟曰：『良醫也。』厚其禮而歸之。

晉侯有疾，齊侯遂痁。子產聘晉，晉侯有疾，韓宣子曰：『寡君寢疾，今夢黄熊入于寢

〔一〕　今按：『勞』，《十三經注疏》本《左傳》作『露』。
〔二〕　今按：『問』，《春秋左傳注疏》卷四十一作『聞』，是。

門，其何厲鬼也？』對曰：『昔堯殛鯀于羽山，其神化爲黄熊，入于羽淵，實爲夏郊。晋爲盟主，或者未之祀也乎？』韓子使〔一〕夏郊，晋侯有間，賜子産莒之二方鼎。《昭公七〔二〕年》：齊侯疥，遂痁，虐疾。期而不瘳。梁丘據曰：『今君疾病，是祝史之罪也。』晏子曰：『君若欲誅於祝史，修德而後可。』公説。必反身修德而後可也。

《穀梁傳》：『有天疾者，不得入於宗廟。』問疾不能遺，不問其所欲。

《論》子曰：『父母惟其疾之憂。』子疾病，子路請禱，子曰：『某之禱久矣。』伯牛有疾，子問之，自牖執其手曰：『亡之，命矣夫！斯人也而有斯疾也！斯人也而有斯疾也！』疾，君視之，東首，加朝服拖紳。子之所慎：齊、戰、疾。

曾子有疾，曾子有疾。曾子有疾，召門弟子曰：『啓予足！啓予手！而今而後，吾知免夫！』曾子有疾，孟敬子問之，曾子曰：『鳥之將死，其鳴也哀；人之將死，其言也善。』

《孟》齊宣王曰：『有寒疾不可以風。』孟子曰：『不幸而有疾，不能造朝。』明日，出吊於東郭氏。公孫丑曰：『昔者辭以病，今日吊，或者不可乎？』曰：『昔者疾，今日愈，如之何

〔一〕今按：『使』，《十三經注疏》本《左傳》卷四十四作『祀』。
〔二〕今按：『七』，當爲『廿』。事在昭公二十年。

不吊？』王使人問疾，醫來。孟仲子對曰：『昔者有王命，有采薪之憂，不能造朝。今病小愈，趨造於朝。』疾病相扶持，則百姓親睦。今之欲王者，猶七年之病，求三年之艾也。

扁鵲之見桓侯，扁鵲之過虢侯。扁鵲見齊桓侯，曰：『君有疾在腠理，不治將深。』居十日，復見，曰：『君之疾在肌膚，不治將深。』居十日，復見，曰：『君之疾在腸胃，不治將深。』居十日，復見桓侯而走，曰：『疾在腠理，湯熨之所及也；在肌膚，鍼石之所及也；在腸胃，大劑之所及也；在骨髓，司命之所無奈何也。今在骨髓，臣是以無請也。』居五日，桓侯體痛，使人索扁鵲，扁鵲已逃之秦矣，桓侯遂死。故良醫之治疾也，攻之於腠理，此事皆治之於事之小者也。夫事之禍福亦有腠理之地，聖人蚤從事矣。《新序》。扁鵲過虢侯，世子暴病而死。扁鵲曰：『入言鄭醫秦越人能治之。』庶子之好方者曰：『上古醫曰茅父，茅父之爲醫也，以管爲席，以芻爲狗，北面而祝之，發十言耳，扶輿而來者，平復如故。子之方豈能若是乎？』扁鵲曰：『不能。』『中古醫曰逾跗，逾跗之爲醫也，搦木爲腦，芝草爲軀，吹竅定腦，死者復生。子之方豈能若是乎？』扁鵲曰：『不能。』中庶子曰：『譬如以管窺天，以針刺地。』扁鵲曰：『事固有昧投而中蟁頭，掩目而別白黑者。』扁鵲入，砥鍼砺石，取三陽五輸，爲光軒之竈，八拭之陽，子同[搗]藥，子明炙陽，子游按摩，子儀反神，子越扶形，於是世子復生。天下聞之，皆以扁鵲能起死人也。扁鵲曰：『吾不能起死人，直使夫當生者起。』死者猶可生〔一〕，而况生乎！悲夫！罷君之治，無可藥而息也。《韓詩外傳》。

疾醫掌養萬民之疾病。四時皆有癘疾：春時有痟首疾，夏時有痒疥疾，秋時有虐寒疾，冬時有嗽上氣疾。以五味、五穀、五藥養其病，以五氣、五聲、五色視其死生；兩之以九竅之變，參之以九藏之動。觀死生之驗。凡民之有疾病者，分而治之。死終則各書其所以，而入于醫師。《周禮·天官》。

丙吉之病，丙吉之病。丙吉病，宣帝憂其不起。夏侯勝曰：『此未死也，有陰德者，必享其樂。』後果愈。丞相丙吉病，上自臨問，吉薦陳萬年。

寬饒問疾，公義問疾。蓋寬饒爲衛尉司馬，躬按行士卒廬室。有疾病者常自撫循臨問，致醫藥，遇之甚恩。隋辛公義爲岷州刺史，岷俗畏疾，一人病，闔家避之。公義命皆輿致廳事，公義設榻，處其間，以秩禄具醫藥，身自省問。病者既愈，乃召其親戚論〔二〕之曰：『死生有命，豈能相染！』風俗遂變。書法：『書公義何？嘉良吏也。』

穿壁視疾，鑿墻問疾。吕蒙有疾，孫權欲數見其顔，恐勞其起動，嘗穿壁瞻視，見小能

〔一〕今按：『生』，《韓詩外傳》作『藥』。

〔二〕今按：『論』，《資治通鑒》作『諭』。

下食則喜，不然則夜分不寐。房玄齡疾劇，太宗鑿院墻開門，累遣中使候問。馬周消渴而躬爲調藥，郡國疾疫而毋出年租。馬周病消渴，彌年不瘳，駕幸翠微宫，敕求勝地，爲周起宅，召〔一〕醫中使，相望不絶。每令尚食以膳供之，太宗躬爲調藥，太子親臨問疾。元康二年，郡國疾疫者，毋出今年租。書法：『《綱目》書疫十五，而書救灾之政者二。是年，初元元年。』

晝居於内，問其疾可也。

季武子寢疾，蟜固不脱齊衰而入見，曰：『斯道也，將亡矣。士惟公門脱衰。』武子曰：『不亦善乎，君子表微。』固之爲此，欲以易時人之觀瞻。

二豎子，造化兒。《左傳・成十》：『晋侯疾病，求醫于秦，秦伯使醫緩爲之。未至，公夢疾爲二豎子，曰：『彼，良醫也。懼傷我，焉逃之？』其一曰：『居肓之上，膏之下，若我何？』杜審言病甚，宋之問、武平一省候，答曰：『甚爲造化小兒相苦，尚何言？』

自力，移疾。猶言力疾也。《漢書》：『移病卧。』註：移，文稱病而卧也。唐昭宗天福二年，宦官薦學士姚垍爲相，垍乃移疾。汲黯曰：『臣常有狗馬病，力不能任郡事。』《雜記》：『卿

〔一〕今按：『召』，《舊唐書》作『名』。

大夫疾，君問之無算。士，一問之。』

高祖有疾，中山王有病。高祖有疾，惡見人。樊噲排闥直入。上獨枕一宦者卧，噲等流涕曰：『陛下與臣定天下，何壯也！天下已定，又何憊也！且陛下病甚，大臣震恐，不見臣等計事，獨與一宦者寢？獨不見趙高之事？』帝笑而起。高祖擊黥布時，爲流矢所中，行道疾甚，吕后迎醫。入見，上駡之曰：『命乃在天，雖扁鵲何益！』中山王箕子，幼有眚病，眚病，妖病也。哀帝遣張由將醫治之。由有狂易病，狂易病，病狂易常。病發，西歸。因誣馮太后咒咀上及傅太后。馮太后自殺，馮氏死者十七人。

漢之大疫，吴之大疫。靈帝中平二年正月，大疫。書法：『《綱目》書疫十五，其書大者十一，靈帝凡五書焉，民可知矣。而未聞救灾之政，靈之爲靈宜哉。』吴比三年，大疫。書法：『《綱目》書疫十五，未有書比三年者，三年大疫，民何如哉？吴之亡决矣。』

晋主之詔，魏主之言。晋主得疾甚劇，及愈，群臣上壽，詔曰：『每念疫死者，爲之愴然，豈以一身之休息，而忘百姓耶？』諸上禮者絶之。魏襲中山，魏軍大疫，將士思歸，魏主珪問疫於諸將，對曰：『在者纔什四五。』珪曰：『四海之民，皆可爲國，在吾所以御之耳，何患無民！』群臣不敢言。

宋后之疾，魏主之疾。宋太后疾篤，武帝后子業母。使呼宋主子業，子業曰：『病人間多鬼，那可往？』太后怒，謂侍者：『取刀來，剖我腹，那得生靈〔一〕馨兒！』魏主孝文北伐高車，得疾甚篤，彭城勰孝文弟。內侍醫藥，外總軍國之務，又密爲壇於汝水之濱，告天地及顯祖，乞以身代。魏主疾有間，班師。魏主久疾，勰常居中侍醫藥，晝夜不離左右，飲食必先嘗而後進，蓬首垢面，衣不解帶。

齊太后之心痛，唐太宗之風疾。太后心痛，齊主演立侍帷前，以爪掐掌代痛，血流出袖。貞觀廿一年，上得風疾，京師盛暑，命修終南山太和廢宮爲翠微宮。

高宗之疾，太后之疾。高宗苦頭重不能視，召侍醫秦鳴鶴診之。請刺頭出血，可愈。天后不欲上疾愈，怒曰：『此可斬也，乃欲於天子頭出血！』上曰：『但刺之，未必不可。』但刺二穴，上曰：『吾目似明矣。』后舉手加額曰：『天賜也！』嗣聖十六，太后不預，遣給事中閻朝隱禱小室山。朝隱自爲犧牲，沐浴伏俎上，請代太后命，太后厚賞之。

李衛公之疾，李世勣之病。李衛公疾，太宗詔曰：『有晝夜視公疾老嫗令一人來，朕欲熟知公起居狀。』權文公視此詔，泣曰：『君臣之際，乃如是耶！』李世勣病，太宗翦鬚和藥，因頓首大哭。帝曰：『吾爲社稷計耳。』

〔一〕今按：『靈』，《南史》作『寧』。

廣陵王之瘖疾，開元年之病坊。魏爾朱世隆，廢其主曄，立廣陵恭羽之子也。好學有志度，以元義擅權，陽得瘖疾，閉口八年，至是乃言。中外欣然以爲明主。開元二十二載，置病坊。禁京城匄者，置病坊以廩之。

玄齡病而輿入，姚崇病而使問。貞觀廿二年，房玄留守京師，疾篤，上徵赴玉華宫，肩輿入殿，相對流涕，因留宫下，候問不絶。玄齡謂諸子曰：『天下無事，東征未已。』上表曰：『内爲前代王耻，外爲新羅報讎。願陛下焚凌波之船，罷應募之衆。臣朝夕入地，倘蒙録此哀鳴，死且不朽！』姚崇無居第，寓居罔極寺，以病謁告。上遣使問之。同平章事源乾曜請遷崇於四方館，仍聽家人入侍疾。崇固辭，上曰：『設四方館，爲官吏也；使卿居之，爲社稷也。恨不可使卿居禁中耳，此何足辭！』崇子彝异頗受賂遺，崇所親信，主書趙誨受賂，杖誨，流嶺南，崇請避位。

李穀以病而辭位，李穀卧疾而詣殿。周廣順二年，平章事李穀以病臂辭位，周主不許，穀未能執筆，詔以三司務繁，令刻名印用之。周廣德四年，平章事李穀卧疾二年，九表辭，罷守本官，令每月肩輿一詣便殿議政事。

趙瞿之病，殷覬之疾。上黨趙瞿病癩垂死，或言不如及活棄之，否則子孫轉相染。其家送之山穴中，仙人以松脂啖之，卒爲地仙。《抱朴子》。晋殷覬以疾辭位，殷仲堪往省之曰：『兄病，殊可憂。』曰：『我疾不過身死，汝病乃當滅門。』仲堪與桓玄欲誅王國寶。

郭子儀之病，皇甫謐之疾。子儀病甚，百官省，不屏姬侍。及杞至，則屏之。家人問故，曰：『彼外陋内險，左右見必笑。使後得權，吾族無類矣。』晋皇甫謐自號玄晏先生，有風脾之疾，不應辟召。武帝下詔敦逼，謐上疏力辭曰：『臣抱釁牀蓐，軀半不仁。』十有九載，竟不仕。

桓譚之疾，揚子之疾。桓譚曰：『余少時見揚子雲之麗文高論，不自量，年少新進，而猥欲逮及。嘗激一事，而作小賦，用精思太劇，而立發疹。』子雲亦言，成帝上甘泉，詔召作賦，卒暴。及倦卧，夢其五藏出在地，以手收納。及覺，大少氣，疾一歲而亡。

汲令弩影，河南弓影。應劭《風俗通》：『予之祖郴爲汲令，請主簿杜宣賜酒，時北壁上懸有赤弩，照於杯中，其形如蛇，不敢不飲，便得疾，云蛇入腹。後郴使宣於故處，設酒杯中，復有蛇，因謂宣曰：「此乃壁上弩影耳，非有他怪。」宣意遂解。樂廣爲河南尹，有親客久不來，曰：「前在座，蒙飲，見杯中有蛇影，意惡之，而有疾。」于時廳上有角弓，畫作蛇，廣意是弓影也。乃告所以，仍令坐舊處，遂與飲杯中，乃是弓影，豁然而愈。』杜詩曰：『疑惑尊中弩』。『留蛇常疾首，映弩屢驚心。』

晋侯之疾，趙子之疾。《襄公十年》：滅逼陽，乃與宋公。宋公享晋侯於楚丘，請以《桑林》。去旌，卒享而還。及著雍，卒〔一〕。卜，桑林見。荀罃曰：『我辭禮矣，彼則以用之。猶有鬼神，於彼加之。』晉侯有間。趙簡子病五日，不知人。扁鵲曰：『血脉均治也。昔秦穆公如此，七日而寤，曰：「我之帝所觀樂。」主君病三日必間。』及寤，曰：『我之帝所觀勻天廣樂。』

張忠定公少謁華山陳圖南，圖南贈詩云：『自吴入蜀是尋常，歌舞筵中救火忙。乞得金陵養閑散，也須多謝鬢邊瘡。』始皆不諭，後忠定更鎮杭，晚年發瘡於鬢，移守金陵，遂薨。唐魏元忠有疾，僚屬省候，侍御史郭弘霸獨後。請視便液，即染指嘗，驗疾輕重，賀曰：『甘者病不瘳，今味苦，當愈。』元忠惡其媚，暴語于朝。

杜詩《醉爲馬墮諸公携酒相看》：『王生怪我顔色惡，答云伏枕艱難遍。虐癘三秋孰可忍，寒熱百日交相戰。』『騎馬忽憶少年時，散蹄迸落瞿塘石。不虞一蹶終損傷，人生快意多所辱。困知來問靦我顔……提携别掃清溪曲。何必走馬來爲問，君不見嵇康養生終被戮。』『病隔君臣議。』『消渴已三年。』『長卿多病久。』『不達長卿病。未能達。』『我多長卿病。』『文園多病後。』『一病緣明主，三年獨此心。』王維爲賊得僞稱病。『秋風病欲蘇。』『多病沉年苦

〔一〕今按：『卒』，《十三經注疏》本《左傳》作『疾』。

無健。』『行藥病涔涔。』『衰疾江邊卧。』『老病巫山裏。』『扶病垂朱紱。』『沉痾聚藥餌。』『病渴污官位。』『老妻憂坐痺，幼女問頭風。』『三年猶虐疾，一鬼不消亡。』隔日搜脂髓，增寒抱雪霜。徒然潛隙地，有靦屢鮮妝。』『長卿消渴再，公幹沉綿屢。』『卧痾一秋强。』『卧病負高秋。』『伶俜卧疾頻。』『伏枕青楓限玉除。』青楓，楚地。『晝省香炉違伏枕。』『病渴身何去。』『長卿久病渴，武帝元同時。』

簡齊诗：『一官擾擾身增病』。

以疾辭官，發憤生癭。令尹薳子馮以疾辭官，重繭衣裘，鮮食而寢。韋玄成讓爵於兄，佯病狂而敗容貌。五代王逮立，願解三司，稱疾，明宗曰：『人固有詐疾得疾。』出爲平盧節度使。魏賈逵在弘農，與典農校尉争公事，發憤生癭，自啓願令醫割癭，太祖惜逵，報曰：『吾聞十人割癭，九人死。』逵奉行其意，而癭尤大。

杜預之癭，蔣氏之瘤。杜預攻江陵，吴人知預病癭，憚其智計，以瓠繫狗頭示之。每大樹似癭，輒聽使白，題曰『杜預』。及城平，盡捕殺之。《南史》：朱齡石舅蔣氏頭有大瘤，齡石伺眠，密割之，即死。

欒頤之病，朱母之病。欒頤之病，恐母聞，不敢呻吟。『晋朱黄祖奉親至孝，母病篤，天漢開明，有一老公，以兩丸藥賜母，服之，患頓消。』《幽冥録》。唐田游岩對高宗曰：『臣所謂泉石膏肓，烟霞錮疾。』

神宗之夢，慈聖之解。神宗夢入大第，有植牌，以金填字，曰『宰相項安節。』乃太學生也。慈聖解之曰：『項安節即吴充也。』於是正憲爲相，頸有瘤焉。

稽康之虐，朱瑾之墓。齊稽康勇果驍悍，從武帝起兵，恣行暴虐，南人畏之，以其名怖小兒。病虐者寫之，帖着牀壁，無不立愈。五代朱瑾爲兖州節度使，後以殺徐知訓，族滅。瑾名重，江淮人畏之，其死之，尸之廣陵。民多病虐，取墓，以水服之，病輒愈。

庾仲文之好潔，王思遠之好潔。宋吏部尚書庾仲文好潔，士大夫造之者，未及出户，拂席洗牀，以此見譏。齊王思遠爲侍中，好簡潔。客有詣己者，及去，掃其坐处。

終之之好潔，劉澄之彌潔。梁何終之性好潔，一日之中，洗滌十餘過，人稱爲水淫。齊遂安令劉澄，爲性彌潔。掃拂郭邑，人不堪命，坐免官。

六極　四章

醫藥

『凡餌藥者，勿食，以餌常啖解毒之草也〔一〕。』山谷。

《易》：『無妄之疾，勿藥有喜。』《象》：『無妄之藥，不可試也。』

《論》：『康子饋藥，拜而受之，曰：「某〔二〕未達，不敢嘗。」』

《外紀》：古者民有疾病，未知藥石。炎帝始味草木之滋，察其寒温平熱之性，辨其君臣佐使之義。嘗一日而遇七十毒，神而化之，遂作《方書》，以療民疾，而醫道立矣。黄帝以人之生也，負陰而抱陽，食味而被色，寒暑蕩之於外，喜怒攻之於内。夭昏凶札，察五氣，立五運，洞性命，紀陰陽，咨於岐伯而作《内經》，復命俞跗、岐伯、雷公察明堂究息脉，巫彭、桐君处方餌，而人得以盡年。

〔一〕今按：此句，《山谷集》外集卷九作：『凡餌藥者，勿食鹿肉，服藥必不得力，以鹿常啖解毒之草。』

〔二〕今按：『某』，《論語·鄉黨》作『丘』。

三折肱知爲良醫齊高强，九折肱而成良醫。《楚辭》。

『有麥麴乎？』曰：『無。』『有山麴窮乎？』曰：『無。』『河魚腹疾奈何？』

巫咸鴻術，扁鵲善醫。巫咸以鴻術爲帝堯之醫。扁鵲兄弟三人善醫，魏文侯問曰：『子兄弟三人孰最善？』對曰：『長兄視色，故名不出家。仲兄視毫毛，故名不出門。鵲鍼人血脉，投人毒藥，故名聞諸侯。』《鶡冠子》。

《周禮·天官》：『醫師掌醫之政令，聚毒藥以共醫事。凡邦之有疾病者，疕頭瘍。瘍者造焉，則使醫分而治之。歲終，則稽其醫事以制其食。十全爲上，十失一次之，十失二次之，十失三次之，十失四爲下。食醫掌和王之六食、六飲、六膳、百羞、百醬、八珍之齊。疾醫掌養萬民之疾病。以五味、五穀、五藥養其病，以五氣、五聲、五色視其死生。兩之以九竅之變，參之以九藏之動。瘍醫掌腫瘍、潰瘍、金瘍、折瘍之注〔一〕藥劀刮去膿血。殺之齊。殺，謂以藥食其惡肉。凡療瘍，以五毒攻之，以五氣養之，以五藥療之，以五味節之。凡藥，以酸養骨，以辛養筋，以鹹養脉，以苦養氣，以甘養肉，以滑養竅。凡有瘍者，受其藥。』

《禮》：『君有疾飲藥，臣先嘗之；親有疾飲藥，子先嘗之。』

〔一〕今按：『注』，《十三經注疏》本《周禮》作『祝』。

扁鵲診太子，華佗服太守。虢太子死，扁鵲至，曰：『尚可活也。』入診太子。蘇復湯，二旬而復。扁鵲姓秦，名越人，與軒轅時扁鵲相類，故名扁鵲。少爲人舍長，舍客長桑君出其懷中之藥，與之曰：『飲以上池之水，三十日當知物矣。』扁鵲以其言飲藥三十日，從此視病盡見五藏癥結，特以診脉爲名耳。《後漢》：華佗，廣陵太守陳登得病，佗脉之曰：『胃中有蟲，欲成内疽，食腥物所致。』作湯二升，服之，吐蟲三升。赤頭皆動，半身猶是生魚膾。佗爲人性惡耻，以意[一]見業。曹操呼之，猶不肯至。操怒殺之，佗臨死出一卷書與獄吏，佗曰：『此可以活人。』吏畏法，不敢受，索火焚之。

唐之葉法喜，唐之許胤宗。唐葉法喜有鐵鏡，鑒物如水，人有疾，以此照之，必見藏府中所滯之物，然後以藥療之。唐許胤宗善醫，或勸其著書，答曰：『醫者意也，思慮精則得之。吾意所解，口不能宣也。古之上醫，病與藥值，惟用一物攻之。今人以情度病，多其物以幸有功，譬獵不知兔，廣絡原野，冀一人之獲，術亦疏矣。脉之深處不可言傳，虛著方劑終無益也。』

伯宗徙癰，蘇澄除疾。劉宋時，有薛伯宗者善徙癰疽，有公孫秦者患背，伯宗噓氣封

[一] 今按：『意』，當爲『醫』。

人有之，徙至齋前柳樹上。明日癰消，樹便生一瘤，如拳大，後出黃赤汁斗餘，樹遂痿損。

腹中輒應；唯至一藥，再三無聲。澄因處方，以此爲主，其疾自除。《語林》。患應病，問醫官蘇澄，澄云：『古無方，吾撿《本草》，盡天下藥物，試將讀之。』每發一聲，

商人左膊上有瘡，如人面，滴酒口中，其面亦赤，以物食之，膊內肉漲。醫之歷試，醫者誤進。醫歷試諸藥，至貝母，其瘡聚眉閉口。商人以小葦筒灌之，數日遂愈。唐杜黃裳疾，醫者誤進藥，疾遂甚，終不怒遣〔一〕。

朱雲、李勣病，不呼醫問藥。父母疾篤，醫雖賤小，則涕泣以拜，以求哀也。梁孝元在江州，嘗有不預，世子方等親拜中兵參軍李猶焉。《顏氏家訓》。

後漢老父，後漢張魯。《後漢》：郭玉廣，漢人。初，有老父，漁釣于涪水，自號涪翁。著《針經診脉法》授弟子程高。高傳於玉，玉學方診六徵之技，陰陽不測之術。和帝時，爲大醫丞，雖貧賤，必盡心力。療貴人，時或不愈。帝令貴人羸服變處，一針即差。召玉詰狀，玉曰：『醫者意也，腠理至微，隨氣用巧，神存心手之間，可得解而不可得言。貴者處高，高以臨臣，臣懷怖懼以承之。其療有四難：自用意而不任臣，一難也；將身不謹，二難

〔一〕今按：『遣』，《新唐書》卷一百六十九作『譴』。

也；骨節不能使藥，三難也；好逸惡勞，四難也。』漢建安六年，張魯以鬼道教民，使病者自首其過失，無益於治病，然小人昏愚，競共事之。

許悼公之飲藥，唐穆宗之餌藥。《昭公十九年》：許悼公虐。痁疾。五月，戊辰，飲太子止之藥，卒。止獨進藥，不由醫。太子奔晋。書曰：『弑其君。』君子曰：『盡心力以事君，舍藥物可也。』《新序》：『太子止自責不嘗藥，不主〔一〕其位。哭泣啜粥，痛己之不嘗藥，未逾年而死。』穆宗餌金石之藥，處士張皐疏曰：『神慮澹則血氣和，嗜欲生則疾疹作。藥以攻疾，無疾不可餌也。昔孫思邈有言：「藥勢有所偏助，令人藏氣不平，借使有疾用藥，猶須重慎。」況無疾乎？』上善其言，而求之不已，既而疾作。

秦王之病，唐宗之疾。莊子謂宋會商曰：『秦王有病，召醫，破癰疽者，得車一乘；舐痔者，得車五乘。豈能療其痔耶？』李玄伯燒伏火丹，進以示恩澤，上玄宗瘡疾作，玄伯之罪也。懿宗即位，[玄伯]與山人王岳、道士盧仙芝俱棄市。《東觀奏記》。

楚醫之視，唐藥之調。令尹薳子馮以疾辭官，重繭衣裘，鮮食而寢。王使醫視之，曰：

〔一〕今按：『主』，中華書局版石光瑛《新序校釋》作『立』。

『瘠則甚矣，而血氣未動。』貞觀二十二年，中書令馬周卒〔一〕，上親爲調藥，使太子臨問。

總章元年之藥，元和十四年之藥。以盧迦逸多爲懷化大將軍，烏茶國婆綢門盧迦逸多自言能合不死藥，上將餌之。東臺侍郎郝处俊諫曰：『脩短有命，非藥可延。貞觀之末，〔先帝〕服婆娑寐藥，大漸之際，名醫不知所爲，議者將加顯戮，恐取笑戎狄而止。前鑒不遠，願陛下深察。』乃止。書法：『前書遣天竺方士歸國矣，於是又書以盧迦逸多爲懷化大將軍矣。帝固非有定見者，蓋當此時年逾不惑，内寵之意輕而長生之念重矣，豈復記往日之言哉？書，譏之也。』元和十四年，柳泌至台州，采藥，歲餘，無所得而懼，逃入山中。浙東觀察使捕送京師，皇甫鎛、李道古保護之，上復使待詔翰林。起居舍人裴潾上言曰：『夫藥以愈疾，非朝夕常餌之物。况金石酷烈有毒，又益以火氣，殆非五藏所能勝也。古者君飲藥，臣先嘗之。乞今獻藥者，先餌一年，則真僞可卞矣。』上怒，潾爲江陵令。穆宗即位，泌伏誅。

醫工宜補醫官，醫工但給錢緡。宣宗大中九年，以柳仲郢爲鹽鐵轉運。醫工劉集交通禁中，上敕鹽鐵補場官。仲郢言：『醫工術精，宜補醫官。若委銅鹽，何以課其殿最！且場

〔一〕今按：『卒』，《資治通鑒》卷一百九十八作『病』。

官賤品，非特敕所宜親。』上賜絹遣之。他日，上見柳仲郢，勞之曰：『卿論劉集事甚佳。』上嘗有疾，醫工新治之，即已。自陳求官，但一月給錢三百緡而已。

皮日休《元達上人種藥》詩：『藥名却笑桐君小，年紀翻嫌火祖低。』陶隱居《本草序》有《桐君藥録》詩意詩，桐君所録，不如上人種者之多。

《漢武内傳》：封君達隴西人，號青牛師，服水銀，乘青牛，路上有死者，以火管藥救之，或下針，乃活人，號爲火祖。杜：『種藥扶衰病。』『曬藥安垂老。』『行藥病涔涔。』『十年嬰藥餌。』

六極　五章

三曰憂

蔡沈曰：『憂者，心不寧也。』

《易》：『樂天知命，故不憂。』『憂則達之。』『勿憂，宜日中。』『坎爲加憂陽陷陰中。』『師憂九二居下，爲行師之主。』，『小人道憂也。』『在下位而不憂。』

《書》：『汝誕勸憂。』『宅憂亮陰。』『心之憂危。』『我心之憂。』

《詩》：『憂心忡忡。』『憂心惙惙。』『如有隱憂。』『憂心悄悄。』『心之憂矣。』『憂心殷殷。』『謂我心憂。』『職思其憂。』『憂心欽欽。』『憂心靡樂。』『憂心如醉。』『我心憂傷。』『憂我父母。』『無思百憂。』『憂心且傷。』『憂心奕奕。』『憂心怲怲。』

《論》：『仁者不憂。』『君子不憂。』

《孟》：『君子有終身之憂，無一朝之患也。乃若所憂則有之：舜，人也；我，亦人也。舜爲法於天下，可傳於後世，我由未免爲鄉人也，是則可憂也。憂之如何？如舜而已。』『憂民之憂者，民亦憂其憂。……憂以天下，然而不王者，未之有也。』

楚莊王之有憂色，魯哀公之未知憂。魏武侯謀事而當，群臣莫能逮，朝而有喜色。吴起進曰：『今者有以楚莊王之語聞者乎？』武侯曰：『未也。』吴起曰：『楚莊王謀事而當，群臣莫能逮，朝而有憂色，曰：「吾聞之，諸侯自擇師者王，自擇友者霸，足己而群臣莫之若者亡。今以不穀之不肖，而議於朝，群臣莫能逮，吾国其幾於亡矣，吾是以有憂色也。」莊王之所以憂，而君獨有喜色，何也？』《新序》。哀公曰：『寡人未嘗知憂。』孔子曰：『昧爽夙興，正其衣冠。平朝視朝，慮其危難。一朝失理，亂亡之端。君以此思憂，憂可知矣。』《家語》。

君子之無憂，孔子之不憂。子路曰：『君子有憂乎？』子曰：『無也。君子之修行也，其未得也，則樂其意；既得之，又樂其治。是以有終身之樂，無一日之憂。小人則不然，其未得也，患不得之；既得之，又恐失之，是以有終身之憂，無一朝之樂也。』同。或曰：『孔子之事多賢，不用則亦勤且憂乎？』曰：『聖人樂天知命，樂天則不勤，知命則不憂。』《揚子》。

曹太子之憂，楚子良之憂。《桓公九年》：享曹太子，初獻，樂奏而嘆。施父魯大夫。曰：『曹太子其有憂乎！非嘆所也。』十年春，曹桓公卒。《宣公九年》：鄭伯敗楚師于柳棼，鄭地。國人皆喜，惟子良憂，曰：『是國之灾也，吾死無日矣。』十二年，楚子入鄭。

王子頹之忘憂，范文子之有憂。《莊公二十年》：王子頹享五大夫，樂及遍舞。六代之樂。鄭伯聞之，見虢叔，曰：『哀樂失時，殃咎必至。今子頹歌舞不倦，樂禍也。臨禍忘憂，憂必及之。』《成公十七年》：晋文子反自鄢陵，使其祝宗祈死，曰：『君驕侈而克敵，是天益其疾也。』六月戊辰，士燮卒。《傳》言：『厲公無道，故賢臣憂懼，因禱自裁。』

憂未歇也，憂未艾也。《宣公十二》公曰：『得臣猶在，憂未歇也。』《哀公二》傅傁曰：『猶有智智氏。在，憂未艾也。』

晏子之憂，叔向之憂。《襄公廿三》晏平仲曰：『不德而有功，憂必及君。』《昭公三》叔向曰：『君日不悛，以樂慆憂。』《傳》言：『齊晋之衰，賢臣懷憂。』慆，藏也。

范宣子言憂，長魚矯謂憂。《昭公二十三》〔一〕子太叔曰：『抑人亦有言曰：「嫠不恤緯，而憂宗國之隕。」今王室蠢蠢焉，吾小國懼矣，然大國之憂也。吾儕何知焉？』《成公十七年》長魚矯曰：『不殺二子，憂必及君。』

范文子之内憂，山巨源之内憂。晋侯伐鄭，楚子救鄭。晋范文子不欲戰，曰：『自非聖人，外寧必有内憂，盍釋楚以爲外懼乎？』晋伐吴，山濤退以告人，曰：『自非聖人，外寧必有内憂。今釋吴爲外懼，豈非算乎？』陳濟正誤：外若安，必有憂，謂能平吴，則外寧矣。然既無外顧之虞，則安肆自如，無所忌憚。内當有可憂之事，生何不釋吴，勿伐以爲敵國外患乎。

石勒之憂，憲英之憂。徐光問趙主勒曰：『今國家無事，而陛下若有不怡，何也？』勒曰：『吴、蜀未平，恐後世不以吾爲受命之主。』光曰：『陛下不憂腹心之疾，而更憂四支乎！中山王資性不仁，近於東宫，侍宴有輕太子色。』勒命太子省可尚書奏事。書法：『太子决事始此。』鍾會伐蜀，請羊耿子琇爲參軍。憲英辛毗女。［憂曰］：『他日吾爲國憂，今日

〔一〕 今按：『二十三』，當爲『二十四』，據《左傳》，事在昭公二十四年。

亂至吾家矣。』琇固辭。憲英曰：『行矣，戒之！軍旅之間可以全〔一〕者，其惟仁恕乎！』琇竟以全歸。

慕容恪之不見有憂，謝安石之與人同憂。慕容儁卒，内外恟懼。太原王恪舉止如常人，不見其有憂色。朝廷初聞儁卒，皆以爲中原可圖，桓温曰：『慕容恪尚在，憂方大耳。』謝安遊東山，以伎女自隨。會稽王聞之，曰：『安石既與人同樂，必不得不與人同憂，召之必至。』

皇甫真之憂，狄仁傑之憂。燕慕容垂奔秦。張琛使秦歸，言於評曰：『秦人日閱軍旅，和必不久。今吴王又往，宜爲之備。』又以告燕主暐，皆不然之。唯皇甫真深以爲憂，上疏請選將益兵，以防未然。不聽。嗣聖十五年，狄仁傑疏曰：『边塵暫起，不足爲憂。中土不安，此爲大事。』

晋以寇而爲憂，岑以官而爲憂。晋以秦寇爲憂，詔求文武良將可鎮禦北方者，謝安以兄子玄應詔。貞觀十八年，岑文本爲中書令，既拜，還家有憂色。母問其故，［文本］曰：『非勳非舊，濫荷寵榮，位高責重，所以憂懼。』

〔一〕　今按：『全』，《晋書》卷九十六作『濟』。

唐宗之問，李泌之對。天寶十三載，上謂高力士曰：『朕今老矣，朝事付之宰相，边事付之諸將，夫復何憂！』力士對曰：『臣聞雲南數喪師，又边將擁兵大盛，臣恐一朝禍發，不可復救，何謂無憂也！』興元元年，徵李泌爲左散騎常侍。泌爲杭州刺史，徵詣行在。上問河中爲憂，泌曰：『天下事甚有可憂者，若惟河中，不足憂也。陛下已還宮闕，懷光不束身歸罪，乃虐殺使臣，鼠伏河中，不日必爲帳下所屬〔一〕矣。』

李絳之表，王鐸之言。憂先於事，故能無憂。事至而憂，無救於事。僖宗以群盜爲憂，王鐸曰：『臣在朝不足分陛下之憂，請自督諸使將精兵五萬屯潭州，以拒黄巢。』胡氏曰：『王鐸憂賊而不治其本，不能弭亂，衹以爲之無已則力爲。上言宦官擅政，紀綱紊亂，將帥顧望，不肯盡力。若其開悟，格去非心，治自内興，外患弭矣。不然與其無益，曷若奉身而退之爲愈也。』

東晋王坦之臨終，惟以國家爲憂，言不及私。後唐任圜憂公如家，每以天下爲己任。陽平公之憂，王仲德之憂。秦陽平公融曰：『晋未可滅，昭然甚明。且臣之所憂，不止於此。陛下寵育鮮卑、羌、羯，布滿畿甸，太子獨與弱卒留守京師，臣懼變生肘腋，不可悔

〔一〕今按：『屬』，《資治通鑑》卷二百三十一作『梟』。

也。』宋元嘉七年，魏河南諸軍退屯河北，司、兖既平，諸軍皆喜，王仲德獨有憂色：『諸賢不諳北土情僞，必墮其計。』

懿横之言憂，金全之言憂。晉吏部懿横密言曰：『若恢擁之以向京師，得不爲社稷之憂乎！』齊公恢。安金全曰：『僕雖老病，憂兼家國。』

君子之憂，魯女之憂。孔子曰：『君子有三憂：弗知，可無憂與？知而不學，可無憂與？學而不行，可無憂與？』魯監門之女相從績，中夜而泣涕，其偶曰：『何为而泣也？』嬰曰：『吾聞衛世子不肖，所以泣也。』其偶曰：『衛世子不肖，諸侯之憂也，子曷爲泣也？』嬰曰：『昔者宋之桓司馬得罪於宋君，出於魯，其馬佚而蹍吾園，而食吾園之葵。是歲，吾聞園人亡利之半。越王勾踐起兵而攻吴，諸侯畏其威，魯往獻女，吾姊與焉。兄往視之，道畏而死。越兵威者吴也，兄死者我也。今衛世子甚不肖，吾男弟三人，能無憂乎？』

李白詩：『杞國無事憂天傾。』又李白詩：『亂我心者，今日之日多煩憂。』杜詩：『家人憂几杖。』『端憂問彼蒼。』『别離憂悄悄。』『不眠憂戰伐。』『憂端齊終南。』『天憂獨在兹。』『子負憂世志。』『多憂污桃源。』

《孟》：堯以不得舜爲己憂，舜以不得禹、皋陶爲己憂。夫以百畝之不易爲己憂者，農夫也。洪水横流，堯獨憂之；熒惑守心，景公憂之。

人之有道也，飽食、暖衣、逸居而無教，則近於禽獸。聖人有憂之，使契爲司徒，教以人倫云云。聖人之憂民如此，而暇耕乎？天下之士悦之，人之所欲也，而不足以解憂；好色，人之所欲，妻帝之二女，而不足以解憂；富，人之所欲，富有天下，而不足以解憂；貴，人之所欲，貴爲天子，而不足以解憂。人悦之、好色、富、貴，無足以解憂者，惟順於父母可以解憂。

朱子曰：『極天下之欲，不足以解憂，唯順於父母可以解憂。孟子真知舜之心哉！』《中庸》子曰：『無憂者，其惟文王乎！以王季爲父，以武王爲子，父作之，子述之。』海陵胡氏曰：『舜、禹父則瞽、鯀，堯、舜子則朱、均，所以惟文王爲無憂。』兼山郭氏曰：『憂勤者，文王也。無憂者，後人之言文王也。』

六極　六章

四曰貧

蔡沈曰：『貧者，用不足也。』『南楚人貧，衣被醜敝，謂之須捷，或謂之褸裂，或謂之藍縷。』《方言》。

《曲禮》：『貧者不以貨財爲禮。』

《襄公廿二》公孫黑肱曰：『生於亂世，貴而能貧，民無求焉，可以後亡。』

原憲之貧，列子之窮。原憲居魯，環堵之室，子貢往見，正冠則纓絶，衽襟則肘見，納屨則踵決。子貢曰：『先生何病也？』憲曰：『無財之謂貧，學而不能行之謂病。若憲，貧也，非病也。』杜詩曰『諸生原憲貧』是也。子列子窮，客有言於子陽。子陽令官遺之粟數十乘〔一〕，子列子再拜而辭。其妻望而拊心，子列子笑曰：『以人之言而知我，以人之言而遺我粟也；其罪我也，又將以人之言，此吾所以不受。』其後，民果作亂，殺子陽，子列子之見微除不義矣〔二〕。《新序》。

子路曰：『傷哉，貧也。生無以爲養，死無以爲禮也。』《檀弓》。

子云：『小人，貧斯約，約斯盜，故聖人之制也，使民貧不至於約。』《坊記》。

《論》子貢曰：『貧而無諂，何如？』子曰：『可也。未若貧而樂。』『貧與賤是人之所惡也，不以其道得之，不去也。』『疾貧，亂也。』『貧而無怨難。』『邦有道，貧且賤焉，耻也。』『君

〔一〕今按：『乘』，中華書局版石光瑛《新序校釋》卷七作『秉』，是。古十六斛爲一秉。

〔二〕今按：此句，中華書局版石光瑛《新序校釋》卷七作『其後民果作難，殺子陽，子列子之見微除不義遠也』。

子亦有窮乎？君子固窮，小人窮斯濫矣。』

《中》：『素貧賤行乎貧賤。』『憂道不憂貧。』『貧賤不能移。』

『貨財粟米之於家，少有者謂之貧，至無者謂之窮。』《荀》。

『貧之爲病也，不惟形色羸黶，或亦神心沮廢；豈但交友疏棄，必有家人誚讓。非廉潔深識者，何能不移其植。』顏延之。

子夏居貧，衣若懸鶉。

唐盧雋曰：『貧者，磑蓬實爲麪，蓄槐葉爲齏。』

姜子才之小貧，柳宗元之甘貧。姜子才賣漿，值天凉；賣肉，值天熱。宗元曰：『貧者，士之常。今僕雖羸餒，亦甘如飴矣。』孫樵曰：『飢不飽菜，寒無袠衣。』

揚雄之貧，王褒之貧。揚雄家貧，產不過十金。王褒家貧，土銼經日無烟。蜀人呼釜爲銼。

蜀先主之孤貧，齊主緯之貧村。涿郡劉備少孤貧，以敗履爲業。齊主緯於華林園立貧兒村，自衣藍縷之服，行乞其間以爲樂。

郭泰之貧，魏㭬之貧。郭泰家貧，初欲游學，無資，就姊夫貸五千錢，遠至成皋，終年受業。併日而食，衣不蔽身，常以蓋幅自障出入，入則護前，出則掩後。《別傳》。魏徵玄孫㭬貧甚，以故第質錢於人，平盧節度使李師道請以私財贖出之。白居易奏言：『事關激勸，宜出朝廷。師道何人，敢掠斯美。望敕有司，以官錢贖還之。』上乃出内庫二千緡贖以賜棡，仍禁質賣。發明：『魏徵輔佐文皇，有致太平之功。不幸子孫貧窶，質其敝廬。憲宗雖能因居易之言贖而賜之，然所以録用其後而賑恤之者，殊未之聞也。他時既不可質，惟有毁之而已。故《綱目》止書贖第之事，而他無可書。蓋亦重爲之惜也。』

藥崧給被，隱之無被。後漢藥崧家貧無被，嘗直南宫，詔本官，詔本官〔一〕賜尚書郎日下食，并給帷被。杜甫詩曰『賜被隔南宫』是也。吴隱之，字叔默，雖居清顯，禄賜皆分親族。冬月無被，浣衣乃披其絮。

伯龍營利，江革弊絮。《南史》：劉伯龍貧窶尤甚，常營什一之利。忽見一鬼在旁大笑，伯龍曰：『貧固有病，乃爲鬼所笑。』謝朓嘗見江革，時大雪，見革弊絮單席，耽學不倦。朓乃脱所著襦，并手割半氊與革充卧具而去。

袁充衣葛，桃椎蔽皮。隋袁充少時，友黨過門，方冬，尚衣葛，戲之曰：『絺兮綌兮，凄其以風。』充曰：『爲絺爲綌，服之無斁。』唐朱桃椎，益州人，被裘帶索，人莫能測。長史竇

〔一〕今按：『詔本官』三字重複，據《山堂肆考》卷十三，此句作『詔大官賜尚书郎以下食，并給帏被杫俎几也』。

軌遺以鹿幘、鹿鞾，逼署鄉正。委之地，不肯服。夏則羸，冬則緝木皮葉自蔽。

傅説舉於版築，膠鬲舉於魚鹽，伊尹耕於莘野，吕尚釣於渭濱，蕭何起於刀筆，灌嬰起於販繒，樊噲起於屠狗，欒布起於傭保，韓信起於寄食，買臣起於負薪，卜式起於芻牧，弘羊擢於賈豎，衛青奮於奴僕，日磾出於降虜。梁鴻賃舂，班超傭書。黄憲世貧，父爲牛醫。竇少君家貧，爲人掠賣。

王高燒磚，王猛鬻畚。王高晝則傭賃，夜則燒磚。王猛家貧，以鬻畚爲事。嘗至洛陽，有人買畚，曰：『吾家在此，可隨取直。』猛隨至山中，見一老翁，引猛進曰：『大司馬公可進。』猛拜，翁曰：『王公何緣拜？』即倍售畚送出山，猛顧視，乃嵩山也。

顔燭與齊王遊，食必大牢，出必乘車。燭辭去，曰：『玉生於山，制則破焉，非不寶遺也，然而大璞不完。士生於野，選則禄焉，非不尊遂也，然而形神不全。燭願得歸，晚食以當肉，安步以當車，無罪以當貴，清净以自娱。』《策》。

羅珦書壁，王播題壁。羅使君珦不事産業，以至困窮。嘗投福泉寺，隨僧飯而力學。二十年間持節歸鄉里，至僧房中，書壁曰：『二十年前此布衣，鹿鳴西上虎符歸。故時賓從論前事，到此松杉長舊圍。野老共遮官路拜，沙鴻遥認隼旟飛。春風一宿琉璃殿，唯有泉聲愜素機。』《監戒録》。唐王播，字明敭，貧而好學，客居揚州木蘭寺。寺僧叩鍾會食，播聞鍾赴會，僧厭之。飯後叩鍾，聞鍾而來，則飯已完矣。播題詩于壁曰：『上堂已了各西東，慚愧闍梨飯後鐘。』去後二十年，得官來是邦，復至木蘭寺，前詩罩以碧紗，續成二句：『二十年前塵拂面，于今始得壁紗籠。』

《六韜》武王問太公曰：『夫貧富豈有命乎？將治生不得其意也。』太公曰：『盜在其室，計之不熟，一盜；收種不時，二盜；娶婦無能，三盜；養女太多，四盜；棄事就酒，五盜；衣服過度，六盜；封藏不謹，七盜；井竈不便，八盜；舉息就利，九盜；無事燃燈，十盜。安得富也！』

《同谷歌》杜甫：『有客有客字子美，白頭亂髮垂過耳。歲拾橡栗隨狙公，天寒日暮山谷裏。中原無書歸不得，手脚凍皴皮肉死。嗚呼一歌兮歌已哀，悲風爲我從天來！長鑱長鑱白木柄，我生託子以爲命！黄精無苗山雪盛，短衣數挽不掩脛。此時與我共〔一〕歸來，男呻女吟四壁静。嗚呼三歌兮歌始放，閭里爲我色惆悵！』

〔一〕今按：『共』，《九家集註杜詩》作『空』。

六極　七章

五曰惡

蔡沈曰：『惡者，剛之過也。』《韵學》：『惡，不善也。』《中》：『隱惡而揚善。』《易》：『遏惡揚善。』《荀子》：『性惡。』《曲禮》：『君子不親惡。』

無昭惡也，況以惡乎。《襄公廿二》：鄭游販。使游氏勿怨，曰：『無昭惡也。』《襄公廿三》陳文子曰：『過君以義，猶自抑也，況以惡乎？』

見惡如草，復惡已甚。《隱公六年》君子曰：『周任有言曰：爲國家者，見惡如農夫之務去草焉，芟夷蘊崇之，絶其本根，勿使能殖，則善者信矣。』《桓公十七》公子達曰：『高伯其爲戮乎？復惡已甚矣。』

石子之言惡，左師之言惡。《莊公十二》：宋萬奔衛，石祁子曰：『天下之惡一也，惡於宋而保於我，保之何補？得一夫而失一國，與惡而棄好，非謀也。』衛人棄之，宋人醢之。《昭公四年》左師曰：『不十年侈，其惡不遠，遠惡而後棄。善亦如之，德遠而後興。』十二年，楚弑其君。

爲法受惡，長惡不悛。《宣公二年》孔子曰：『趙宣子，古之良大夫也，爲法受惡。』善不可失，惡不可長，其陳桓公之謂乎？長惡不悛，從自及也。《商書》曰：『惡之易也，如火之燎于原，不可鄉邇，其猶可撲滅？』

孔雀辟惡，鼷鼠食惡。西陽衛李公言：『孔雀辟惡。民有爲惡者，鼷鼠輒入其田中，振落毛衣，皆成小鼠，食其苗稼而去。』《録異記》。

五惡，十罪。《家語》：孔子攝魯，七日而誅少正卯。孔子曰：『天下有大惡五：一心逆而險，二行辟而堅，三言僞而卞，四記醜而博，五順非而澤。』大業十三，李密移檄郡縣，數帝十罪，且曰：『罄南山之竹，書罪無窮；決東海之波，流惡難盡。』祖君彦珽子之辭也。《家語》：『顔回曰：「言人之惡，非所以美己，言人之狂，非所以正己。故君子攻其人，無攻人之惡。」』

《左傳・僖公元年》：『諱國惡也。』

杜詩：『猛虎憑其威，往往遭急縛。雷吼徒咆哮，枝撑正在脚。忽看皮寝处，無復晴閃爍。人有甚於斯，足以勸元惡。』

《論》：『屏四惡。』『伯夷、叔齊不念舊惡。』

《孟》：『伯夷不立於惡人之朝，不與惡人言。立於惡人之朝，與惡人言，如以朝衣朝冠坐於塗炭。推惡惡之心，思與鄉人立，其冠不正，望望然去之，若將浼焉。』又：『伯夷目不視惡色，耳不聽惡聲。』

六極　八章

討惡

司寇掌褎惡〔一〕，酗酒好訟，抽拔兵器，誤傷害人。司圜掌罷民。《周禮》：『司寇掌萬民之褎惡。凡民之有褎惡，三讓而罰。』《周禮》：『司圜掌收教罷民。』罷民，惡人不從化，爲百姓所患苦，而未入五刑者也。凡害人者，不使冠飾，而加明刑焉，任之以事而收教之。能改者，上罪三年而赦，中罪二年而赦，下罪一年而赦。其不能改而出圜土者殺，雖出，三年不齒。

晉侯問衛故於獻子，國人逐瘈狗於華氏。《襄公十四》：晉侯問衛故於中行獻子。註：衛逐君當討否。對曰：『仲虺有言曰：「亡者侮之，亂者取之。推亡、固存，國之道也。」』《襄公十年》：『華臣弱臯比之室，國人逐瘈狗。瘈狗入於華臣氏。國人從之。華臣遂奔陳。』

〔一〕今按：此句，《十三經注疏》本《周禮》作『司救，掌萬民之褎惡過失而誅讓之』。下句『司寇』，也當爲『司救』。

尸崔氏於市，尸周氏之衢。《襄公廿八》：『齊人以其棺，尸崔氏於市。』《昭公二》：『鄭公孫黑作亂，子産使吏數之曰：「專伐伯有，而罪一也；昆弟争室，而罪二也；薰隧之盟，汝矯君位，而罪三也。」七月，縊。尸諸周氏之衢，加木焉。』書罪於木，以加尸上。

無或如齊慶封，無或如楚庶子。《昭公四》：『楚子將戮慶封，椒舉曰：「臣聞無瑕者可以戮人。」王使言曰：「無或如齊慶封，弑其君，弱其孤，以盟其大夫。」慶封曰：「無或如楚共王之庶子圍，弑其君兄之子麇而代之，以盟諸侯。」』

六極　九章

不與惡反

蘧伯玉之出，晏平仲之入。《襄公十四》孫文子曰：『君之暴虐，子所知也。』蘧伯玉曰：『君制其國，誰敢干之？』遂行，從近關出。《昭公十年》晏平仲其徒曰：『助陳、鮑乎？』曰：『何善焉？』『助欒、高乎？』曰：『庸愈乎？』公召之而後入。

宜僚之不爲威惕，仇牧之不畏强禦。《哀公十六》：市南有熊宜僚者，與之言，説。告之故，辭。承之以劍，不動。白公勝曰：『不爲利諂，不爲威惕，不泄人言以求媚者。』

『宋萬怒，搏閔公絶脰。仇牧手劍而叱之。萬臂殺仇牧，碎其首，齒着乎門闔。仇牧可謂不畏强禦矣。』《韓詩外傳》。

舍君以全親，非忠也；舍親以死君之事，非孝也。田常弑簡公，乃盟于國人曰：『不盟者死家。』石他曰云云，乃進盟，以免父母；退伏劍，而死其君。聞之者曰：『君子哉！安之命矣！』同。

書趙盾之弑其君，書歸生之弑其君。《宣公二年》：趙穿攻靈公于桃園，宣子未出山而復。太史書曰『趙盾弑其君』。宣子曰：『不然。』對曰：『亡不越境，反不討賊。』宣子曰：『嗚呼！［诗曰］：「我之懷矣，自詒伊慼。」其斯之謂矣。』孔子曰：『董狐，古之良史也，書法不隱。趙宣子，古之良大夫也，爲法受惡。惜也，越境乃免。』《宣公四年》：鄭靈公欲殺子公，子公與子家謀先。子家曰：『畜老，猶憚殺之，而况君乎？』反譖子家，子家懼而從之。書曰『鄭公子歸生殺其君』，權不足也。註：權不足以禦難，懼譖以弑君，故書以首惡。君子曰：『仁而不武，無能達也。』『凡弑君，稱君，君無道也；稱臣，臣之罪也。』

唐天祐四年，宰相張文蔚奉册寶如梁。書法：『書曰如梁，所以深罪，舉朝之臣子也。』

五代漢祖十二年，契丹以李崧爲樞密使，馮道爲太傅。書法：『書契丹以何？譏也。』胡氏曰：『老於敗國。』《集覧》：『馮道歷仕唐、晋、漢、周，易四主矣。』五代荆南高從誨利其所與〔一〕，所向稱臣，諸國賤之，謂之高無賴。

六極　一〇章

六曰弱

蔡沈曰：『弱者，柔之過也。』《韵學》曰：『懦也。』孱弱，疲弱，底弱，懦弱，積弱，兼弱。

劉向《五行傳》：『皇之不極，厥罰弱。』

『華平，有德則生，德弱則低。』《宋志》。

『人生二十曰弱冠。』《曲禮》。

《魯襄二十三》：穀、洛水鬥。《易傳》曰：『天子弱，諸侯力政，厥異水鬥。』

陳君之弱，鄭伯之弱。《襄公三十年》子産曰：『陳，亡國也，不可與也。其君弱植，能無亡乎？』昭八，楚滅陳。《僖公七年》：齊人伐鄭，孔叔言於鄭伯曰：『諺有之曰：「心則不競

〔一〕今按：『所與』，《資治通鑒》卷二百八十七作『賜予』。

强，何憚於病？卑弱之病。」既不能强，又不能弱，所以斃也。國危矣，請下齊以救國。』

晋之示弱，晋之衰弱。《僖公八年》：晋敗狄于采桑，虢射曰：『期年，狄必至，示之弱矣。』夏，狄伐晋。《昭公三年》叔向曰：『戎馬不駕，卿無軍行。』晋國衰弱，不能征討，故戎馬不復駕馬；晋政離散，不能統一，故諸卿不備軍行。『公乘無人，卒列無長。公室之卑，其何日之有？讒鼎之銘：「昧旦丕顯，後世猶怠。」』

華弱之梏，華弱之奔。《襄公六年》：宋子蕩樂轡。以弓梏華弱于朝。張弓貫頸，若械在手，故梏。平公曰：『司武馬而梏於朝，難以勝矣。』言其懦弱不足勝敵。遂逐之。華弱來奔。

萎腰咋咋與齰同齒也舌，叉手從族。手指相錯，象叉形也。萎腰，軟弱也。萎腰，蓄縮貌。咋舌，不言貌。叉手，不動貌。拱手以就族滅。馬援。

晋王保之暗弱，李師道之暗弱。晋晋王保體重八百斤，喜睡，好讀書，而暗弱無斷，故及於難。上邽諸將殺之。李師道暗弱，軍府大事皆與妻及奴婢謀之。

引車示弱，減竈亦弱。